영화 프로듀서 매뉴얼

Film Producer Manual

영화 프로듀서 매뉴얼

발행인   김세훈
발행일   2013년 3월 22일 초판 1쇄 발행
            2016년 6월 3일 초판 3쇄 발행

영화진흥위원회
부산시 해운대구 센텀중앙로 55
경남정보대 센텀산학캠퍼스 13층, 14층
전화 (051)720-4700 팩스 (051)720-4849
홈페이지 www.kofic.or.kr

산지니 / 제작·유통 대행
부산광역시 연제구 법원남로15번길 26 위너스빌딩 203호
전화 (051)504-7070 팩스 (051)507-7543
홈페이지 www.sanzinibook.com

ⓒ영화진흥위원회, 2013

ISBN 978-89-6545-301-7 93680

책값은 뒤표지에 있습니다.

영화 프로듀서 매뉴얼

Film Producer Manual

영화프로듀서가 알아야 할 몇 가지 것들
So You Want To Be A Film Producer

반성은 하되
후회하지 않는
영화 프로듀서가 되자

Film
Producer
Manual

영화 프로듀서
매뉴얼

KOFIC 영화진흥위원회
Korean Film Council

CONTENTS

i

Chapter III Funding [영화 투자받기]

Chapter IV Pre Production [영화 촬영 준비하기]

Chapter V Production [영화 촬영하기]

Chapter VI Post Production [영화 후반작업하기]

Chapter VIII Distribution and Sales [영화 배급과 판매하기]

Thank You Note [감사의 글]

Bibliography [참고문헌]

Sample Book [별첨]

1. 시나리오 표준 계약서 (영화화 허락)
2. 시나리오 표준 계약서 (각본_원저작물)
3. 시나리오 표준 계약서 (각본_작가 아이템)
4. 시나리오 표준 계약서 (각본_제작사 아이템)
5. 시나리오 표준 계약서 (각색)
6. 영화 제작 및 투자 표준 계약서
7. 영화심의등급표
8. 국제 영화제 리스트

책을
시작하며

부채의식이었다. 책 집필을 의뢰받고 이런 내용의 책이 출판되어야 한다는 당위성에는 동의가 되었지만 더 좋은 프로듀서가 집필을 할 수 있을 텐데 꼭 내가 써야하는가라는 부담감을 이기고 선뜻 제의를 받아들인 것은 바로 부채의식 때문이었다. "어떻게 프로듀서가 되셨어요?"라는 질문에 "그냥 하다 보니까요"라고밖에 말할 수 없다. 영화를 좋아하긴 했지만 이렇게 영화 프로듀서를 직업으로 삼아 살게 될 줄은 정말 상상도 하지 못했다. 너무나 영화 일을 하고 싶고 프로듀서에 대한 꿈을 어린 시절부터 가지고 있는 후배들에게 나는 그런 부채의식이 있다. 그들에게는 도달해야하는 목표일지도 모르는 영화 프로듀서를 나는 우연히 어떻게 하다보니까 하고 있다는 부채의식. 그것이 이 책을 쓰게 된 가장 큰 동기이자 이유이다.

이 책은 총 8개의 장으로 이루어져있다. 1장에서는 영화 프로듀서의 기본적인 개념에 대한 설명을 하고 있다. 영화 프로듀서는 무엇을 하는 사람인가, 다른 매체의 프로듀서와는 어떠한 차별성을 보이는가, 영화작업을 하는데 있어 어떠한 위치에 있는 사람인가 등의 질문에 답하고 있다. 2장과 3장은 작품의 기획개발단계에서 프로듀서가 알아야 될 내용들에 대해서 적고 있다. 기획은 어떻게 발전시켜야 하나, 작품에 투자를 받으려면 어떤 길이 있나 등에 대해 기술하였다. 4장부터 6장은 작품을 준비하고 촬영하고 마무리하는 과정에 대한 설명이다. 영화제작 단계별 구분인 프리 프로덕션과 프로덕션, 그리고 포스트 프로덕션에서 프로듀서가 알아야 될 내용들, 그리고 점검해야 하는 사항들에 대해서 설명하였다. 7장과 8장은 만들어진 영화를 어떻게 알리고 배급과 상영을 하며 해외 혹은 다른 매체에 판매를 하는가에 대해서 적고 있다. 마케팅과 홍보, 배급과 판매에 관한 개념 이해 및 정보를 자세하게 기술하였다.

두 가지가 책을 쓰면서 계속 의식이 되었다. 첫째는 대상이고 둘째는 시효성이었다. 우선 이 책을 읽게 될 주요 독자가 누구인지를 설정하는 것이 쉽지 않았다. 작품 경력이 어느 정도 있는 제작 파트의 스태프에게는 지루하지 않고, 동시에 영화 프로듀서를 꿈꾸는 학생 또는 예비 영화인들이 에게는 어렵지 않은 책을 쓴다는 것이 그리 녹록하지 않은 일이었다. 나름 제작부장 혹은 제작실장급 스태프들을 가상의 독자로 설정하고 쓰기는 했지만 경우에 따라 지나치거나 모자라는 점들이 있으리라 사료된다. 시효성과 관련해서 단순히 제공하는 정보의 유효성뿐 아니라 설명하는 내용의 변화 가능성 때문에도 어려움이 있었다. 특히 포스트 프로덕션의 경우, 디지털화가 더 이상 미래가 아니라 현재가 되어버린 상황에서 필름 관련 내용을 삭제할 것인가를 두고 적잖은 고민이 있었다. 아마 이 책의 개정판이 나오게 되면 가장 큰 수정이 필요한 파트가 아닐까 생각된다. 개정판을 낼 수 있는 기회가 꼭 있기를 기대한다.

세 명의 프로듀서가 파트를 나누어서 초고를 쓰고 이후 함께 돌려보며 전체내용을 조율하였다. 프로듀서들이 실무를 진행하면서 필요한 최대한의 정보를 포함하고자 진행 중인 여러 사업과 연락처를 기재하였다. 다만 2012년 12월 '현재'를 기준으로 작성된 정보들이니, 함께 표시된 사업 주체의 홈페이지나 연락처를 통해서 최신 정보를 계속 추적하기 바란다.

이 책 한권이 영화 프로듀서의 모든 것을 설명하리라 믿지 않는다. 애당초 그런 책은 존재할 수 없을 것이다(라고 생각하며 위안을 삼아본다). 다만, 프로듀서가 되는 과정이 서로 달랐던 세 명의 프로듀서가 각자 가지고 있는 경험과 정보를 서로 공유한다는 마음으로 책을 집필했다. 그런 나눔의 마음이 이 책을 읽는 독자들에게도 전달되었으면 하는 바람이다.

미필적 고의로 시작된 영화인생이지만 어느덧 영화인이라는 호칭이 크게 어색하지 않는 시간이 지나버렸다. 각자 따로 작성한 자신의 약력 마지막이, 마치 서로 말을 맞춘 것처럼 세월이 지나서도 영화 프로듀서로 현장을 떠나고 싶지 않다는 것이었다. 이 책에 대해서도 같은 마음이다. 초판에 그치지 않고 2판, 3판, 4판 등 개정판을 계속 낼 수 있기를 바란다. 부족하지만 그래도 끝까지 책임을 다하고 싶은 마음이다. 프로듀서를 준비하는, 혹은 영화 일에 관심이 있거나 시작하려는 사람들에게 이 책을 읽는 시간이 가치 있는 시간이 되기를 감히 기대해본다.

어지연, 유은정의 생각을 담아
박대희가 대표로 씀.

영화
프로듀서
매뉴얼
Film Producer Manual

Introduction
영화 프로듀서 알아보기

사전적으로 프로듀서(Producer)는 음악, 방송, 영화, 연극 등에서 프로그램의 기획, 제작 등을 총괄하는 사람, 혹은 광고 제작과 관련하여 책임을 지는 광고 대행사의 고용인으로 정의된다. 방송 및 뮤지컬 등에서는 프로듀서(Producer)와 연출자(Director)가 분리되지 않고 혼재되어 사용되는 경우도 있지만 영화에서 프로듀서는 제작이라는 역할로 규정된다. 다시 말해 영화에서 프로듀서는 감독이 예술적 목표를 성취할 수 있도록 돕는 모든 일을 하는 사람을 뜻하며 감독과 함께 영화의 시작과 끝을 함께하며 감독을 지지하고 용기를 복돋아주며 프로젝트의 운영과 관련된 모든 일에 최종결정권을 가지는 사람이다.

영화프로듀서는 사람을 상대하는 기술에 능해야 하며 프로덕션 전반을 장악할 수 있는 기초 지식과 경험이 필수요건이다. 전체 영화예산의 조정과 집행책임을 가지고 있으며 영화를 제작하기 위한 인력을 채용하거나 해고할 수 있는 권한을 가진다. 뿐만 아니라 배급 및 홍보, 마케팅에 대한 최종의사결정에 참여한다. 이 모든 과정에서 발생할 수 있는 문제와 난관들을 미리 방지하는 능력, 그리고 문제가 발생했을 때 문제를 해결하는 능력이 무엇보다 요구되는 자질이다.

제작 현장에서 제작부원으로 입문하여 프로듀서가 되는 일반적인 경우 외에도 제작부가 아닌 다른 파트(영화사나 극장 기획실, 영화 수입, 홍보/마케팅 등)의 스태프로 출발하여 현장에 대한 노하우와 경험을 바탕으로 프로듀서가 되는 경우, 감독으로 시작해 프로듀서 겸업을 하는 경우 등 프로듀서로 입문하는 길은 다양하다. 하지만 어떠한 경우에도 영화 제작 전반에 관한 노하우와 지식, 특히 촬영 현장에 대한 이해는 필수다.

01 영화프로듀서란 무엇인가?

영화 제작에서 프로듀서란 영화 시작에서 완성, 그리고 홍보, 마케팅, 배급에 이르기까지 영화제작 전 과정을 책임지고 통제하는 사람이다. 다시 말해 프로듀서는 영화 제작 전반적인 과정을 실제적으로 계획하고, 총괄적인 조율과 집행을 하는 역할을 한다. 따라서 영화의 기획, 예산작성, 투자유치, 스태프 구성, 캐스팅, 제작현장 관리, 홍보, 마케팅 그리고 배급 등 영화제작 전반에 관한 노하우와 지식 그리고 경험이 요구된다. 절대적인 시간과 노력, 그리고 영화에 대한 전반적인 이해가 필요한 역할이다.[1]

영화 시작에서 완성까지 영화를 책임지고 통제하는 사람은 프로듀서 외에 감독이 유일하다. 하지만 프로듀서에겐 감독과 다른 입장과 시각에서 영화를 장악하고 결정하는 자질이 요구된다. 정해진 예산안에서 배우 개런티에 1억을 더 쓸 것인지, 미술파트에 그 돈을 더 쓸 것인지의 판단은 감독이 아니라 프로듀서의 결정이 중요하다. 또한 프로듀서는 제작현장의 모든 일에 대한 협상을 진행하는 사람이다. 분쟁과 조율이 필요한 상황에서 중재자의 역할을 해야 한다. 각자의 입장 차이에 따른 문제가 발생할 경우 상황을 중재하고, 협상하며, 설득해 그 문제를 해결해 나가는 능력이 있어야 한다. 따라서 프로듀서에게 영화는 예술인 동시에 비즈니스라는 사실에 대한 정확한 이해가 필요하다. 감독과 자본의 중간에 서서 서로의 의견을 조율해 예술적인 측면과 상업적인 측면, 그 어느 것도 간과하지 않는 제작의 구심점 역할을 해야 한다. 작품성과 수익성 모두를 아우를 수 있는 안목과 균형감각이 프로듀서에게 요구된다.

작품성과 관련된 키워드는 감독과의 교감이다. 〈불의 전차 Chariots of Fire 1981〉, 〈킬링필드 The Killing Fields 1984〉, 〈미션 The Mission 1986〉 등의 프로듀서 데이비드 퍼트냄(David Puttnam)이 말했듯이 감독과 프로듀서는 '부부'와 같은 관계여야하며 이러한 신뢰와 상호협력은 좋은 작품을 만들어내는 절대적인 기반이 된다. 연출자가 원하고 그리려 하는 그림을 정확히 파악하고 그것이 실현 가능하도록 뒷받침해주며, 경우에 따라 감독보다 넓은 시각으로 작품을 바라볼 줄 아는 사람이 바로 능력 있는 프로듀서

▶ Tip

[1] 영화를 만드는 일의 총칭인 영화제작(Film Production)은 특수한 경우를 제외하고 상업적인 측면에서는 산업적 표준 방식에 의해 만들어지는데, 표준 방식이란 최소 비용으로 최대의 효율을 얻는 제작 방식을 말하며 결과적으로 최대 이윤을 보장하기 위한 방식이다. 기획개발(Idea) - 시나리오(Scenario) - 자금조달(Finance) - 사전제작(Pre Production) - 제작(Production) - 후반제작(Post Production) - 마케팅(Marketing)의 절차를 일반적으로 따른다.

다. 기획력 역시 작품성과 관련해서 프로듀서에게 요구되는 능력이다. 영화화할 소재를 개발하고 작가나 감독이 쓴 시나리오를 읽고 제작할 것인가 말 것인가를 결정하는 능력, 더불어 시나리오에 적합한 작가와 감독, 배우 그리고 스태프를 발굴하는 자질은 프로듀서에게 무엇보다 중요시되는 업무이다.

수익성과 관련된 키워드는 회계와 계약이다. 프로듀서에겐 작품을 위한 투자유치, 예산작성과 집행 그리고 정산을 통한 수익금의 회수 등 비즈니스 관점에서 전반적인 흐름에 대한 이해가 반드시 필요하다. 이러한 전체적인 흐름에서 예산집행의 효율성은 프로듀서가 놓치지 말아야 할 요소이다. 프로듀서가 감독과 작품과 관련해서 대등한 위치에서 이야기 할 수 있다고 한다면 그것은 작품에 대해 감독 못지않게 이해하고 분석하는 능력뿐 아니라 자금을 운영할 수 있기 때문이다. 자금을 운용한다는 것은 투자유치, 예산관리, 정산 등 단순한 자금의 관리에만 국한되는 것이 아니라 정해진 자금을 어느 분야에 어떻게 집행하는 가하는 부분도 포함되며 이러한 효율적인 자금 운영결정은 프로듀서의 고유영역이다. 이러한 예산작성과 관리 및 집행의 중심에 계약이 있다. 투자사와 어떠한 조건으로 계약을 하는지, 배우와 스태프와는 어떤 조건과 방식으로 계약을 하는지, 수익정산은 어떤 방식으로 진행되는지 등 누구와 어떤 계약을 어떻게 했는가가 프로듀서 업무의 대부분이라고도 볼 수 있을 만큼 계약과 관련된 프로듀서의 전문적 자질은 매우 중요하다. 때로는 계약의 객체로 때로는 계약의 주체로 계약을 진행하지만 작품과 관련된 계약에 있어서 프로듀서는 객체가 되어서는 안 된다. 기획과 예산작성, 스태프 구성, 캐스팅, 제작현장 관리 등 제작전반에 책임을 지는 유일한 역할은 투자자도, 감독도, 스태프도, 배우도 아닌 프로듀서이기 때문이다. 예산과 일정의 최종 책임자로서 프로듀서는 존재하는 것이다. 프로듀서가 작품으로 인해 진행하는 모든 계약에 있어 프로듀서는 언제나 주체여야 한다.

작품성과 상업성이라는 두 가지 측면의 중간 입장에서 작품을 균형 있게 보는 안목이 프로듀서에게 중요한 자질이지만 중요한 것은 이러한 두 측면을 상호배타적으로 이해해서는 안 된다는 점이다. 예를 들어 감독이 굳이 넣지 않아도 될 장면에 대해 예산을 초과하면서까지 고집할 경우, 예산관리라는 입장만으로는 갈등을 해소할 수 없다. 작품에 대한 명확한 해석과 감독이 궁극적으로 성취하려고 하는 가치에 대한 이해를 기반으로 작품의 전체적 흐름에 맞춰 그 장면의 불필요함을 논리적으로 감독에게 이해시키려는 자세가 필요하다. 다시 말해 창작자적 관점의 이해 없이는 상업적인 관리가 용이하지 않다는 것이다. 마찬가지로 상업적인 측면의 합리성은 창작적 성취의 기반이 된다. 작품의 제작환경이나 조건에 대한 상호간의 신뢰가 바탕이 되지 않고서 배우나 스태프들의 재능이나 노력, 에너지를 최대한 끌어내기가 쉽지 않을 것이기 때문이다. 프로듀서에게 작품에 대한 창작자적 접근은 예산의 합리적인 집행과 관리로 연결되어야 하고, 상업적 측면에서 관리자적 접근은 작품성으로 귀결되어야 한다. 어느 파트에 얼만큼의 자금을 어떻게 집행하는 가의 결정은 자금 관리와 집행이라는 측면뿐 아니라 작품성 및 최종 결과물과 직접적인 연관성을 가진다. 프로듀서에게 상업성과 작품성은 상호불가분의 관계인 것이다.[1]

프로듀서는 이와 같이 영화 제작환경이나 조건, 그리고 예술성 혹은 작가성 등을 동시에 조정하는 역할을 담당하며 분쟁이 발생하거나 분쟁이 발생할 여지가 있는 곳에서 분쟁을 해결하거나 미리 예방하는 협상 혹은 교섭력이 요구되는 자리이다. 외국의 경우 이러한 프로듀서의 역할이 세분화, 분업화 되어있다. 영화의 엔딩 크레딧에 기재되는 명칭만 살펴보아도 이그제큐티브 프로듀서(Executive Producer), 프로듀서(Producer), 코이그재큐티브 프로듀서(Co-Executive Producer), 총괄 프로듀서(Supervising Producer), 시니어 프로듀서(Senior Producer), 라인 프로듀서(Line Producer), 공동프로듀서(Co-Producer), 협력프로듀서(Associate Producer), 보조프로듀서(Assistant Producer), 세그먼트 프로듀서(Segment Producer), 기획 프로듀서(Creative Producer), 후반작업 프로듀서(Post Production Producer) 등 그 역할과 책임 분야에 따라 세밀하게 구분되어 있다. 우리의 경우는 이렇게까지 세분화해서 구분하지는 않지만 제작자, 프로듀서, 제작 프로듀서, 기획 프로듀서, 라인 프로듀서 등의 기본적인 구분은 하고 있다. 하지만 제작자와 기획자의 구분, 혹은 제작자와 프로듀서의 구분 등 명확하고 체계적인 직급구분이 부재한 것이 사실이며 엔딩크레딧과 관련된 논란은 여전히 존재한다.[2]

제작자와 프로듀서 크레딧의 경우를 보면, 일반적으로 영화 제작자가 프로듀서의 상위 직책으로 인식되기는 하지만 영화 제작자를 이그재큐티브 프로듀서(Executive Producer)로 프로듀서를 프로듀서(Producer)로 구분하지 않고 동일하게 프로듀서로 통칭하는 것 또한 일반적인 관행이어서 크레딧과

▶ Tip

[1] 일반적으로 영화의 제작비는 순제작비, P&A비용, 개봉 후 비용으로 구분되는데, 순제작비와 P&A 비용의 합을 '총제작비'라 하고, 총제작비와 개봉 후 비용의 합을 '총비용'이라고 정의한다. 개봉 후 비용은 개봉 3주차 이후 추가로 집행되는 마케팅비용으로 통상적으로 받아들여진다. 프로듀서는 순제작비 관리의 직접적 책임을 지며 총제작비 관리에 연대책임을 가진다. 비용집행과 관리의 책임범위는 프로듀서 역할구분에 중요한 기준이기도 하다.

▶ Tip

[2] 제작자는 주로 파이낸싱 책임과 총괄적인 관리를 하고, 프로듀서는 영화에 대한 기획과 진행을 책임지며, 라인 프로듀서는 촬영 스케줄 및 현장에서 발생하는 전반적인 일들을 관리하는 역할로 일반적으로 이해된다. 제작 프로듀서는 라인 프로듀서와 동일한 역할이지만 조금 더 상위 개념으로 인식되며 기획 프로듀서는 현장보다 기획/개발 단계를 책임지는 역할로 이해하면 큰 무리가 없을 것이다.

관련한 논란의 여지가 있다. 한국의 경우 이그재큐티브 프로듀서의 명칭은 투자사가 가지는 것이 통상적이며 경우에 따라 투자사에서 프로듀서 직책을 제작사와 공유하기도 한다.**■** 한가지 재미있는 사실은 한국보다 제작 파트의 명칭이 다양하고 세분화 되어있는 미국의 경우도 명칭의 정의가 절대적인 것은 아니라는 점이다. 우리의 제작실장 혹은 제작 프로듀서에 준하는 라인 프로듀서(Line Producer)의 경우 뉴욕(New York) 에서는 경우에 따라 공동 프로듀서Co-Producer의 크레딧을 주지만 로스 엔젤러스(LA)에서는 동일한 역할을 하는 사람에게 이그재큐티브 프로듀서(Executive Producer)의 크레 딧을 주기도 한다. 할리우드 영화산업 용어를 잘 정리한 John W. Cones의 저서 Film Finance & Distribution : a dictionary of terms 에서 설명하듯 이 이는 영화의 규모에 따른 구분이기도 하다. 이규재큐티브 프로듀서에 대 한 정의가 독립영화가 왕성한 New York이냐 상대적으로 큰 예산의 영화가 주류인 LA인가에 따라 달라지는 것이다.

이와 같이 영화프로듀서의 정의는 결국 제작자인가, 기획자인가, 프로듀서인 가, 라인프로듀서인가의 명칭이전에 어떤 경력과 능력을 가지고 있는가, 그 리고 작품에서 어떠한 역할을 하고있는가로 규정하는 것이 정당하다고 하겠 다. 시대가 변하고 시스템이 변화한다 하더라도 영화의 시작부터 끝까지 함 께하는 사람, 계약의 주체로서 협상자이자 중재자라는 프로듀서의 정의는 변하지 않을 것이기 때문이다.

▶ Tip

■ 투자/제작과 관련된 책임인력들의 크레딧은 제작투자, 공동투자, 제작 투자총괄, 투자총괄, 투자책임, 제작, 제작총괄, 기획, 프로듀서 등 다양하 며 투자사별로 나름의 기준을 가지고 있다. 하지만 통일된 명칭과 명칭의 정의는 아직 부재하며 여전히 크레딧 과 관련된 논란은 존재한다.

O2 제작 파트별 체계

프로듀서는 기획/개발 단계에서부터 배급에 이르기까지 한편의 영화가 시장에 나올 수 있도록 하는 산파의 역할을 담당한다. 그리고 제작파트는 프로듀서를 중심으로 영화제작을 계획하고 운영해 나가는 경영관리부의 역할을 수행해야 한다. 제작부서는 정해진 일정과 예산의 범위 안에서 감독의 연출계획을 중심으로 한 창조적인 촬영을 위하여 촬영준비, 촬영, 후반작업에 이르는 영화제작의 전 과정을 주도하며 관리하는 업무를 수행한다.

제작파트는 프로듀서를 중심으로 제작실장과 분야별 제작부장, 그리고 업무를 보조하는 제작부원들로 구성되는 것이 일반적이다. 그리고 독립적으로 예산과 정산의 업무를 담당하는 제작회계의 역할을 두는 것이 효과적이다. 제작자와 프로듀서의 구분이 명확하지 않은 것처럼 프로듀서와 라인 프로듀서의 업무적 차이가 모호함이 있을 수 있지만 기본적으로 라인 프로듀서는 프로듀서가 계획하고 결정한 일들을 현장에서 직접 집행하고 실행하는 사람이라고 정의된다. 라인 프로듀서와 제작실장 명칭이 동일한 것으로 이해되기도 하는데 라인 프로듀서는 단순한 현장책임자가 아니라 보다 전문화된 제작실장으로 이해하는 것이 바람직하다[1].

▶ Tip

1 미국의 경우, 역할에 따라 라인프로듀서(Line Producer), 유닛 프로덕션 매니저(Unit Production Manager), 프로덕션 매니저(Production Manager) 등으로 직책구분을 한다. 제작규모나 상황에 따라 직책에 따른 업무는 달라질 수 있다. IMDB(www.imdb.com)의 영화용어해설(Movie Terminology Glossary)을 참조하는 것도 유용하다.

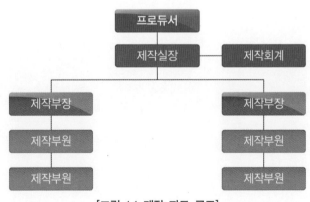

[그림 1.1 제작 파트 구조]

[그림 1.1]은 제작부서의 기본적인 조직도 이다. 영화의 개별적 규모와 특성에 따라 위에 제시된 조직 구성은 업무 영역별로 보다 세분화되고 전문성을 강화하는 구조로 발전이 가능하다. 예를 들어 제작회계(미국의 Production Auditor/Production Accountant의 역할)의 경우 2000년대 초반만 하더라도 제작회계라는 별도의 직책 없이 제작부 내에서 회계업무를 진행하는 것이 일반적일만큼 생소한 직책이었다. 하지만 현재는 투자사에서 파견하는 프로덕션 슈퍼바이저(Production Supervisor)의 중요한 파트너이자 대부분의 상업영화 제작부 구성에 있어 합리적이고 필요한 직책이라 받아들여지고 있다. 중요한 것은 업무 영역별, 각 파트별 업무분장이 확실하게 되어야 한다는 점이다. 영화진흥위원회 인적자원육성 실무추진단이 2006년에 작성한 〈영화제작스태프의 합리적 구성을 위한 직무분석〉을 참고하거나 영화진흥위원회 홈페이지(www.kofic.or.kr)를 방문해서 연구와 통계 파트의 영화업직군분류를 참조하는 것도 좋은 방안이겠다. 아래는 영화진흥위원회에서 제시한 영화제작 직무 구조도이다. 홈페이지에 제시된 직군과 직급구분에 대한 설명을 참조하면서 직무 구조도를 살펴보면 영화제작단계별 흐름과 인력의 활용을 이해할 수 있을 것이다. 조금 다른 관점에서 영화진흥위원회가 2007년 발행한 〈영화산업 전문인력 분류체계 연구〉라는 정책연구보고서를 참조하는 것도 도움이 되겠다.

01 프로덕션 슈퍼바이저(Production Supervisor) : PS로 통상적으로 명칭하는 데 투자사에서 제작현장의 진행상황을 보다 정확하고 신속하게 파악하기 위해서 파견하는 직책이다. 미국의 경우에는 프로덕션 슈퍼바이저가 후반작업 슈퍼바이저(Post Production Supervisor)와 동일한 직책으로 이해되며 후반작업공정의 전체적인 책임과 관리감독의 역할을 한다. 따라서 한국의 프로덕션 슈퍼바이저와는 성격이 다른 직책으로 이해된다.

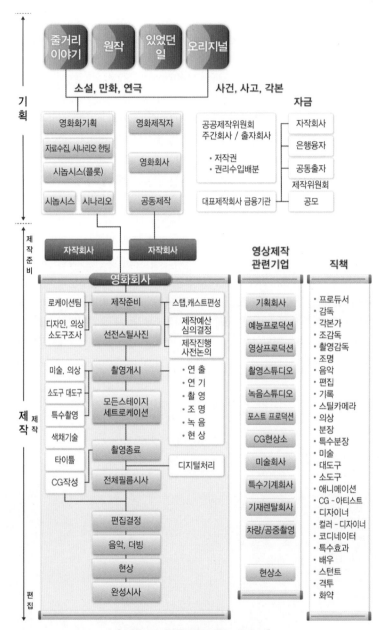

[그림 1.2 영화제작 직무 구조도]

아래는 파트별 업무분장의 이해를 돕기 위해서 미국영화 프로덕션의 기본적인 조직도를 제시한 것이다. 조직도는 Bastian Cleve가 저술한 〈Film Production Management〉에서 발췌하였다. 한국의 파트별 역할에 대한 이해를 돕기 위한 참고자료로 활용하기 바란다.

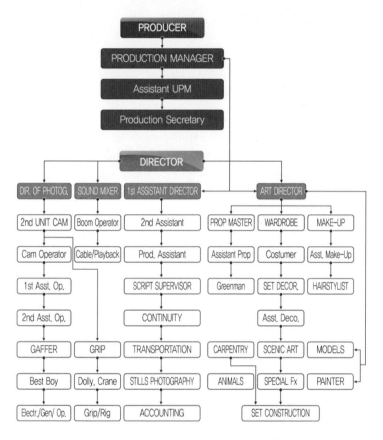

[그림 1.3 미국영화 파트별 조직도][1]

▶ Tip

[1] 유닛 프로덕션 매니저(Unit Production Manager/UPM)는 프로덕션 매니저 (Production Manager)의 지휘를 받아 현장의 제작 진행을 수행하는 직책으로 이해되거나 프로덕션 매니저 직책을 뜻하기도 한다. 라인 프로듀서 (Line Producer) 직책도 일반적으로는 프로덕션 매니저의 상위에서 예산과 제작을 관리하는 역할이지만 작품에 따라 프로덕션 매니저가 라인 프로듀서의 역할을 하기도 한다.

O3 제작 전체 일정(The Project From Beginning to End)과 역할

3.1 제작단계별 구분

영화제작 과정은 크게 5단계로 나눌 수 있다. 첫 번째는, 프로듀서가 영화의 아이템을 구상한 후, 내부검토 과정을 거쳐서 제작기획서를 만든 다음 투자자나 배급사를 확보하는 기획개발/펀딩(Development/Funding) 단계이다. 두 번째는 영화 시나리오가 완성된 후부터 영화 첫 촬영 개시 전까지의 과정인 프리 프로덕션(Pre-Production) 단계이다. 세 번째는 촬영이 시작(Crank In) 된 후부터 촬영이 모두 종결(Crank Up) 되는 프로덕션(Production) 단계이며, 네 번째는 촬영이 끝난 후 편집, CG, 색보정, 녹음 작업 등을 거쳐 배급용 프린트를 갖게 되는 포스트 프로덕션(Post Production) 단계이다. 그리고 마지막 다섯 번째는, 배급용 프린트(Release Print)를 각 영화관에 배급하고 각종 홍보 매체와 이벤트를 통해 영화를 대대적으로 홍보하는 배급과 마케팅(Marketing/Distribution) 단계이다.

영화제작 과정과 관련해서 가장 문제가 되는 것이 개발단계와 제작단계의 구분, 다시 말해서 프리 프로덕션이 시작되는 시점의 명확성이다. 이 시점은 프리 프로덕션의 실무를 담당하는 제작실장과 조감독이 프로젝트에 합류하게 되는 시점이기도 하기 때문에 이들의 계약여부 및 프로덕션 사무실의 운용여부 결정 등 구체적인 일정을 명시하는 것이 중요하다. 개발 단계는 영화화하고자 하는 이야기를 찾아, 아이디어를 개발하고 시나리오를 완성하는 과정까지의 시기로 한정하고 주연배우 캐스팅과 투자확정이 마무리되는 시점으로 이해하는 것이 합리적이다. 프리 프로덕션 시기는 개발단계를 통해 완성된 시나리오를 기반으로 배우 캐스팅과 파트별 스태프 구성, 촬영 스케줄 작성, 촬영 공간과 관련된 준비 등 촬영에 필요한 준비를 진행하는 단계로 인식하는 것이 필요하다. 할리우드에서 사용되는 어버브더라인(Above the Line/ATL)과 비로우더라인(Below the Line/BTL)의 예산서 구분을 참고해서 이해하는 것도 도움이 되겠다. ATL과 BTL에 대해서는 다음 챕터인 Development에서 상세하게 설명하도록 하겠다.

아래는 제작단계별 프로듀서를 중심으로 한 제작파트에서 점검 및 확인해야
할 사항들이다.

[표 1.1 제작단계별 제작파트 체크 리스트]

구분	점검 및 확인사항
기획/개발	■ 작가 선정 및 계약 ■ 기획의 저작권 확보 및 확인 ■ 시나리오 작업 진행 ■ 펀딩(Funding) ■ 기획단계 가예산 작성 ■ 감독 선정 및 계약 ■ 촬영, 미술감독 리스트 작성 ■ 주연배우 리스트 작성과 캐스팅
프리 프로덕션	■ 시나리오 작업 ■ 시나리오 분석(BDS : Beakdown sheet) ■ 전체 일정표 작성 ■ 스토리보드/콘티 작업 ■ 로케이션 헌팅 ■ 로케이션 점검사항 확인 ■ 로케이션 지도 작성 ■ 촬영허가 공문 및 서류 작성 ■ 미술팀 확정 및 회의 ■ 의상/분장팀 확정 및 회의 ■ 세트팀 확정, 일정 작성 및 세트장 예약 ■ 가예산 작성 ■ 캐스팅 리스트 작성 및 진행 ■ 스태프 리스트 작성 및 계약 ■ 프로덕션 사무실 세팅 및 운영 ■ 특효/특분/CG팀 확정 및 회의 ■ 촬영/조명팀 확정 및 회의 ■ 촬영장비/조명장비 신바이신(Scene by Scene) 회의 및 리스트 작성 ■ 발전차/의상차/분장차 등 계약 ■ 카메라 기종 확정 및 대여 계약 진행 ■ 조명 기자재 업체 선정 및 진행 ■ 촬영 스케줄 작성 ■ 일일 촬영계획표 작성 ■ 제작비품표 작성 및 관리방안 정리(무전기, 확성기, 디렉터스 의자 등) ■ 회계 시스템 정리(청구, 정산 등) ■ 저작권 관련 확정 및 진행(초상권, 음악저작권 등) ■ 촬영, 미술, 연출 등 파트별 문서작업 ■ 제작, 연출 문서작업 ■ 차량관리 방안 및 스페어 열쇠 준비 ■ 구급약 및 의료품 준비 ■ 최종 예산 확정 ■ 최종 시나리오 확정 ■ 최종 촬영스케줄 확정

구분	점검 및 확인사항
프로덕션	■ 일일 촬영계획표 확인 및 배부 ■ 배우 스케줄 및 촬영스케줄 점검 ■ 로케이션 재점검(변동상황, 외양변화, 소유 및 담당자 변화, 기후 등) ■ 프로덕션 리포트 작성 ■ 일정/예산 관리 및 프로덕션 슈퍼바이저와 공유 ■ 데일리 확인 ■ 보험관련 진행(스태프, 장비 등) ■ 로케이션간 이동경로 지도 작성 및 확인 ■ 장비 사용 보고서 작성(촬영, 조명 등) ■ 보조출연 리포트 작성 및 보고 ■ 촬영 스크립트, 동시녹음 스크립트 작성 및 보고 ■ 스크립트 작성 및 보고 ■ 촬영, 동시녹음 결과물 편집 담당자 전달 ■ 예산 운용보고서 작성 및 관계자와 공유 ■ 크레딧 작성 및 점검 ■ 스크립트 노트 정리 ■ 프로덕션 리포트 정리 ■ 콘티북 정리(수정, 추가 분량 포함) ■ 대여물품 반납(소품, 의상, 장비 등 포함) ■ 대여차량 반납 ■ 예산관련 결산 준비(프로덕션 청구 및 정산) ■ 제작, 구매 물품 제작사무실로 전달
포스트 프로덕션/개봉	■ 후반작업 스케줄 작성 및 확인 ■ 순서편집본 확인 ■ 최종편집본 완료 ■ 후반파트별 최종편집본 시사(믹싱, 음악, 색보정 등) ■ 사운드, 음악 & 믹싱 작업(ADR 포함) ■ CG 작업 ■ 색보정 작업 ■ 영화제 출품관련 세부사항 진행(자막 등) ■ 시사회 일정 진행 ■ 홍보, 마케팅 스케줄 작성 및 진행 ■ 배급관련 회의 및 세부사항 진행 ■ 해외세일즈 관련 세부사항 진행

3.2 제작단계별 역할 구분

앞서 언급했듯이 직급별로 수행해야 하는 업무는 구성원이 가진 경력과 능력에 따라 조정될 수 있다. 아래는 프로듀서가 제작단계별 기본적으로 수행해야 하는 업무를 명확하게 하기 위해서 제작파트의 직급별 업무분장을 정리하였다. 중요한 건 프로듀서는 기획력과 제작관리 능력, 예산작성과 집행 및 결산, 그리고 스케줄의 조율 능력 등이 반드시 필요하고 이를 실행해야 한다는 점이다.

[표 1.2 제작단계별 제작파트 역할구분]

직책	Development	Pre-Production	Production	Post-Production
프로듀서	시나리오개발, 감독/주연배우 결정, 파이낸싱, 홍보/마케팅 계획 수립	주요 스태프 선정 및 계약, 예산과 일정 최종승인, 홍보/마케팅 대행업체와 협의 및 세부 계획 수립	예산, 일정, 현장관리 등 촬영총괄업무, 홍보/마케팅 현장공개	후반작업 진행관련 결정, 배급 및 심의관련 업무 진행, 시사회 등 홍보/마케팅 업무협조
제작 실장	프로듀서의 보조업무	배우 및 스태프 계약진행, 예산 및 일정 확정, 촬영준비총괄, 청구/정산 관리	촬영총괄업무, 청구/정산 관리	작업관리
제작 부장	-	예산과 촬영일정 진행, 부서별 업무관리	제작진행, 현장진행의 지출관리/정산책임, 촬영관련업무 총괄, 현장진행책임, 일일촬영보고서	실무진행
제작 회계	-	청구/정산양식실 무진행	일일정산, 청구 및 현황관련 실무진행	결산관련 실무진행
제작 부원	-	촬영지헌팅, 섭외 및 촬영준비, 부서간 업무관리	촬영지 제반여건 준비책임, 촬영지 사전세팅 및 인원이동과 숙식책임, 현장통제	제작부장 보조

3.3 세부항목별 역할 구분

[표 1.2]에서 이미 언급한 내용들의 중복일 수 있지만 연출파트와 상호비교 하면서 제작파트의 업무를 구체화 하기위해서 연출파트의 업무가 포함된 세부항목별 역할구분을 [표 1.3]에 기재하였다. 연출파트는 기본적으로 감독을 보조하는 파트이다. 프로듀서의 기본적인 역할이 내적인 내용을 만드는 감독을 도와 작품의 대내, 대외적인 환경을 조성하는 것이라면 연출파트의 역할, 특히 조감독이 어떤 경험과 능력을 가진 사람인지는 프로듀서에게 무척 중요하다. 조감독과 연출부, 그리고 스크립터까지 포함해서 연출파트로 정의했으며 연출파트의 보다 구체적인 직급별 역할구분은 앞에서 언급한 〈영화제작스태프의 합리적 구성을 위한 직무분석〉을 참조하기 바란다.

[표 1.3 세부항목별 역할구분]

세부항목	프로듀서	제작실장	제작팀장	제작회계	제작부원	연출파트
예산서 및 촬영스케줄 작성	o	o				
실제예산 및 실 촬영스케줄 작성		o	o			
예산관련 실무			o	o		
스태프 미팅 및 계약	o	o				
주연배우 미팅 및 계약	o					
조, 단역배우 미팅 및 계약	o	o				
업체 미팅 및 계약	o	o				
업체 계약관련 딜메모 작성 및 진행		o				
촬영지 최종 선택	o	o				
촬영 로케이션 섭외 및 진행					o	
촬영 로케이션 헌팅					o	o
촬영관련 장비 주문 및 확인		o	o			
촬영관련 영상위원회 및 관련단체 미팅		o	o			
예산 및 스케줄의 감독관리	o	o				
촬영 로케이션 약도 작성					o	
보조출연 인원관리 및 관리감독			o			
일일 촬영계획표 및 촬영보고서 작성			o			o
촬영보고서 내 프로덕션 노트 작성			o			
촬영계획표 및 촬영보고서 관리감독	o	o				
보험관련 진행			o			
촬영기간 내 주간단위 예산집행 계획서 작성			o			
날씨 및 촬영상황 점검			o		o	
촬영준비 및 진행			o		o	o
무전기 및 촬영진행 기자재 준비 및 관리					o	
감독 연출진행비 수령 및 정산			o			
프로듀서 진행비 수령 및 정산		o				
발송 공문서 작성 관리감독		o	o			
촬영의 승인과 취소, 철수 콜	o					
각종 회의관련 회의록 작성					o	
헌팅보고서 작성					o	o
헌팅계획표 및 진행표 작성			o			
촬영현장도 및 진행 세부계획도 작성			o		o	

세부항목	프로듀서	제작실장	제작팀장	제작회계	제작부원	연출파트
일일정산서 작성 및 영수증 수령				o		
연출부 작성문서 관리 및 협조			o			o
스태프제출 로케이션 영수증의 승인	o	o				
신분석 및 관련문서 작성			o		o	o
촬영 로케이션 사후관리			o		o	
배우 콜 확인 및 일정관리 협조			o		o	o
촬영진행 시 소진율표(Cost Report)작성			o			
소진율표 관리 및 점검		o				
스태프들 필요 및 요구문서 전달사항 점검			o			
촬영정리 감독 및 진행			o			
촬영기간 내 텔레시네 작업 진행 및 점검			o			
후반작업 전체진행		o				
결산관련 실무사항 진행			o	o		
작품 별 네트워크 폴더 및 문서정리 및 관리			o			
제작탑차 관리 및 물품점검					o	
투자사 제출 서류 작성		o				
투자사 PS와 업무협조 및 협의		o				

O4 국내 프로듀서 단체

한국영화제작가협회(KFPA)와 한국영화프로듀서조합(PGK) 두 개의 단체가 사단법인의 형태로 존재한다. 1994년 창립한 한국영화제작가협회(Korean Film Producer Association)는 극장용 장편 극영화를 한 편 이상 제작한 제작자가 가입신청서를 작성, 제출하여 운영위원회에서 가입승인이 결정된 후 소정의 가입비와 월회비를 납부하면 정회원의 자격을 부여한다. 2012년 현재 66명의 회원이 가입되어 있으며 저작권보호와 부가판권시장 활성화를 위해 불법복제방지 등 다양한 사업을 추진하며 영화산업 안정화와 제작합리화를 위한 정책적, 산업적 대안을 마련하는 데 매진하고 있다.

2006년, '프로듀서의 권익향상과 개인역량강화를 통한 한국영화발전기여'라는 설립목적을 가지고 발족한 한국영화프로듀서조합(Producers Guild of Korea)은 한국영화에 1회 이상 프로듀서의 크레딧을 가졌거나, 한국영화 제작환경에 입각하여 프로듀서 역할에 준하는 크레딧을 가진 자, 그리고 사단법인 한국영화프로듀서조합이 주관하는 피칭에서 선별된 프로젝트의 프로듀서 또는 당선된 프로젝트의 프로듀서가 가입신청서를 작성한 후 소정의 월회비를 납부하면 정회원의 자격을 부여하고, 기획, 마케팅, 투자, 독립제작 영역에서 실무업무를 하는 사람과 한국영화 크레딧에서 1회 이상의 라인프로듀서(제작실장) 크레딧을 가지고 프로듀서 업무를 준비하는 사람을 준회원으로 인정한다. 2012년 현재 209명의 프로듀서가 정회원으로 등록되어 있으며 〈한국영화 제작의 국제화 사례 연구집〉, 〈해외필름메이커를 위한 한국영화 제작가이드북〉 등 다수의 연구보고서와 사업들을 진행하고 있다.

보다 자세한 내용은 한국영화제작가협회 홈페이지 www.kfpa.net 과 한국영화프로듀서조합 홈페이지 www.pgk.or.kr를 통해 얻을 수 있다[1].

> ▶ Tip
>
> [1] 미국에는 영화, 방송, 뉴미디어 프로듀서들을 망라한 5,000명이 넘는 회원의 권익과 복지를 도모하는 PGA(Producers Guild of America)라는 단체가 있다. (www.producersguild.org)
> 감독들의 조합인 DGA(Directors Guild of America)라는 단체(www.dga.org)도 알아두면 유용하겠다.

[표 1.4 국내 영화프로듀서 단체]

구분	연락처	주요 사업
한국영화 제작가협회	02)2267-9983	- 표준계약서 연구사업 - 영화저작권보호 사업 - 문화관광부 저작권 신탁관리업 - 부산영상위원회 연구활동 용역 - 노사 공동발전을 위한 노사협력위원회 운영 - 아시아-태평양 프로듀서 네트워크(APN/ Asia-Pacific Producers Network) - 영화음악 공연료 징수규정 관련 대응활동
한국영화 프로듀서조합	070)7764-4677	- CJ E&M 주관 〈프로젝트 S〉 위탁사업 - 콘텐츠진흥원 주관 〈창의인재사업〉 운영 - 경기공연영상위 주관 〈스크린라이터스판〉 운영 - 영진위 단체사업지원 〈Hit by Pitch〉 사업 - 롯데시네마 시나리오 공모전 예심심사 진행 - 콘텐츠진흥원 〈신화창조〉 피칭사업 운영 - 부산영화제 〈프로듀서의 밤〉 운영

※ 2012년 기준

05 국내 영화관련 단체

영화관련 단체는 아래에 언급한 단체 외에도 더 많은 단체들이 존재하지만 프로듀서 업무를 실행하는 데 있어 기본적으로 알아야 할 단체들을 추려서 정리하였다. 한국시나리오작가조합과 한국영화감독조합은 홈페이지를 구축하지 않은 상태여서 해당 블로그 주소를 기재하였다.

[표 1.5 국내 영화관련 단체 리스트]

구분	홈페이지	연락처
문화체육관광부	www.mcst.go.kr	02)3704-9114
영화진흥위원회	www.kofic.or.kr	02)9587-500
영상물등급위원회	www.kmrb.or.kr	02)3153-4300
저작권위원회	www.copyright.or.kr	02)2660-0000
한국문화콘텐츠진흥원	www.kocca.kr	1566-1114
한국영상자료원	www.koreafilm.or.kr	02)3153-2001
여성영화인모임	www.wifilm.com	02)723-1087
영상미디어센터 미디액트	www.mediact.org	02)6323-6300
전국영화산업노동조합	www.fkmwu.org	02)771-1390
한국독립영화협회	www.kifv.org	02)334-3166
한국시나리오작가협회	www.scenario.or.kr	02)2275-0566
한국시나리오작가조합	home.freechal.com/sgk	02)555-1411
한국시네마테크협의회	www.cinematheque.seoul.kr	02)741-9782
한국저작권단체연합회	www.kofoco.or.kr	1588-0190
한국영화감독조합	cafe.naver.com/2005dgk	
한국영화감독협회	www.kfds.org	02)771-8440/8412
한국영화기술단체협의회	www.feco.or.kr	02)779-1277
한국영화인협회	www.koreamovie.or.kr	02)744-8064
한국영화조명감독협회	www.ksld.or.kr	02)755-6797
한국영화촬영감독협회	www.theksc.com	02)546-5078

Development
영화개발하기

기획개발(Development) 과정은 영화의 아이템을 발굴하는 것부터 시작하여 시나리오/감독/배우 등의 주요 패키징을 완료하여 영화 투자를 유치하기 전까지의 과정이라고 할 수 있다.

무엇보다 좋은 아이템을 발굴하고, 완성도 있는 시나리오를 만들어내는 일이 가장 중요하지만 여기서는 아이템에 따른 영화화 권리의 획득을 위한 저작권과 계약 문제와 투자 유치를 위한 예산 작성, 투자제안서 작성, 캐스팅 과정에서 알아두면 좋을 정보 등 실무에서 필요한 내용을 위주로 정리하였다. 이 책의 목적이 프로듀서들에게 프로젝트 개발 각 단계별로 도움이 되는 정보를 매뉴얼식으로 전달하는 것이었기 때문에 시나리오를 완성하기 위해 필요한 시나리오 구상 및 개발방법, 작가 혹은 감독과의 협업방식 등의 문제들은 특별히 언급하지 않았다.

기획개발과정에서 프로듀서가 가장 중요하게 알아두어야 할 것은 적절한 계약서를 통해 영화에 대한 권리를 확보하는 것이다. 권리의 확보를 통해 프로젝트에 대한 소유권을 명확하게 정리할 수 있으며, 이런 이유로 저작권 문제 및 작가/감독 계약서 등은 중요하게 살펴봐야할 문제다.

01 | The Story

1.1 오리지널 스토리

▶ Tip

1 문화관광부가 마련한 영화 분야의 표절방지 가이드라인에 따르면 단순한 줄거리는 아이디어에 해당하여 표절로 보지 않는다. 대사뿐 아니라 등장인물과 플롯, 사건의 전개과정, 작품의 전체 분위기, 전개 속도 등 여러 가지 요소가 고려 대상이 된다. 작품의 분위기는 중요한 요소 중 하나로 작용하지만, 장소 배경이나 전개 속도는 중요한 판단 요소로 작용하지는 않는다.

▶ Tip

2 2차적 저작물의 작성은 원저작물의 저작자 허락을 필수 요건으로 하지 않고, 독자적인 저작물로 보호된다. 하지만, 원저작자의 권리를 침해했다면 그에 따르는 책임이 별도로 발생할 수 있으므로 법적 문제가 발생하지 않도록 2차적 저작물 작성권을 양도 받아야 한다.

▶ Tip

3 1976년 미국 저작권법에서 처음으로 저작권 유효기간을 저작자 사후 70년까지로 정의했다. 그러므로, 1976년 이전 작품은 개별적으로 저작권 유효기간을 확인해야 한다.

영화화를 목적으로 만들어진 오리지널 스토리는 작가, 감독의 아이템을 기획개발하거나, 프로듀서 본인이 직접 기획개발 할 수 있다.

작가나 감독의 아이템을 시놉시스, 트리트먼트 혹은 시나리오 단계에서 픽업할 경우에는 작가 계약(영화화 허락, 각본 계약), 감독 계약 등을 통해 영화화 권리를 획득하여야 한다. 계약서 작성과 관련한 자세한 내용은 〈2. 권리의 획득〉에서 알아보도록 하겠다.

그 외에 프로듀서 본인의 오리지널 스토리를 기획 개발할 경우에는 경우에 따라 저작권 등록을 하여 오리지널 스토리의 권리가 프로듀서에게 있음을 확인하는 법적 근거를 만들어야 한다.

"더 이상 새로운 이야기는 없다."는 말이 있을 정도로 스토리가 넘치는 세상이다. 그러다보니, 오리지널 스토리를 개발한 경우에도 특정 작품과의 유사하다는 논란이 생기는 상황이 있을 수 있다. 이런 경우에는 법적으로 제3자의 저작권을 침해하는 상황이 발생할 여지가 있는 지 검토하여, 필요한 경우 원작의 판권을 구매하여야 한다.**1**

1.2 원작이 있는 스토리

01 2차적 저작물(derivative work) : 원저작물을 번역/편곡/변형/각색/영상제작 그 밖의 방법으로 작성한 창작물(현행 저작권법)

소설, 에세이, 만화, 연극, 뮤지컬 등 원작이 있는 스토리를 영화화할 경우에는 원작에 대한 권리를 가진 권리자로부터 영화화를 위한 2차적 저작물 작성권을 양도 받아야 한다.**2** 저작권 보호기간은 국가별로 다르나 세계 대부분의 국가들이 저작자 사후 50년 혹은 70년까지로 정하고 있다.**3** 국내에서는 저작자 사후 50년까지가 저작권 보호기간이었으나 2013년 7월 1일부터 저작자 사후 70년까지로 저작권 보호기간이 연장된다.

저작권 보호를 받는 원작을 영화화할 경우에는 해당 저작권을 보유한 개인이나 판권대행을 하는 법인과 계약을 체결하여 영화화를 진행할 수 있다.[1]

소설이나 에세이의 경우 몇몇 대형 작가의 경우에만 개인이 직접 판권을 보유하고, 대개는 출판사에서 판권 판매권을 가지고 있다. 그러므로, 출판사의 편집부 혹은 판권팀을 통해 판권을 구매하거나, 작가에게 판권이 있는 경우에는 작가와 직접 혹은 작가 에이전시를 통해 구매하면 된다. 해외 작품의 경우에는 번역 서적을 출간한 출판사나 지역별로 판권을 확인해주고 판권 구매를 대행해주는 에이전시를 통해 판권을 확인하고 구매 진행을 할 수도 있고 해외 출판사와 직접 판권 구매를 진행할 수도 있다.

만화의 경우에는 단행본보다는 웹툰 중심으로 판권구매가 활발하게 이루어지는 추세다. 단행본일때는 소설처럼 출판사에서 판권 대행을 하는 경우도 있으나, 웹툰 판권은 대개 작가 개인이 판권을 보유하고 판권 판매의 주체가 된다.[2] 최근에는 영화 뿐 아니라 드라마/뮤지컬 등 다방면으로 웹툰에 대한 관심이 높아지면서 웹툰 작가를 전문적으로 관리하는 에이전시들이 생겨났다. 작가 본인이 직접 회사를 설립하여 판권 관리를 하는 경우도 있으니, 웹툰을 원작으로 영화화하고자 하는 경우에는 작가와 직접, 혹은 작가의 에이전시와 판권 구매를 진행하면 된다.

연극, 뮤지컬의 경우는 일반적으로 제작사나 극단이 아닌 작가 개인에게 극본에 대한 판권이 있다. 그러므로, 연극, 뮤지컬 극본에 대한 판권은 작가 개인과 계약을 체결하여 영화화할 수 있다. 그 외 외국 영화는 해당 영화의 해외 세일즈 에이전시를 통해 판권 구매를 진행할 수 있다.

작가나 출판사 등 저작권 소유자와 직접 연락을 취하는 것이 어려울 때는 에이전시를 통할 수 있다. 아래는 판권 구매와 관련하여 알아놓으면 좋을 대표적인 에이전시 정보를 정리해 놓은 표이다.

[표 2.1 저작권 에이전시 리스트]

업체 명	연락처	비고
누룩미디어 www.nulook.c o.kr	02)517-3886	윤태호, 강풀, 양영순, 박철권, 주호민, 하일권 등 20명이 넘는 젊은 웹툰 작가들이 소속되어 있는 에이전시
크릭앤리버 코리아 www.crikorea. mediatong.com	02)761-8901	국내 최대의 창작 에이전시로 영화감독, 드라마작가, 시나리오 작가, 소설가, 뮤지컬 감독, 작곡가 등의 에이전트 업무를 하고 있다. 황미나, 이현세, 박봉성, 홍연식, 김인호, 남지은 등의 만화가들이 소속되어 있다.
케이코믹스 www.k-comic s.tistory.com	02)3276-2080	곽백수, 고필헌 , 김풍 등 만화 작가들이 소속되어 있는 에이전시
신원에이전시 www.shinwon agency.co.kr	02)335-6388	국내 3대 출판에이전시 중 하나로 출판사를 대상으로 한 저작권 중개를 전문으로 하는 업체로 해외 출판물의 저작권을 확인하고 중개해준다.
임프리마코리아 www.imprima. co.kr	02)325-9155	국내 3대 출판에이전시 중 하나로 Random House Publishing Group의 저작권을 독점 관리한다. 해외 출판물의 저작권을 확인하고 중개해 준다.
WME (William Morris Endeavor)	www.wma.com	세계 굴지의 Talent & Literary 에이전시로 뉴욕, LA, 런던, 상하이 등에 주 사무소를 두고 있고 배우, 영화, TV, 음악, 공연 등 엔터테인먼트 산업 전반에 걸쳐 에이전시 업무를 하고 있다. 미국, 영국, 호주, 뉴질랜드 등의 베스트셀러, 문학상 수상 작가 들이 대거 소속되어 있다. 한국영화의 리메이크권을 헐리우드에 판매하는 대행업무도 지속적으로 해오고 있다.
CAA (Creative Artists Agency)	www.caatouring.com	WME와 함께 대표적인 Talent & Literary 에이전시이다. LA, 내쉬빌, 뉴욕, 베이징, 런던에 지사를 두고 있으며 음악, 영화, TV, 연극, 스포츠, 게임 등 다양한 분야의 에이전시 업무를 하고 있다.█
ICM Partners (International Creative Management)	www.icmtalent.com	뉴욕, LA, 런던에 지사를 보유한 Talent & Literary 에이전시이다. 영화, TV, 출판, 음악, 공연 등 다양한 분야의 에이전시 업무를 하고 있다. 배우, 감독, 작가는 물론 촬영감독, 편집, 미술감독, 의상감독, VFX 슈퍼바이저 등 다양한 포지션의 영화 스태프들을 대행하는 영화팀이 있으며, 출판팀에서는 출판 판권의 영화화를 적극적으로 중개 대행한다.

1.3 실화, 실존인물이 있는 스토리

저작권은 창작 행위에 대한 권리를 보장하는 것이다. 실제로 있었던 사실은 창작 행위가 아니므로 실화나 실존 인물을 영화화할 경우에는 누군가의 허락을 받거나 통보를 할 필요는 없다. 단, 명예훼손, 프라이버시, 퍼블리시티권에 문제가 있을 수 있다면 허락을 받아야 할 가능성은 있다. 다시 말해 허위이면서 대상 인물의 명예를 훼손할 여지가 있는 경우, 대상 인물이 비밀로 보호하려고 하던 사실을 그려내는 경우, 실존 인물의 사진이나 그림을 사용할 경우를 제외하고는 실존 인물의 허락이 필요 없다.

ㅡ **02** 퍼블리시티권 : 개인이 자신의 이름과 초상이 상업적으로 쓰이는 것을 통제할 수 있는 권리

그러나, 저작권과 관련한 법적 문제와는 별개로 아래와 같은 이유들로 해당 인물 혹은 해당 인물의 상속자와 영화화에 대한 계약을 체결하기도 한다.

- 알려진 사실 이외에 좀 더 깊이 있는 이야기를 들을 수 있다.
- 명예훼손, 프라이버시, 퍼블리시티권을 이유로 소송을 당할 가능성을 최대한 줄일 수 있다.
- 실존 인물의 사진 등을 영화 본편에 사용하여 실화임을 강조할 수 있다.
- 영화 홍보 및 마케팅에서 실존 인물을 적극적으로 활용할 수 있다.

▶ **Tip**

저작권과 관련된 좀 더 자세한 내용은 문화체육관광부 홈페이지의 저작권 관련 사이트(www.mcst.go.kr/web/deptCourt/dept/cultureIndustry/copyrightMain.jsp)를 참고하길 바란다. 그 외에 2011년 12월 31일 발행된 〈영화진흥위원회 연구보고서 2011-2 : 영화 창작자 저작권 보호를 위한 기초 연구〉도 추천한다.

저작자가 저작권을 포기한 저작물, 저작권 보호기간이 만료된 저작물, 법령으로 저작권이 소멸당한 저작물은 퍼블릭 도메인(Public Domain)이 되어 누구든지 사용이 가능하다.

O2 | 권리의 획득

2.1 판권 구입 및 계약

판권 구입은 크게 영화화 판권 계약, 드라마/연극/뮤지컬 등을 포함한 영상화 판권 계약 혹은 본 판권계약 전에 해당 권리를 취득할 독점권을 확보하는 옵션 계약 형태로 나뉘어진다.

영화화 판권 계약 혹은 영화/드라마/연극/뮤지컬 등을 포함한 영상화 판권 계약은 그 내용이나 형식이 크게 다르지 않다. 다만, 영화 외에 다른 매체로 제작할 계획이 있는 경우, 혹은 영화의 제작 기간 내에 드라마나 연극, 뮤지컬 등 다른 매체로 제작을 하지 못하도록 독점권을 갖고자 하는 경우 취득할 저작권의 범위를 넓혀 놓거나 해당 기간 동안 그 저작물을 다른 영상 저작물로 제작하도록 허락하지 않는다는 독점 조항을 넣는다.

판권 계약서에는 기본적인 계약 규정(계약 당사자, 계약 위반, 손해배상, 관할법원, 양도금지, 비밀유지 등)과 함께 아래와 같은 내용들을 명시해야한다.

- 판권 양도 기간**1**
- 판권료
- 취득하게 되는 저작권의 범위
- 독점여부

이 외 판권 계약서를 작성할 때 주의해서 명시해야 할 조항들은 아래와 같다.

- 상영, 방송, 배포 등의 권리를 포함한다는 조항 : A는 B에게 C를 영상화할 수 있는 권리와 영상화의 결과물을 모든 형태로 사업화할 수 있는 권리를 양도한다.
- 제3자의 지적재산권을 침해하지 않음을 보증하는 조항 : A는 B에게 양도하는 권리가 제3자의 지적재산권을 침해하지 않는다는 것을 보증한다. 만약 제3자가 지적재산권을 침해당했음을 주장할 경우, A는

B를 보호하고 면책해야 하며, 보호 및 면책이 어렵다면 B가 입게 되는 민형사상 피해를 배상해야 한다.

옵션 계약은 제작 여부가 불확실한 시점에서 높은 판권료를 요구 받을 경우에 해당 권리를 취득할 독점권을 확보하는 계약이다. 옵션 계약 기간 동안 제3자에게 해당 권리를 양도하는 계약을 체결하지 않겠다는 약속을 받는 것으로 대개 2~3년 정도의 독점 기간에 대해 향후 체결하게 될 판권 계약에서의 최종 판권료의 10~20%를 미리 지불한다. 옵션 계약서에는 아래와 같은 내용을 미리 합의하여 명시하는 것이 좋다.

- 독점권이 보장되는 기간
- 옵션 가격과 최종 판권료
- 최종적으로 취득하게 되는 저작권의 범위

2.2 작가 계약

작가 계약은 크게 각본 계약과 각색 계약으로 나뉜다. 각본 계약서는 원작이 있는 아이템의 각본을 쓰는 경우, 제작사나 프로듀서의 기획(컨셉, 시놉시스, 트리트먼트 포함)으로 각본을 쓰는 경우, 작가의 기획으로 각본을 쓰는 경우에 따라 그 내용을 조금씩 달리한다. 기획이 누구의 것이냐에 따라 영화화가 안되었을 경우에 해당 기획의 권리가 기획자에게 돌아가야 하기 때문에 이와 같이 구분을 하게 되는데, 영화진흥위원회의 시나리오마켓(www.scenario-market.or.kr)에서 제공하는 시나리오 표준 계약서는 각 경우에 대한 계약서 표준 양식을 제공한다. 아래 표는 영화진흥위원회에서 제공하는 〈시나리오 표준 계약서 및 해설서〉 파일에서 발췌한 각 시나리오 표준 계약서의 내용을 요약한 표이다. 표준 계약서는 상황에 따라 수정, 보완하여 사용하면 된다.

[표 2.2 시나리오 표준계약서 내용 요약]

▶ Tip

■ 회계자료 열람권은 수익배분(인센티브 지급)이 있는 경우 매출과 비용에 대한 회계자료를 열람할 수 있는 권리로 투자사가 가진 제작비에 대한 회계자료 열람권과는 별개다.

계약서	특이 사항
영화화 허락 계약서	– 작가의 창작시나리오를 제작(투자)사에게 영화화권리를 양도하는 경우에 사용 – 각본료 총액 일시 지불 원칙 – 작가에 대한 수익 배분 및 회계자료 열람권 부여■ – 제작(투자)사의 독점적인 이용권의 귀속기간 : 5년. 연장 시 우선협상권 부여 – 제작(투자)사에게 본 영화로부터 파생하는 1차적 지적재산권의 유일하고 독점적인 권리 명시 – 제작(투자)사의 캐릭터의 사용, 속편, 전편, 리메이크 등 2차 저작물 작성권은 작가와 협의 및 별도대가 지불, 작가의 시나리오의 타매체권 독자적 권리행사 가능. 제작(투자)사가 권리행사의 경우에는 을과 협의 및 별도대가 지불 – 크레딧은 [각본 000]으로 명시. 병기의 경우 최전단 우선의 원칙 및 을의 요청 시, 병기대상자의 계약체결 사실을 입증하기로 함
각본 계약서 1 (원 저작물의 각본)	– 원저작물(출판물, 공연물, 영상물)로 시나리오를 집필하는 경우에 사용 – 단계별 집필료 선지급(트리트먼트, 초고, 2고, 3고) – 트리트먼트 집필료 하한선 제시(전체 각본료의 20%) – 1고 또는, 2고에서 시나리오 집필 완성의 경우 잔금 지불의무 – 3고까지 집필을 완료한 경우 작가 인센티브 지급 및 회계자료 열람권 부여 – 제작(투자)사의 본 영화로부터 파생하는 1차적 지적재산권, 2차 저작물 작성권, 타 매체권리의 유일하고 독점적인 권리 인정 – 전체 및 단계별 시나리오 집필 기간 명시 – 크레딧은 [각본 000]으로 명시. 병기의 경우 최 전단 우선의 원칙 및 을의 요청 시, 병기대상자의 계약체결 사실을 입증하기로 함
각본 계약서 2 (제작사의 기획)	– 제작사의 컨셉, 시놉시스, 트리트먼트로 시나리오를 집필하는 경우에 사용 – 단계별 집필료 선지급(트리트먼트, 초고, 2고, 3고) – 트리트먼트 집필료 하한선 제시(전체 각본료의 20%) – 3고까지 집필 완료한 경우 작가에 대한 수익배분 및 회계자료 열람권 부여 – 제작(투자)사의 본 영화로부터 파생하는 1차적 지적재산권의 유일하고 독점적인 권리 인정 – 캐릭터의 사용, 속편, 전편, 리메이크 등 2차 저작물 작성과 타매체권의 행사는 을과 협의 및 별도 대가 지불 – 전체 및 단계별 시나리오 집필 기간 명시 – 크레딧은 [각본 000]으로 명시. 병기의 경우 최전단 우선의 원칙 및 을의 요청 시 병기대상자의 계약체결 사실을 입증하기로 함
각본 계약서 3 (작가의 기획)	– 작가의 컨셉, 시놉시스, 트리트먼트로 시나리오를 집필하는 경우에 사용 – 단계별 집필료 선지급(트리트먼트, 초고, 2고, 3고) – 트리트먼트 집필료 하한선 제시(전체 각본료의 20%) – 3고까지 집필을 완료한 경우 작가에 대한 수익 배분 및 회계자료 열람권 부여 – 초고 완성 시점을 기준으로 상호 협의하여 저작권 양도

계약서	특이 사항
	- 제작(투자)사의 본 영화로부터 파생하는 1차적 지적재산권의 유일하고 독점적인 권리 인정 - 캐릭터의 사용, 속편, 전편, 리메이크 등 2차 저작물 작성과 타매체권의 행사는 을과 협의 및 별도 대가 지불 - 전체 및 단계별 시나리오 집필 기간 명시 - 크레딧은 [각본 000]으로 명시. 병기의 경우, 최전단 우선의 원칙 및 을의 요청 시 병기대상자의 계약체결 사실을 입증하기로 함
각색 계약서	- 단계별 집필료 선지급(초고, 2고, 3고) - 1고 집필료 전체 각색료의 최소 30%로 하한선 제시 - 3고까지 집필을 완료한 경우 작가 인센티브 지급 및 회계자료 열람권 부여 - 제작(투자)사의 본 영화로부터 파생하는 1차적 지적재산권, 2차 저작물 작성권, 타매체권리의 유일하고 독점적인 권리 인정 - 전체 및 단계별 시나리오 집필 기간 명시 - 크레딧은 [각색 000]으로 명시. 병기의 경우, 을의 요청 시 병기대상자의 계약체결 사실을 입증하기로 함

2.3 저작권 등록

저작권은 저작물의 창작과 동시에 생성되며 등록, 납본, 기탁 등 일체의 절차나 방식을 필요로 하지 않기 때문에 저작물이 창작만 되었다면 별도의 절차 없이 헌법과 저작권법에 의해 보호를 받을 수 있다. 그러나 저작권 등록을 하게 되면, 법적 추정력, 대항력이 발생하고, 법정 손해배상 청구가 가능하며, 저작권 보호 기간을 연장 받는 등의 효과가 발생하기 때문에 필요에 따라 저작권을 등록한다. 저작권 등록의 장점은 아래와 같다.

- "추정력" 발생 : 저작자의 성명과 창작 연월일을 등록하여 법에서 부여하는 추정력을 받게 된다. 이 경우, 등록된 추정사실에 대해 입증 책임을 면하며, 상대방이 추정을 번복할 증거를 제시할 책임(입증책임 전환)이 있다.
- "대항력" 발생 : 제3자가 권리 변동의 행위가 있었음을 부인했을 경우, 권리 변동 사실이나 출판권 설정 등을 등록하여 제3자에게 대항할 수 있게 된다.
- 법정 손해배상 청구 : 침해 행위가 일어나기 전에 미리 저작물을 등록한 경우, 실손해를 입증하거나 민사 소송을 하지 않더라도 사전에 저작권법에서 정한 일정 금액(저작물 당 1천만원, 영리를 목적으로 고

▶ Tip

미국 워싱턴DC에 위치한 Copyright Office에는 각 영화의 최초 저작권자부터 현재의 저작권자를 확인할 수 있는 Copyright Report가 보관되어 있다. 열람이 가능한 Copyright Report는 각 영화들의 저작권자의 변경이 있을 때마다 수정 등록이 되기 때문에 최종 저작권자를 확인할 수 있는 공식 창구이다.

의로 침해한 경우 5천만원 이하)을 법원이 원고의 선택에 따라 손해액으로 인정할 수 있도록 한 제도이다.

● 보호기간 연장 : 무명 또는 널리 알려지지 않은 필명으로 공표한 저작물의 경우, 저작자가 실명을 등록하면 저작물의 보호 기간이 공표 후 50년에서 저작자 사후 50년으로 연장되는 효과가 있다.(2013년 7월 1일부터는 저작자 사후 70년)

저작권 등록은 한국저작권위원회가 위탁을 받아 수행하고 있으며, 한국저작권위원회는 모든 종류의 저작물에 대한 저작권 등록 업무를 총괄하는 국내 유일의 기관이다. 시놉시스, 트리트먼트, 시나리오 등 형태에 관계없이 어문저작물로 등록이 가능하며, 저작자가 저작물에 대한 권리를 등록하는 "권리 등록", 저작권리의 양도, 처분제한 등의 변동 사실을 등록하는 "권리 변동 등록" 등으로 구분된다. 저작권 등록의 수수료와 등록면허세는 오프라인일 경우 31,800원, 온라인일 경우 21,800원이며 그 외 자세한 정보와 등록 방법은 저작권 등록 시스템 www.cros.or.kr 에서 확인할 수 있다.

만약, 영문 저작물을 미국에 저작권 등록하고자 할 경우에는 미국 저작권 사무소 US Copyright Office(www.copyright.gov)에서 직접 등록하거나 Act One Script Clearance, Inc.(www.deforestresearch.com)와 같은 저작권 등록 대행업체를 이용하면 된다. 저작권 등록 대행업체는 저작권 등록 업무뿐 아니라 저작권 등록 전에 제목, 인물, 캐릭터 등 저작권 등록 요건에 문제가 없는 지를 확인하는 리서치 업무도 대행해준다.

▶ Tip

◼ CCC(Copyright Clearance Center) www.copyright.com
ASCAP(The American Society of Composers, Authors and Publishers) www.ascap.com
BMI(Broadcast Music Inc.) www.bmi.com
CLA(The Copyright Licensing Agency) www.cla.co.uk
VG WORT(Verwertungsgesellschaft wort) www.vgwort.de
GEMA(Gesellschaft fur musikalische Auffuhrungs und Mechanische Vervielfaltigungrechte) www.gema.de
JASRAC(Japanese Society for Rights of Authors, Composers and Publishers) www.jasrac.or.jp
Access Copyright(The Canadian Copyright Licensing Agency) www.accesscopyright.ca
SACEM(Societe des Auteurs Compositeurs et Editeurs de Musique) www.sacem.fr

[표 2.3 주요국 저작권 등록 기관]

국가	기관
한국	한국저작권 위원회 저작권 등록 시스템(www.cros.or.kr)
미국	US Copyright Office(www.copyright.gov)
일본	Agency for Culture Affairs(www.bunka.go.jp)
캐나다	Canadian Intellectual Property Office(www.cipo.gc.ca)
영국	The Patent Office(www.patent.gov.uk)

위의 저작권 등록 정부 기관과 달리 한국음악저작권협회, 한국방송작가협회, 한국문예학술저작권협회, 미국의 CCC, ASCAP, BMI 영국의 CLA, 독일의 VG WORT, GEMA, 일본의 복사권 센터, JASRAC, 캐나다의 Access Copyright◼,

프랑스의 SACEM 등의 단체는 저작권을 위탁 관리함으로써 저작권료의 수임을 대행하고 관리하는 저작권 위탁 관리단체들이다. 위의 저작권협회는 영화 제작 과정에서 관계된 음악, 소품, 첨부 영상 등의 저작권을 해결할 필요가 있을 때 알아두면 좋을 업체들이다.

2.4 체인오브타이틀(Chain of Title)

체인오브타이틀(Chain of Title)이란 영화 판권을 행사하는 자가 판권의 행사에 대한 모든 권리를 적법하게 보유하고 있음을 확인해주는 일체의 문서와 계약서들을 의미한다. 해당 영상물을 구매할 때, 혹은 해당 영상물의 리메이크 권리 등을 구매하고자 할 때, 구매자는 영화 판권을 소유한 행사자가 계약을 통해 모든 권리를 정당하게 소유하고 있는 지 확인할 수 있도록 체인오브타이틀(Chain of Title)을 요구한다.[1] 그러므로, 구매자가 체인오브타이틀(Chain of Title)을 요구할 때, 언제든 관련 서류를 제공할 수 있도록 제작 초기에 체인오브타이틀(Chain of Title)을 미리 정리해 놓는 것이 좋다.

▶ Tip

[1] Chain of Title은 소송이 빈번한 미국에서 배급 과정에서 저작권과 관련한 소송이 발생하는 것을 방지하기 위해 요구하는 서류다. 미국 배급사 대부분이 거의 Chain of title 관련 서류와 저작권 등록 서류를 기본적으로 요구한다. 최근에는 미국 스튜디오 시스템을 따르는 유럽의 배급사들에서도 Chain of Title을 요구하는 것이 일반적인 경향이다.

체인오브타이틀(Chain of Title)을 정리하는 방식을 예를 들어 설명 해보자. 원작 A의 구매계약을 체결한 프로듀서 B가 제작사 C와 다시 계약을 하고, 그 제작사 C가 메인 투자사 D와 계약을 해서 판권 판매의 주체가 D가 되었을 경우, A와 B 사이의 "작가 계약서"를 통해 A의 저작물이 B에게 양도되었음을 증명하고, B와 C 사이의 "(공동) 제작 계약서" 혹은 "프로듀서 계약서"를 통해 B가 보유한 저작물이 C에게 양도 되었음을 증명하고, C와 D 사이의 "투자 계약서"를 통해 C에게 양도된 저작물이 다시 D에게 양도되어 D는 원저작물을 행사할 수 있는 권리를 가지고 있다는 것을 체인오브타이틀(Chain of Title)로 증명하는 것이다. 이때, 필요에 따라 원작 A의 작가가 모든 관련 저작권을 영구적으로 제작사에게 양도하였음을 확인하는 "작가 확인서(Author Certificate)" 등의 문서를 작성하기도 한다.

작가 확인서(Author Certificate)는 아래와 같은 내용을 기본으로 작성이 가능하며 원작자 본인이 단독 날인한다.

1. 작가 A(주소 포함)는 영화 X의 원 저작권자임을 확인한다.
2. 몇년 몇월 몇일에 체결된 계약서에 의거하여 제작사 C에 영화 X를 제작하고 전세계 모든 매체에 배급할 수 있는 독점적인 권리를 갖는다.
3. 저작권 양도의 기간은 영구적이다.
4. 작가 A는 위의 모든 내용이 사실임을 확인하고 원 저작권과 관련한 법적 문제가 없음을 보증한다.

감독, 작가, 프로듀서 등 저작권 발생이 가능한 창작활동(컨셉, 시놉시스, 트리트먼트, 시나리오 등)을 하는 개인의 경우, 체인오브타이틀 문제 때문에 WHF(Work for Hire/Work Made For Hire) 계약임을 명확히 해야 할 필요가 있다. WHF 계약은 개인의 창작 활동이 고용 계약을 통해서 이루어졌고, 그로 인해 그 저작권이 개인이 아닌 고용자에게 있음을 명확하게 하는 것이다.[1]

2.5 감독 계약

감독 계약은 작가 계약과 더불어 기획개발과정에서 가장 중요한 계약 중 하나이다. 감독 계약서에 해당 계약이 WFH 계약임을 명확히 하여 이후 제작사가 저작권의 모든 권리자가 됨을 명확히 해야 한다. 일반적인 스태프 계약서와 달리, 감독 계약서에는 아래와 같은 사항들이 명시되는 것이 좋다.

- 예산 및 일정에 관한 최종 결정권
- 캐스팅 최종 결정권
- 영화화에 대한 최종 결정권
- 스태프의 고용 및 해고 권한
- 시나리오 수정 및 최종 결정권
- 편집권, 재촬영/추가촬영 결정권
- 연출료 및 러닝개런티(수익 지분)
- 속편 및 리메이크 저작권 행사 권한
- 매체 전환시 감독의 창작권을 보장하기 위한 동일성 유지 관련
- 계약 해지시 저작권 소유권[2]

현재 한국영화감독조합에서 권장하는 감독 계약서는 있으나, 제작사-감독 간 감독 표준 계약서는 마련되어 있지 않다.

▶ Tip

[1] 국내 계약서에 있는 "을이 갑에게 제공한 모든 용역(아이디어, 제안, 주제, 플롯, 스토리, 캐릭터의 설정, 스크립트, 제목, 기타 모든 용역)의 결과물은 갑에게 귀속된다."는 조항이 WHF에 해당한다고 할 수 있으나, 체인 오브 타이틀 문서 정리를 위해서는 해당 계약에 WHF 계약임을 더 명확하게 정리해주는 것이 좋다.

▶ Tip

[2] 감독이 기획개발의 주체가 되어 진행한 프로젝트에서 계약 해지시 저작권 소유권이 감독에게 귀속되게 할 경우가 있을 수 있다. 감독이 작가로 참여한 경우에는 해당 내용을 감독 계약서가 아닌 작가 계약서에 명시하는 것이 일반적이다.

34

캐스팅 **?O3**

3.1 캐스팅의 진행

미국과 달리[1] 한국은 아직 전문 캐스팅 디렉터 시스템이 아니기 때문에 프로듀서가 직접 배우의 소속 매니지먼트사 혹은 배우와 직접 연락을 취해 캐스팅을 진행하는 경우가 일반적이다. 각 배우의 소속사 정보는 포털 사이트에서도 확인할 수 있으며[2]아래 표는 배우협회, 매니지먼트사 등 캐스팅 과정에서 알아두면 좋을 단체들을 소개하는 표이다.

[표 2.4 캐스팅관련 주요단체 리스트]

단체명	내용

사단법인
한국연예매니지
먼트 협회
	- 대표번호 : 02)517-1563(www.cema.or.kr)
	- 나무엑터스, BH엔터테인먼트, 블루드래곤엔터테인먼트,
	  심엔터테인먼트, 열음엔터테인먼트, 키이스트 등 180여개의
	  매니지먼트사들이 회원으로 소속된 단체이다.

사단법인
한국영화배우
협회
	- 대표번호 : 02)2274-6553(www.kfaa.kr)
	- 영화배우들이 회원으로 소속된 단체이다. 개인회원의
	  이름(예명, 본명), 생년월일, 간단한 필모그래피와 사진을 볼
	  수 있다. 유선상으로 배우 개인의 연락처를 확인할 수도 있다.

사단법인
한국연극배우
협회
	- 대표번호 : 02)764-5086(www.kactor.or.kr)
	- 연극배우들이 회원으로 소속된 단체이다. 극단정보(극단명,
	  대표자명, 연락처, 이메일 등), 극장 정보 등을 볼 수 있으며,
	  배우 개인 정보는 가입된 회원들에게만 제공한다.

사단법인 한국방송연기자 협회	- 대표메일 : pyseung@naver.com(www.koreatv.or.kr) - 1,600여명의 방송 연기자들이 회원으로 소속된 단체이다.
사단법인 한국성우 협회	- 대표번호 : 02)784-0422(www.kvpe.kr) - 성우들이 회원으로 소속된 단체이다. 주요 방송사 성우들의 프로필을 확인하고 연락처를 확인할 수 있다.

3.2 출연의향서, 딜메모 및 배우계약

배우가 출연의사를 구두로 밝히면 본 계약서를 체결하기 전에 경우에 따라

▶ Tip

[1] 미국은 주연배우 전문 캐스팅 디렉터, 조단역 배우 캐스팅 디렉터, 엑스트라 캐스팅 디렉터까지 캐스팅 디렉터의 역할이 전문화, 세분화 되어 있다. 물론 프로듀서가 직접 배우나 배우의 에이전트에게 시나리오를 전달할 수도 있지만 전문 캐스팅 디렉터를 고용하면 좀 더 빠른 피드백을 기대할 수 있다. 미국의 캐스팅 디렉터를 포함한 캐스팅 관련 스태프를 위한 단체인 CSA(The Casting Society of America/www.castingsociety.com)에서 좀 더 자세한 정보를 확인할 수 있다.

▶ Tip

[2] 일본이나 중국도 한국과 마찬가지로 프로듀서가 배우 매니지먼트사를 통해 캐스팅을 진행하는 것이 일반적이다. 중국과 일본의 포털 사이트에서도 각 배우의 인물 정보와 함께 소속사 정보를 확인할 수 있다.

출연의향서(Letter of Intent)나 가계약 문서인 딜메모(Deal Memo)를 작성하기도 한다.

대개 1페이지의 편지 형태로 간단하게 출연 의향을 밝히는 출연 의향서(Letter of Intent)는 영화제목과 배역명, 촬영 일정을 포함하여 작성하며 배우 본인 혹은 배우의 대리인이 단독 날인한다. 출연 의향서는 출연을 확정하는 내용이 아니기 때문에 "최종 결정은 촬영용 시나리오, 촬영 일정, 상대 배우, 감독 등이 결정된 이후에 하기로 한다." 등의 내용이 포함되며 출연료는 명시하지 않는 것이 일반적이다.

딜메모(Deal Memo), MOU(Memorandum of Understanding) 형태의 가계약 문서는 세부 조건이 모두 포함된 계약서를 체결하기 전에 영화, 배역명, 출연료, 촬영 일정 등 기본적인 사항을 합의하는 계약서이다. 가계약문서는 잠정적인 합의를 목적으로 하는 것이 일반적이고, "잠정적", "선의의 협상", "비구속적 협상" 등의 문구가 명시된 경우에는 법적 구속력이 없다[1].

한국영화의 제작 과정에서는 출연 의향서나 가계약서를 체결하는 과정이 생략되고 본계약서를 체결하는 것이 일반적이다. 문화체육관광부 주최로 방송출연 표준 계약서를 중심으로 한 배우 계약서의 표준화를 위한 논의가 이루어지고 있으나 현재 영화를 위한 배우 표준 계약서는 마련되지 않은 상태이다. 배우 계약서에는 아래와 같은 내용이 포함되며, 매니지먼트사가 있을 경우에는 갑(제작사), 을(매니지먼트), 병(배우) 3자 계약을 하는 것이 일반적이다.

- 영화, 배역명
- 출연료 및 러닝개런티(수익 배분)
- 촬영 기간 및 홍보 기간 중 발생하는 비용 처리의 문제(교통, 숙식, 수행인원 등)
- 촬영 일정 및 기간 중 중복 출연/기타 활동(CF 등 포함) 가능 여부 포함
- 홍보 일정 및 범위
- 촬영 현장에서의 대우(노출조항(Nudity) 포함)
- 크레딧, 초상권 사용의 범위
- 촬영 기간 연장에 따른 추가 출연료 지급 문제
- 사회적 물의(법령 위반, 향정신성 약물 사용 등)를 일으켰을 경우의 손해배상 조항

▶ Tip

[1] 딜메모(Deal Memo), MOU (Memorandum of Understanding), 출연의향서(Letter of Intent), HOA (Heads of Agreement) 등으로 불리는 가계약 문서에서는 잠정적인 합의를 목적으로 "양 당사자는 상기 조건을 포함하는 구속력 있는 최종 계약을 체결하기 위해 선의의 협상을 진행하기로 합의한다."라는 조항을 명기하는 것이 좋다.

영화산업 노조가 발달된 미국의 경우에는 배우노조인 SAG-AFTRA(Screen Actors Guild and the American Federation of Television and Radio Artists)에서 영화의 예산 규모에 맞는 배우 계약서 양식과 배우 출연료 기준(단역, 엑스트라 등)을 제공하고 있다. SAG 배우가 없는 Non-SAG 프로젝트인 경우에도 촬영 시간, 촬영 조건, 출연료 기준 등은 SAG 프로젝트와 유사하기 때문에 미국 배우를 캐스팅할 경우에는 SAG-AFTRA에서 제공하는 계약서 양식들과 배우 출연료 기준 등을 확인하면 도움이 될 것이다. www.sagaftra.org[1]

다음 표는 미국 배우 노조인 SAG-AFTRA에서 제공하는 기준과 해당 기준에 따른 Day Player(단역)의 일일 출연료를 간단하게 소개한 표이다.

▶ Tip

[1] 같은 배우도 SAG의 제작비에 의한 기준(Theatrical, Modified Low Budget, Low Budget, Ultra Low Budget, Student Film, Short Film)에 따라 출연료가 다르며, 별도의 개별 협상 없이 해당 기준에 따라 출연료를 책정하고 지급하면 된다.

[표 2.5 - SAG Signatory 조건]

단체명	내용
Student Film	- 학생영화 - 35분 이하, 예산 $35,000 이하
Short Film	- 예산 $50,000 이하 - 35분 이하
Ultra Low Budget	- 예산 $200,000 이하 - 일일 출연료(Day Rate) $100
Modified Low Budget	- 예산 $625,000 이하 - 일일 출연료 $268/주당 출연료 $933
Low Budget	- 예산 $2,500,000 이하 - 일일 출연료 $504/주당 출연료 $1,752 - 여성, 유색인종, 노년, 장애인 등 캐스팅 비율에 따라 예산 최대 기준이 $3,750,000로 상향 가능
Theatrical	- Low Budget 이상의 모든 작품 - 일일 출연료 $859/주당 출연료 $2,979

O4 예산 및 투자 제안서 작성

Tip

1 Entertainment Partners에서 출시한 Movie Magic Budgeting 프로그램과 Movie Magic Scheduling 프로그램은 미국에서 가장 많이 사용되고 있는 영화 제작 실무 프로그램이다. 각 프로그램을 이용해 예산서(Budget), 일일 스케줄표, 각 파트별(인물, 소품, 엑스트라 등) 스케줄표 등을 쉽게 작성할 수 있다. 영화진흥위원회에서는 2013년 상반기에 무료로 사용할 수 있는 스케줄링 프로그램을 공개할 예정이다.

03 프린지(Fringe) : 세금, Pension & Health(연금 & 건강보험) 등의 비용 등 고용주가 임금 외에 주는 부가 혜택

Tip

2 어버브더라인(ATL : Above-the-line)은 예산 작성시 상단(Above)에 우선적으로 명시되는 직접비용들로 실제 촬영 단계 전에 소요되는 주요 경비를 의미한다. 원작료, 각본료, 감독료, 프로듀서료, 주연/조단역 연기자 출연료, 출장비 등이 포함된다. 시나리오로는 정확한 계산이 불가능한 "변동 예산" 항목으로 지출변화의 폭이 크고 협상의 폭도 큰 비용들이다.

Tip

3 비로우더라인(BTL : Below-the-line)은 예산 작성시 하단(Below)에 명시되는 간접비용들로, 대체로 일정한 비용이 드는 기술, 미술, 사무실, 기술 스태프와 업체 인건비, 엑스트라 출연료, 시설/기자재 대여비, 교통비, 현지비용, 편집 비용 등의 "고정비용"을 말한다. 시나리오로 계산 가능한 개괄적인 예산 항목으로 촬영과 후반 단계에서 발생하는 모든 비용을 포함하며 법률 비용, 저작권 관련 비용, 심의 비용, 보험 등의 비용들도 비로우더라인에 속한다.

4.1 예산서 양식

미국에서는 Movie Magic Budgeting과**1** 같은 영화 예산을 작성할 때 사용하는 전문 프로그램을 사용하는 경우가 많지만, 그 외 국가에서는 엑셀을 사용하여 예산서를 작성하는 것이 일반적이다.

미국은 프로덕션을 위한 인건비(Payroll) 회사를 별도로 고용하여 운영해야 할 정도로 인건비 지급 체계와 프린지(Fringe)항목을 계산하는 것이 중요하기 때문에 전문 예산작성 프로그램을 쓴다. 이 프로그램에 대한 자세한 정보는 www.entertainmentpartners.com/budgeting/에서 확인할 수 있으며, 온라인을 통해서도 구매가 가능하다.

한국에서는 영화진흥위원회에서 권장하는 예산서 양식이 있긴 하지만 일반적으로 각 메인 투자사별 권장 예산/정산 양식을 사용하는 것이 일반적이다. 총제작비를 순제작비(사전작업 비용, 촬영 비용, 후반작업 비용, 기타 비용 등으로 구분한)와 P&A 비용으로 구분하는 국내 투자사의 예산/정산서 양식은 각 투자사에서 샘플로 제공한 파일을 확인하길 바란다.

국내에서 사용되는 예산/정산 양식과는 조금 차이가 있기는 하지만, 대부분의 국가의 예산서는 어버브더라인(ATL : above-the-line)**2**과 비로우더라인(BTL : below-the-line)**3**으로 분류하여 작성하는 것이 일반적이다.

4.2 투자 제안서 양식

투자사에 프로젝트를 피칭하기 위한 투자 제안서는 작품의 성격이나 프로듀서가 중요하다고 생각하는 부분에 따라 구성이나 내용이 달라지나, 일반적으로 아래와 같은 내용으로 작성할 수 있으며, 파워포인트를 사용하여 작성하는 경우가 많다.

[표 2.5 투자제안서 주요 내용]

제목	내용
개요	작품의 제목/진행상황/제작규모(예산)/제작 일정/개봉 일정(예정)/장르/감독/프로듀서/캐스팅 진행 상황/제작사명/한줄 시놉시스 등을 표 형태로 정리하여 작품이 개요를 한 눈에 볼 수 있도록 한다.
제작 컨셉	작품의 제작 컨셉을 사진 이미지와 레퍼런스 영화 등을 이용하여 설명한다.
SWOT 분석	작품의 S(Strength : 장점), W(Weakness : 단점), O(Opportunity : 기회 요인), T(Threat : 위험 요인) 등을 객관적으로 서술한다. 장점과 단점은 작품 내적인 지점에서, 기회 요인과 위험 요인은 작품 외적인 지점에서 그 내용을 찾는다.
시놉 시스	작품의 줄거리를 2페이지 내외의 시놉시스로 정리한다.
캐스팅	확정된 캐스팅이 캐릭터 소개와 배우 소개를 정리한다. 만약, 배우가 확정이 되지 않았을 경우에는 캐릭터 별로 캐스팅하고자 하는 배우 2~4명의 후보를 작성하여 캐스팅 진행 상황이나 캐릭터별 배우 이미지를 구체적으로 제시하기도 한다.
제작진	감독, 제작자, 그 외 확정된 스태프의 경우에는 해당 스태프의 필모그래피를 중심으로 제작진을 소개한다.
세일즈 전략	국내외 세일즈 전략, 개봉 전략 등을 이슈별로 정리해서 향후 어떤 식으로 세일즈를 할 계획인지 소개한다.
제작 일정	투자/캐스팅 확정 일정부터 개봉 일정까지 단계별 제작 일정(예정안)을 정리한다.
투자 형태	투자사에게 제안하는 투자 형태와 상환 방식, 투자 지분율 등을 한 눈에 알아볼 수 있도록 다이어그램 형태나 표 형태로 정리한다.
펀딩 구조	제작비 총액에 따른 펀딩 금액과 구조를 어떻게 할 것인지 표 형태로 정리한다. 제작비 예산에서 리베이트나 공적 자금, 은행권 대여금(Loan) 등을 제외하고 순수 투자(Equity)가 얼마가 필요한지, 그에 따른 투자사에 요청하는 투자금이 얼마가 되는 지 쉽게 알 수 있도록 한다.
예상 매출	제작비, 예상매출(국내 목표 관객수, 해외 목표 매출액 등)로 인한 총 수입과 총수입에서 총제작비를 뺀 총수익의 예상액을 통해 수익율 예상치를 제공한다. 투자 지분에 따른 투자 금액별 지분율, 수익분배 예상 금액 등도 한 눈에 볼 수 있도록 표로 제공한다. 예상매출을 작성할 때는 배급수수료, 세일즈 커미션 등 각종 수수료를 고려하여 계산할 수도 있고, 그렇지 않은 경우에는 각종 수수료를 고려하지 않은 상태임을 명기하도록 한다. 예상 매출의 작성 근거 자료로는 해당 작품과 유사한 영화의 기존 매출 결과를 활용할 수도 있다.
기타	그 외 영화의 완성 결과물을 예측할 수 있는 이미지 자료, 콘티 등이 준비되어 있는 경우에는 첨부할 수 있다.

4.3 펀딩 구조 및 관련회사 설립

특히, 2개 이상의 국가의 제작사가 공동으로 영화를 제작하거나 2개 이상의 국가에서 투자금을 받아 영화를 제작할 때, 판권을 소유한 회사를 어디로 할 것인지, 영화 제작을 위한 자금 집행 및 정산을 담당하고 경우에 따라 리베이트를 받을 회사를 어디로 할 것인지, 자금집행 / 매출발생 / 수익배분을 투명하게 진행할 수 있는 회사를 어디로 할 것인지 정리해야 한다. 이런 경우, 각각의 목적에 따라 문화산업 전문회사, 특수목적회사(SPC : Special Purpose Company) 등을 설립하거나 CAM(Collection Account Management)를 사용하게 된다.

4.3.1 문화산업전문회사

국내에서 특화된 문화산업전문회사는 영화나 드라마 등 특정 문화 콘텐츠 프로젝트 수행을 위해 설립하는 특수목적회사로 여러 개의 프로젝트를 제작하는 기존 제작사와는 달리 프로젝트별로 독립회사를 만드는 제도이다. 프로젝트 별로 사업의 총괄 관리 및 운영, 자금 조달 및 관리, 제작비의 진행, 투자 성과 분배를 할 수 있으며 법인세 면제 혜택이 있어 독립성, 안정성, 투명성, 효율성이 높다.

일반적으로 해당 프로젝트의 개시와 함께 설립되어 해당 프로젝트가 완료되었을 경우에 해산한다. 최근에는 〈설국열차〉, 〈무명인〉, 〈나의 PS파트너〉, 〈26년〉, 〈혈투〉, 〈커플즈〉, 〈불꽃처럼 나비처럼〉 등의 영화가 문화산업전문회사를 설립하여 운영하였다.

문화산업전문회사는 제도적으로 상근 임직원을 둘 수 없고 제작, 투자사 등 다수의 이해 관계자가 함께 설립하여 운영할 수 있다. 문화산업전문회사의 운영을 활성화하기 위해 2011년 8월부터 설립 자본금이 1억원에서 1천만원으로 크게 낮아졌다.

아래는 영화진흥위원회 영상산업정책연구소에서 발간한 〈문화산업전문회사 실무적용 가이드라인〉에서 발췌한 것으로 국내에서 문화산업전문회사를 사용할 때 알아야 할 설립부터 해산까지의 운영 프로세스를 정리한 것이다.

▶ Tip

문화산업전문회사는 설립 후 3개월 내에 문화체육관광부에 등록 신청을 해야 한다.

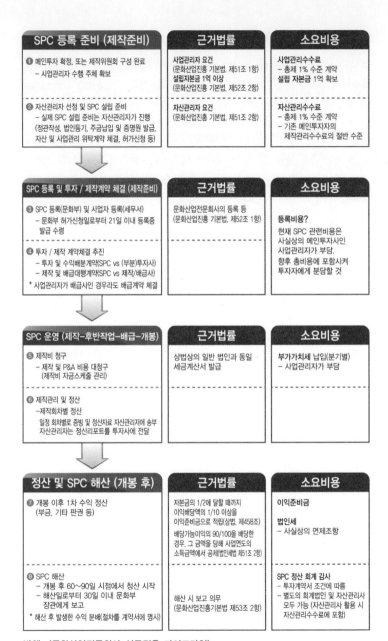

SPC 등록 준비 (제작준비)

❶ 메인투자 확정, 또는 제작위원회 구성 완료
- 사업관리자 수행 주체 확보

❷ 자산관리자 선정 및 SPC 설립 준비
- 실제 SPC 설립 준비는 자산관리자가 진행 (정관작성, 법인등기, 주금납입 및 증명원 발급, 자산 및 사업관리 위탁계약 체결, 허가신청 등)

근거법률
사업관리자 요건 (문화산업진흥 기본법, 제51조 1항)
설립자본금 1억 이상 (문화산업진흥 기본법, 제52조 2항)

자산관리자 요건 (문화산업진흥 기본법, 제51조 2항)

소요비용
사업관리수수료
- 총제 1% 수준 계약
설립 자본금 1억 확보

자산관리수수료
- 총제 1% 수준 계약
- 기존 메인투자자의 제작관리수수료의 절반 수준

SPC 등록 및 투자 / 제작계약 체결 (제작준비)

❸ SPC 등록(문화부) 및 사업자 등록(세무서)
- 문화부 허가신청일로부터 21일 이내 등록증 발급 수령

❹ 투자 / 제작 계약체결 추진
- 투자 및 수익배분계약(SPC vs (부분)투자사)
- 제작 및 배급대행계약(SPC vs 제작/배급사)
* 사업관리자가 배급사인 경우라도 배급계약 체결

근거법률
문화산업전문회사의 등록 등 (문화산업진흥 기본법, 제52조 1항)

소요비용
등록비용?
현재 SPC 관련비용은 사실상의 메인투자사인 사업관리자가 부담.
향후 총비용에 포함시켜 투자자에게 분담할 것

SPC 운영 (제작-후반작업-배급-개봉)

❺ 제작비 청구
- 제작 및 P&A 비용 대청구 (제작비 자금스케줄 관리)

❻ 제작관리 및 정산
-제작회차별 정산
일정 회차별로 증빙 및 정산자료 자산관리자에 송부 자산관리자는 정산리포트를 투자사에 전달

근거법률
상법상의 일반 법인과 동일 세금계산서 발급

소요비용
부가가치세 납입(분기별)
- 사업관리자가 부담

정산 및 SPC 해산 (개봉 후)

❼ 개봉 이후 1차 수익 정산 (부금, 기타 판권 등)

❽ SPC 해산
- 개봉 후 60~90일 시점에서 청산 시작
- 해산일로부터 30일 이내 문화부 장관에게 보고
* 해산 후 발생한 수익 분배(절차를 계약서에 명시)

근거법률
자본금의 1/2에 달할 때까지 이익배당액의 1/10 이상을 이익준비금으로 적립(상법, 제458조)
배당가능이익의 90/100을 배당한 경우, 그 금액을 당해 사업연도의 소득금액에서 공제(법인세법 제51조 2항)

해산 시 보고 의무 (문화산업진흥기본법 제53조 2항)

소요비용
이익준비금

법인세
- 사실상의 면제조항

SPC 정산 회계 감사
- 투자계약 조건에 따름
- 별도의 회계법인 및 자산관리사 모두 가능 (자산관리사 활용 시 자산관리수수료에 포함)

발췌. 〈문화산업전문회사 실무적용 가이드라인〉

[그림 2.1 문화산업전문회사 운영 프로세스]

4.3.2 특수목적회사(SPC : Special Purpose Company)

해외와 공동으로 영화를 제작하거나 해외에서 촬영을 할 경우에 설립하는 특수목적회사(SPC)는 그 목적에 따라 크게 홀딩 컴퍼니(Holding Company)와 프로덕션 컴퍼니(Production Company)로 나뉜다.

홀딩 컴퍼니는 지주회사 또는 모회사라고도 하며 영화의 모든 권리를 보유하는 회사이다. 홀딩 컴퍼니는 영화에 대한 모든 권리를 확보할 수 있도록 스토리에 대한 권리, 감독, 프로듀서 등의 계약을 직접 체결하거나 기존에 계약을 체결한 회사가 있다면 해당 회사의 모든 권리가 홀딩 컴퍼니로 이양되었다는 계약을 체결하여 체인오브타이틀의 최종 권리자가 되도록 해야 한다.[1]

프로덕션 컴퍼니는 제작 회사로 영화의 자금집행, 회계 정산 등 영화 제작을 목적으로만 설립하는 회사이다. 해외 촬영의 경우, 해당 국가에서 회계 처리를 하고 세제 혜택을 받기 위해서는 해당 국가에 프로덕션 컴퍼니인 SPC를 설립한다. 물론 공동제작회사에서 직접 회계 처리를 하는 경우도 있지만, 독립성과 투명성을 위해 별도의 프로덕션 컴퍼니를 설립하는 것이 일반적이다. 페이퍼 컴퍼니(Paper Company)이기 때문에 설립비용이 높지 않으며 본격적인 자금 집행(Cash Flow)이 시작되기 전에 설립하여 로케이션 인센티브 등을 모두 수령한 이후에 해산한다.[2]

미국에 영화 제작을 위해 SPC를 설립할 때는 주로 LLC(Limited Liability Company)를 설립하게 되는데, LLC는 출자자가 회사의 사업 또는 채무와 관련한 무한책임을 지는 주식회사(C-Corp)와 달리 무한책임을 지지 않으며, 주식회사보다 규제가 적은 유한책임 회사이기 때문이다. 소득에 대해서도 출자자의 소득으로 배분하여 신고할 수 있기 때문에 법인세와 개인소득세가 이중으로 과세되는 것을 방지할 수 있다. 그 외에도 출자자가 직접 운영거나, 매니저가 운영하는 방식으로 소유와 경영을 분리할[3] 수도 있다.

4.3.3. CAM(Collection Account Management) Company

CAM 회사는 전체 로열티 수입의 약 1% 정도의 중개 수수료를 받고 라이선스 대행 및 매출/수익 정산을 해주는 회사들이다. 여러 나라의 자본이 공동으로 들어왔을 때, 매출정산 및 수익배분을 투명하게 하고, 세금을 최

▶ Tip

[1] Holding Company는 권리를 공유한 제작자들이 보유한 권리의 비율대로 주식을 보유한다. 또한, Holding Company는 매출이 거쳐가는 역할만 하기 때문에 브리티시 버진 아일랜드(British Virgin Island), 홍콩과 같은 낮은 세율과 최소한의 금융규제를 하는 국가들을 이용하는 것이 일반적이다.

▶ Tip

[2] 제작을 관리하는 SPC는 제작 및 리베이트를 포함한 제작과 관련된 모든 정산이 완료된 이후에 SPC를 해산하고, 영화에 대한 모든 권리를 관리하는 SPC는 해당 권리의 보유 기간이 끝난 이후에 해산한다.

▶ Tip

[3] LLC는 소유와 경영을 분리할 수 있기 때문에 투자자와 국내 제작사가 출자자가 되고, 해외 현지 프로덕션을 담당하는 제작사 대표가 매니저가 되어, 소유는 한국측에서 경영은 현지 프로덕션 회사에서 진행하는 방식으로 운영이 가능하다. LLC 설립과 관련해서는 www.myllc.com등에서 실무적인 내용을 확인하고 설립을 진행할 수 있으나, 엔터테인먼트 전문 변호사의 확인을 받는 것이 좋다. 미국에서 LLC를 설립하는 데 소요되는 비용은 대략 $1,300 ~ $2,000 정도이다.

소화하기 위해 CAM을 주로 사용하게 된다.

대부분의 CAM 회사들이 헝가리에 있는데, 그 이유는 세금 문제 때문이다. 헝가리는 로열티에 대한 원천세(withholding tax)가 원칙적으로 없는 국가이다. 그러므로, 이중조세방지협약에 따라 헝가리의 개인이나 법인이 외국에 라이선스를 주면 로열티를 받을 때 상대국의 조세 기관이 이 로열티 수입에 대해 원천징수권을 행사하지 못한다. 그렇기 때문에 헝가리 소재의 CAM 회사를 이용하면 MG(Minimum Guarantee)에서 세금이 선공제 되는 상황을 최대한 방지할 수 있게 된다.

CAM 수수료는 최소한의 금액부터 시작하여 로열티 수입 규모에 따라 비율이 달라지므로 주로 매출 규모가 크고, 여러 국가가 공동으로 제작에 참여한 작품들이 CAM을 많이 사용한다. CAM 회사[1]는 아래와 같은 방식으로 운영이 된다.

① 영화의 저작권을 가진 회사와 CAM 회사가 CAM Agreement를 체결
② 영화를 구매하고자 하는 각 국가의 배급사가 CAM 회사와 배급 계약서를 체결[2]
③ 각 국가의 배급사가 MG와 수익금을 CAM 회사로 직접 입금
④ CAM 회사가 CAM Fee를 제외하고 계약서에 명시된 순서대로 매출금을 지급

CAM Agreement를 체결할 때는 해외 부가판권 매출 발생 기간 등을 고려하여 보통 7년 정도를 계약 기간으로 하고, 제작사 뿐 아니라 해외 세일즈 업체, 메인 투자사, 완성보증보험(Completion Bond) 회사[3]등 CAM 으로부터 정산을 받아야 할 관계사들이 함께 서명한다. 이때, 배우와 감독, 소규모 투자자 등 수익 지분을 보유한 개인이나 회사의 경우, 해당 개인이나 회사와 계약을 체결한 제작사가 각각을 대표하는 대표 당사자가 되어 서명한다.

▶ Tip

[1] 대표적인 CAM(Collection Account Management) 회사로는 Fintage House (www.fintagehouse.com), Freeway(www.freeway-entertainment.com) 등이 있다.

▶ Tip

[2] CAM Agreement를 통해 해외 판권의 판매 권한을 CAM 회사에게 양도 하였기 때문에, 해외 세일즈사에서 세일즈를 진행하고 계약서를 작성할 때 배급 계약서의 계약 당사자를 CAM 회사로 한다.

▶ Tip

[3] 완성보증보험(Completion Bond) 에서 영화를 완성하기 위한 추가 제작비를 투여한 경우에는 일반적으로 투자금(Equity Investment) 이전에 완성보증보험에서 투여한 금액을 상환받는다. 그러므로, 이와 같은 사례가 발생했을 경우에 대비해서 완성보증보험또한 CAM Agreement의 당사자가 된다.

Funding
영화 투자받기

펀딩은 프로듀서가 영화의 비즈니스적인 측면에 있어서 책임져야 할 가장 큰 부분 중 하나이다.

여기서는 투자/배급사를 통한 투자부터 국내외의 공적 자금, 선판매, 개인 투자까지 다양한 펀딩 방법과 현재 운용되고 있는 영화펀드에 대한 정보를 기획개발단계와 제작단계로 나누어 제공하고자 한다.

최근 대형 투자/배급사로부터 메인 투자를 유치하고, 기획개발비를 받는 일이 힘들어지면서 지분투자, 공적자금, 선판매 등 각각의 펀딩 소스를 활용하여 프로젝트에 맞는 펀딩 구조를 만들어내는 것이 프로듀서에게 중요한 일이 되었다. 펀딩 구조 또한 표준이 없기 때문에 여기서는 프로듀서들이 사용할 수 있는 여러 가지 펀딩 소스의 최신 정보를 소개하여 각각의 프로젝트에 맞는 펀딩 방법을 찾아낼 수 있도록 도움을 주고자 한다.

펀딩 과정에서는 관련 회사와의 투자 계약과 권리 배분의 조항이 서로 상충되지 않도록 미리 협상하고 계약을 조율하여야 하기 때문에 표준 투자계약서를 사례로 투자 계약서 작성시 필요한 용어와 투자 계약서 조항 등을 확인할 수 있도록 소개한다.

01 | 기획개발 자금

1.1 기획개발 에이전시와 기획개발 전문 투자조합

▶ **Tip**

❶ 투자조합은 개인 혹은 법인 등이 조합원이 되어 모금한 투자기금으로 Fund라고도 말한다.

영화의 기획개발 단계에서 투자를 진행하는 곳은 크게 기획개발 에이전시와 기획개발전문 투자조합❶이 있다.

영화진흥위원회는 한국영화 진흥정책의 일환으로 '기획개발에이전시 제도'를 도입하여 2010년 5월에(유)인벤트 엠과(유)크릭앤리버 스토리 2개의 기획개발 에이전시를 결성하였다. 결성된 에이전시 2개사는 총 51억의 출자 규모로 2015년까지 운영될 예정으로 콘텐츠 원작을 발굴하여 소설, 만화, 드라마, 영화 등의 다양한 매체로 개발시키는 사업을 목적으로 하고 있다. 기획개발 에이전시를 통해 기획개발 투자를 받게 되면 투자 계약서를 작성하고 일정 기간 기획개발을 진행하여 시나리오를 개발하게 된다. 이후, 개발된 시나리오로 투자가 유치되었을 때 수익지분을 나누거나 크레딧을 제공하는 등의 조건은 상호협의 및 기획개발 투자 계약서에 따른다.

기획개발전문 투자조합을 운영중인 창투사로는 아시아인베스트먼트가 있다. 그 외, 기획개발전문 투자조합은 아니지만 CJ창투와 리딩인베스트먼트, 이수창업투자가 투자조합의 성격을 변경하며 일부 자금을 기획개발에 투자하고 있다. 아시아인베스트먼트는 "ACTI기획개발전문투자조합"을 통하여 현재까지 총 68편의 프로젝트에 투자하였으며, 〈도가니〉, 〈화차〉, 〈가비〉, 〈차형사〉, 〈이웃사람〉, 〈용의자 X〉, 〈전설의 주먹〉, 〈고령화 가족〉 등이 개봉되거나 영화화 중이다. "ACTI기획개발전문투자조합"은 2015년 청산할 예정이라 2013년부터는 투자보다는 관리에 치중할 계획이라고 한다.

기획개발투자란 판권 구입, 각본/각색료 지불 등 기획개발 단계에서 필요한 자금을 투자하는 것으로, 배급사가 메인 투자를 결정하면 투자가 종료되는 방식으로 메인 투자 결정 후 초기 투자금과 프리미엄을 돌려받거나, 프리미엄만 받고 초기 투자금을 유지하여 투자지분과 초기 투자에 따른 제작지분을

01 프리미엄(Premium) : 초기 투자금에 붙는 수익금

확보하여 수익을 얻는 방식으로 운영되고 있다. 향후 영화진흥위원회 홈페이지 등을 통해 관련 투자조합의 출자 및 선정 현황 등을 파악해두면 좋겠다.

[표 3.1 기획개발 에이전시 및 투자조합 리스트]

운영사	연락처	내용
(유)크릭앤 리버 스토리	02)2090-1554 shkim@crikorea. com	- 수시로 접수하며 투자심의위원회로 투자가 최종 결정될 때까지 1~2개월이 소요됨 - 28억 규모의 기획개발 에이전시 - 신청서류(시놉시스 이상의 기획안, 주요 인력 프로필 및 기획개발 계획서, 투자요청 금액)
(유)인벤트 엠	02)535-1604 bluejang@paran. com	- 수시로 기획개발안을 접수하여 분기별로 작품 선정 및 기획개발 투자 진행 - 영화화가 가능한 작품을 우선 선정 - 신청서류(트리트먼트 이상의 스토리, 주요 인력 프로필 등)
아시아 인베스트먼트	02)333-4890 yohwan@acti.kr	- 분기별로 접수하며 투자심의위원회로 투자가 최종 결정될 때까지 1개월이 소요됨 - 2013년 말까지 투자, 2015년 4월 청산 - 40억 규모의 기획개발 전문 투자조합 - 신청서류(초고 이상의 시나리오, 주요 인력 프로필 및 기획개발 계획서, 투자요청 금액)
리딩 인베스트먼트 www.leadi ng-i.co.kr	02)3444-5335	- 기획개발 혹은 크랭크인 이전 투자의무 비율이 있는 〈보스톤 글로벌콘텐츠 투자조합〉(2016년 2월 만기) 운영중 - 영화진흥위원회의 기획개발지원 프로젝트 중심으로 선정[1]
CJ창업투자 www.cjvc. com	02)726-8935	- 기획개발 혹은 크랭크인 이전 투자의무 비율이 있는 〈CJ창투 12호 글로벌콘텐츠 투자조합〉(2016년 11월 만기) 운영중 - 〈코리아 콘텐츠 초기개발 펀드〉 2013년부터 운영예정
이수 창업투자 www.isuvc .com	02)5906-817	- 기획개발 혹은 크랭크인 이전 투자의무 비율이 있는 〈isu-글로벌콘텐츠 투자조합〉(2016년 5월 만기) 운영중 - 영화진흥위원회의 기획개발지원 프로젝트 중심으로 선정

▶ Tip

[1] 영화진흥위원회는 한국영화기획개발 선정작 등 기획개발지원 프로젝트를 영화진흥위원회에서 출자한 투자조합과 연결하여 지원해주고 있다.

1.2 기획개발 지원을 위한 공적 프로그램

2012년 12월 현재 기획개발단계에서 지원을 받을 수 있는 공적 프로그램에는 영화진흥위원회의 한국영화 기획개발 지원사업, 국제 공동제작 프로젝트 기획개발 지원사업, 한국영화 개봉작 적립식 지원 사업, 부산 영상위원회의 영화기획.개발비 지원사업 등의 기획개발 자금 지원 사업과 서울영상위원회의 창작공간 지원사업, 영화진흥위원회의 중국 필름비즈니스센터 사업 등의 기획개발을 위한 창작 공간 지원사업이 있다.

[표 3.2 기획개발지원 공적자금 리스트]

지원사업명	시행기관	내용
한국영화 기획개발지원	영화진흥위원회 www.kofic.or.kr	장편극영화 제작을 목적으로 한 투자 및 제작완성 가능성이 높은 기획 및 트리트먼트에 1단계 최대 1천만원(25편 내외), 2단계 최대 1천만원을 지원한다. 상반기 4월, 하반기 8월 연2회에 걸쳐 시행되며, 작가료 및 프로듀서인건비, 기획개발비 실비에 사용할 수 있다. 원작에 대한 영화화 기획개발은 신청이 불가능하며, 지원금은 상환 조건이 없다.❶
국제공동제작 기획개발지원	영화진흥위원회 www.kofic.or.kr	일본, 프랑스, 미국과의 공동제작 프로젝트의 기획개발을 지원하는 사업으로 기획개발단계에서 멘토링, 시나리오 번역, 현지 비즈니스 미팅 등을 지원한다. 3~4월경에 지역별로 10편의 작품을 선정하여 단계별로 멘토링, 시나리오 번역, 현지 닥터링, 비즈니스미팅 등을 지원한다.
한국영화 개봉작 적립식지원	영화진흥위원회 www.kofic.or.kr	2012년 1월 1일 개봉한 한국영화의 개봉실적에 따라 최소 1천만원에서 최대 7천만원까지 차기 작품의 기획개발비를 지원 받는 사업이다. 수시로 접수 가능하며 지원 약정 체결 후 6개월 이내에 기획개발 진행에 따른 결과 보고서(정산 서류, 초고 이상 시나리오 제출)를 제출해야 한다.
영화기획. 개발비 지원	부산영상위원회 www.bfc.or.kr	1단계 최대 2천만원, 2단계 1천만원으로 작가료, 기획개발실비 등을 지원한다. 트리트먼트 또는 시나리오 초고로 신청하며 영화제작 착수시 부산에서 1/3 이상 촬영을 해야 한다. 사업공고 및 접수는 3~4월경에 진행된다.
부산지역영화 기획.개발 인큐베이팅	부산영상위원회 www.bfc.or.kr	부산 지역에서 활동하는 프로듀서와 작가 혹은 부산 소재 영화 제작사의 시나리오에 기획개발 진행비 최대 2백만원과 시나리오 작업 공간, 멘토링 서비스 등을 지원한다. 사업공고 및 접수는 3~4월경에 진행된다.
중국 필름비즈니스 센터사업	영화진흥위원회 www.kofic.or.kr www.kobiz.or.kr	중국과의 공동제작 프로젝트의 기획개발을 지원하는 사업으로 장기(3개월), 단기로 사무공간과 거주공간, 프로젝트 개발을 위한 멘토링, 시나리오 번역, 닥터링과 현지 네트워킹(컨설팅, 교육, 비즈 매칭 포함)을 지원해준다. 분기별로 5~6개 프로젝트를 선발하며, 입주사는 임대료와 전화비, 전기료의 일부를 부담하며 2013년 1월 모집하는 4기부터는 1회에 한해 연장이 가능하다.

지원사업명	시행기관	내용
영화창작공간	서울영상위원회 www.seoulfc.or.kr	서울시 마포구 상암동 DMC 첨단산업센터에 디렉터스 존, 프로듀서 존, 시나리오 작가존, 프로덕션 존의 창작공간을 무료 혹은 관리비 일부 부담 조건으로 제공하며, 작품당 최대 9개월까지 사용 가능하다.
영화감독 창작공간 제공사업	전라북도 문화예술과 063-280-3383	기성/신인 감독이나 작가, 프로듀서가 시놉시스 혹은 트리트먼트 단계에서 신청하여, 1천만원 상당의 작업공간과 창작비용(자료 수집 및 연구개발비) 등을 지급 받는 사업이다. 2012년에는 2월에 신청을 받아 10개팀을 선정하였으며, 1~3개월 기간 동안 지원을 진행한다. 프로듀는 작가, 감독과 팀으로 신청이 가능하다.
Pre-Production 레지던스 사업	제주영상위원회 www.jejufc.or.kr	기획자와 작가에게 시나리오 작업에 필요한 숙박과 체제비(1일 기본2만원, 2인 3만원, 3인 4만원), 헌팅 지원을 최대 20일까지 지원한다. 사업 지원을 받으면 기획서 및 시나리오로 결과물을 제출해야 한다.

이외에도 영화 진흥위원회에서 운영하는 시나리오 마켓, 각종 시나리오 공모전, 부산국제영화제의 APM이나[1] 부천판타스틱영화제 NAFF의 잇프로젝트와[2] 같은 프로젝트 마켓, 경기영상위원회의 〈스크린 라이터스 판〉, 한국영화프로듀서 조합의 〈Hit by Pitch〉, 전주국제영화제의 〈JPP〉, 서울국제여성영화제 〈Pitch&Catch〉 등 다양한 프로젝트 피칭 행사들도 기획개발 단계에서 활용할 수 있는 프로그램들이다.

프로젝트 피칭 행사는 프로듀서, 작가 등 콘텐츠에 대한 권리를 가진 사람이 공개적인 자리에서 자신의 프로젝트를 소개하는 행사다. 일반적으로 트리트먼트 혹은 시나리오 초고 단계에서 피칭을 하며 대부분의 피칭 행사에서는 시상으로 기획개발비를 현금 지원한다. 그러나 피칭행사 대부분이 피칭을 통한 투자사와의 비즈니스 매칭을 주요 목적으로 하고 있기 때문에 피칭의 대상은 일반 관객이 아닌 투자사 등을 포함한 영화 관계자들이 된다.[3] 〈블라인드〉, 〈아부의 왕〉, 〈깔깔깔 희망버스〉, 〈두 번의 결혼식 한 번의 장례식〉, 〈미쓰 Go〉, 〈청포도사탕〉 등의 작품들이 프로젝트 피칭 행사를 통해 선보여 제작이 되었다. 최근에는 〈BFC(Busan Film Commission) 프로젝트 피칭〉, 〈KOCCA 신화창조 프로젝트 피칭〉, 〈프로젝트S〉 등 공모전 수상작들을 투자사나 산업 관계자들에게 피칭하는 프로그램이 늘어나면서 공모전 선정작들이 영화화될 수 있도록 후속 지원을 하고 있다.

▶ Tip

[1] 아시아 감독과 제작자들이 공동 제작자나 투자자를 만날 수 있는 프로젝트 마켓인PPP(Pusan Promotion Plan)가 2011년 아시아 프로젝트 마켓(APM/Asian Project Market)으로 이름을 변경하였다. 감독중심의 비즈니스 미팅 방식으로 진행되며 부산상, 코닥상, CJ 엔터테인먼트 어워드, 롯데 어워드, 팬스타 크루즈 어워드, 한국콘텐츠진흥원상, 테크니컬 아시아 어워드, 아르떼상의 시상이 있어 개발비/필름/후반작업비 등을 다양하게 지원한다.

▶ Tip

[2] 2008년 시작된 나프의 잇프로젝트(It Project)는 장르영화 프로젝트 마켓으로 1:1 비즈니스 미팅을 주선하며 부천상, NAFFF상, It Project상, 한국방송예술원진흥원상, 후반작업지원의 시상이 있어 개발비/후반작업비 등을 지원한다.

▶ Tip

[3] 피칭 행사들이 투자사와의 비즈니스 매칭을 주요 목적으로 하기 때문에 피칭 행사 전에 프리젠테이션 자료를 투자사에게 회람하는 경우도 있기 때문에 행사 현장에서의 피칭 기술만큼이나 프리젠테이션 자료 작성(프로젝트 기획안)이 중요하다.

[표 3.3 프로젝트 피칭행사 리스트]

피칭행사명	내용
Hit by Pitch www.pgk.or.kr	– 주최 : 한국영화프로듀서조합(2008부터) – 신청자격 : 한국영화프로듀서조합 정회원 – 시상 : 대상 1백만원, 우수상 50만원(2편) 선정 – 특징 : 투자사/기획개발에이전시를 대상으로 피칭, 선정작품 프로듀서에게 피칭랩을 통한 피칭 교육 실시, 프로듀서와 투자사의 비즈니스 미팅 주선
JPP 전주프로젝트 프로모션 www.jiff.or.kr	– 주최 : 전주 국제영화제(2009년부터) – 신청자격 : 두 편 이하의 작품 경력을 가진 신인 프로듀서, 워크인 프로그래스 부문은 제작 중인 독립영화 – 신청부문 : 프로듀서피칭, 다큐멘터리 피칭, 워크인 프로그래스 – 시상 : 프로듀서피칭(1천만원, 1천만원 상당의 현물, 50% 현물할인)/다큐멘터리피칭(1천만원, 영어자막지원, 1천만원 상당의 현물, 50% 현물할인, SIM문화재단 제작지원금 8천만원)/워크인 프로그래스(1천만원, 1천만원 상당의 현물) – 특징 : 완성도 높은 저예산 디지털 장편 영화를 기획, 발굴하는 목표
Pitch&Catch 프로젝트 www.wffis.or.kr	– 주최 : 서울국제여성영화제(2010년부터) – 신청자격 : 감독, 작가, 프로듀서 등 주요 스태프 1인 이상이 여성인 프로젝트 – 신청부문 : 극영화, 다큐멘터리, 단편 애니메이션 – 시상 : 극영화(기획개발비1천만원)/다큐멘터리(제작지원비 1천5백만원) – 특징 : 사전 선정된 작품을 대상으로 피치&캐치 랩에서 1:1 멘토링 및 피칭 교육 실시, 여성 영상콘텐츠 개발을 목표로 한 피칭행사
KOCCA 신화창조 프로젝트 피칭	– 주최 : 한국콘텐츠진흥원/부산국제영화제 아시아필름마켓/PGK(2010년부터) – 신청자격 : 한국콘텐츠진흥원에서 주최하는 〈신화창조 프로젝트 대한민국 스토리 공모대전〉 수상작들(애니메이션/영화/TV 드라마 등을 위한 원천 스토리) – 특징 : 부산국제영화제 기간에 진행하며 수상작을 대상으로 편성/투자유치/공동제작/선판매를 목적으로 하기 때문에 목적하기 때문에 별도 시상 없음
BFC(Busan Film Commission) 프로젝트 피칭	– 주최 : 부산영상위원회 – 신청자격 : 부산영상위원회 영화기획/개발비 지원사업 선정작과 부산지역 영화 기획갭라 인큐베이팅 지원작 – 특징 : Asian Film Market 기간에 선정작 6편을 대상으로 피칭 행사를 하여 2편에게 각 1천만원의 지원금을 지급하고 비즈니스미팅을 주선
프로젝트S www.cjculturef oundation.org	– 주최 : CJ문화재단(2010년부터) – 신청자격 : 프로젝트S 선정작으로 프로젝트S는 장편 극영화나 다큐멘터리 경력이 한 작품 이하인 영화인만 신청 가능 – 특징 : 신인영화인 양성 프로그램인 프로젝트S에 선정되면, 팀당 1,500만원의 기획개발비와 1년 동안 성장지원단계를 거침, 시나리오 완성 후 부산국제영화제 기간에 피칭행사 진행
스크린 라이터스 판 www.gpfc.or.kr	– 주최 : 경기공연영상위원회 – 신청자격 : 기획 초기 단계 아이템을 보유한 작가 – 특징 : 약 40편의 작품을 선정하여 각 500만원의 개발지원금 지원, 작가 대상 피칭 교육, 프로듀서와의 창작간 네트워크 행사 참여, 기획 초기 단계에 있는아이템을 제작자, 프로듀서들에게 직접 피칭하는 행사

2.1 메인 투자사

메인 투자사는 영화의 전체 투자, (국내외) 배급, 수익 정산 등을 책임지는 역할을 한다. 한국에서 메인 투자사는 CJ E&M, 롯데엔터테인먼트, 쇼박스, New, 시너지와 같이 배급까지 포함한 투자/배급사와 DCG 플러스 등과 같이 전체 투자와 수익 정산만을 책임지는 투자사로 나뉜다. 대부분의 메인 투자사가 영화 펀드의 유한책임조합원(LP : Limited Partner)로 참여하고 있어, 영화 펀드의 작품 투자 결정에 영향을 미친다. 아래 표는 메인 투자를 하는 투자/배급사, 투자사의 연락처와 특성을 정리한 표로, 자체 제작 작품을 중심으로 투자하거나, 투자 규모가 축소된 곳 등은 제외하였다.

[표 3.4 영화 메인 투자사 리스트]

회사 명	연락처/특성
CJ E&M	- CJ 그룹 산하의 투자/배급사로 CGV 극장 라인과 tvN, Mnet, OCN, CH CGV, Super ACTION, Olive, On Style 등의 방송 매체 등을 보유 - (자체/공동) 제작, 투자, 글로벌 영화 투자/제작, 마케팅/배급 등 진행 - 중국, 미국 등 해외지사를 통해 해외 진출 사업을 공격적으로 진행 - 한국영화 투자팀 : 02)371-6256
롯데 엔터테인먼트	- 롯데그룹 산하의 투자/배급사로 롯데시네마 극장 라인을 보유 - (자체/공동) 제작, 투자, 마케팅/배급 등 진행 - 베트남, 중국 등에서 영화관 사업을 공격적으로 진행중 - 한국영화 투자팀 : 02)3470-3559
쇼박스 미디어플렉스	- 오리온 그룹 산하 투자/배급사 - (자체/공동) 제작, 투자, 배급, 마케팅, 해외 세일즈 등 진행 - 한국영화 투자팀 : 02)3218-5662/02)3218-5643
N.E.W 넥스트엔터테인먼트월드	- 2008년 설립된 영화 투자/배급사로 투자, 배급, 마케팅 중심 - 한국영화팀 : 02)3490-9327
시너지하우스	- 외화 수입 및 한국 영화 제작을 담당하는 이지엔터테인먼트의

회사 명	연락처/특성
	자회사로 영화 제작투자 및 배급업을 주요 사업으로 함 – 〈애자〉, 〈방가 방가〉, 〈특수본〉 등 메인 투자 – 한국영화 투자팀 : 02)338-1007(626)
미시간 벤처캐피탈	– 〈미시간 글로벌 투자조합〉, 〈미시간 글로벌콘텐츠 투자조합〉 등을 운영중인 창투사 – 〈킹콩을 들다〉, 〈은밀하게 위대하게〉 등 메인 투자 – 투자팀 : 02)3445-1310
DCG 플러스	– 공동제작과 메인 투자를 중심으로 하는 투자사 – 〈과속스캔들〉, 〈7급 공무원〉, 〈최종병기 활〉 등 메인 투자 – 한국영화 투자팀 : 02)543-5835
타임스토리	– 제작과 메인 투자 및 배급을 겸한 중소형 투자배급사 – 〈공모자들〉, 〈세계일주〉 등 메인 투자 – 한국영화 투자팀 : 070)7836-0752

▶ Tip

■ 〈런닝맨〉 이전에도 브에나비스타에서 안병기감독의 〈폰〉, 〈분신사바〉, 유니버설에서 박찬욱감독의 〈박쥐〉, 20세기폭스코리아에서 나홍진감독의 〈황해〉의 투자에 부분적으로 참여했었다. 헐리우드 스튜디오들은 해외 시장 확대를 위해 로컬 랭귀지 영화 제작에 관심을 두고 있으며, 일본에서 〈데스노트〉, 〈브레이브스토리〉 등으로 성공을 거두었던 워너브라더스 또한 한국의 로컬랭귀지 영화 제작에 관심을 보이고 있는 상황이다.

▶ Tip

메인 투자사에서 투자가 결정되면, 그린라이트(Greenlight)를 통과했다고 하는데, 그린라이트는 사업에 대한 허가를 의미하는 말로 영화 산업에서도 자주 쓰는 용어이다.

최근에는 할리우드 메이저 스튜디오■인 20세기 폭스가 한국영화 〈런닝맨〉(조동오감독)의 공동 제작사 겸 메인 투자사로 나서기도 하였다. 한 회사가 메인 투자의 책임과 권리를 갖는 것이 일반적이나, 두 개의 회사가 공동으로 메인 투자사의 지위에서 책임과 권리를 분담하는 경우도 있다.

2.2 투자 계약서

투자계약서는 각 투자사별로 개별 양식을 이용하며 각 프로젝트의 투자 형태 등에 따라 변경하여 사용한다. 별첨에 첨부된 〈영화산업 표준 투자 계약서(안)〉은 영화진흥위원회가 법률 자문단의 자문을 거쳐 2010년 12월에 배포한 것으로 메인 투자 계약서의 표준안을 제시한 것이다. 〈영화산업 표준 투자 계약서(안)〉를 통해 투자 계약을 위한 기본적인 조항과 용어의 정의 등을 확인할 수 있다. 또한, 제작사에서 개인 투자나 부분 투자를 유치하여 투자 계약서를 작성하는 경우, 〈영화산업 표준 투자 계약서(안)〉을 기본 문서로 하여 상황에 맞게 변형하여 사용 가능하다.

부분 투자와
창투사(Venture Capital)의 영화 펀드 03

투자금 전체를 책임지고 투자 유치하는 메인 투자와 달리, 부분 투자는 영화의 제작비 일부를 투자하는 회사들이다. 메인 투자사가 있는 경우에는 대개 메인 투자사가 각 부분 투자사들과 개별적으로 투자 계약을 하는 형태이지만, 경우에 따라 부분 투자가 먼저 이루어지고 메인 투자사가 결정되거나 제작사가 메인 투자사의 위치로 전체 투자를 유치하는 역할을 수행하며 부분 투자를 진행하는 경우도 있다.

국내에서는 메인 투자사와의 계약에 따라 총제작비를 기본으로 투자 계약을 체결하고, 투자금에 따라 투자 지분이 결정되고 원금은 균등하게(pari passu)▌ 상환 받는 것이 일반적이다. 메인 투자에서 소개했던 대부분의 투자사들이 메인 투자와 함께 부분 투자를 진행하고 있으며, 영화 펀드를 운영하는 창투사들이 부분 투자를 주도적으로 진행한다.

▶ Tip

❶ Pari Passu는 동일한 지위로 같은 비율을 갖는 다는 의미다. 지분투자(Equity Investment)의 경우, Pari Passu가 일반적인 조건인데, 부분투자사는 전체 지분투자자가 상환을 받는 시점에 같은 비율로 투자금을 상환 받고, 전체 지분투자자가 수익 배분을 받는 시점에 같은 비율로 투자 수익을 배분 받게 된다.

[표 3.5 창투사 영화펀드 리스트]

회사명	연락처	운영 투자조합
대성창업투자	02)3153-2971	〈바이넥스트 CT2호 투자조합〉, 〈바이넥스트 CT3호 투자조합〉, 〈TV조선-대성 상생 투자조합〉
동문파트너스(유)	02)2265-0503	〈동문미디어 & 콘텐츠 문화기술 투자조합〉
리딩인베스트먼트 www.leading-i. co.kr	02)3444-5335	〈보스톤 글로벌 영상콘텐츠 전문조합〉, 〈보스톤 영상콘텐츠 전문 투자조합〉, 〈보스톤 영상 전문 조합〉, 〈제1호 아시아문화산업 투자조합〉
미시간벤처캐피탈 www.michiganvc. net	02)3445-1310	〈미시간 글로벌 투자조합〉, 〈미시간 글로벌 콘텐츠 투자조합〉
소빅창업투자	02)594-8470	〈소빅 글로벌콘텐츠 투자조합〉, 〈소빅 다양성영화 투자조합〉, 〈소빅 콘텐츠전문 투자조합〉, 〈소빅 영상전문 투자조합〉
스톤브릿지캐피탈 www.stonebridge. co.kr	02)3496-6631	〈디지털콘텐츠 펀드〉, 〈공연문화예술 전문 투자조합〉

▶ Tip

메인 투자나 부분 투자는 모두 수익 지분을 받는 지분 투자(Equity Investment)의 형태다. 미국에서는 투자 수익을 보유하는 Equity Investment의 경우, 원금을 투자금의 120 ~ 125%를 상환하는 것이 일반적이나 국내에서는 원금을 100% 상환하고 투자 수익을 배분 받는 것이 일반적이다.

회사명	연락처	운영 투자조합
CJ창업투자 www.cjvc.com	02)726-8935	〈CJ창투 14호 문화콘텐츠 투자조합〉, 〈CJ창투 12호 글로벌콘텐츠 투자조합〉, 〈CJ창투 11호 문화콘텐츠 투자조합〉, 〈CJ창투 9호 영화 투자조합〉
아시아 인베스트먼트	02)333-4890	〈ACTI 기획개발 전문 투자조합〉
엠벤처투자 www.m-vc.co.kr	02)6000-4368	〈엠벤처 문화활성화 투자조합〉
MVP창업투자 www.mvpc.co.kr	02)540-3696	〈MVP창투 문화산업 투자조합〉
이수창업투자 www.isuvc.com	02)5906-817	〈ISU-문화컨텐츠 투자조합〉, 〈ISU-글로벌콘텐츠 투자조합〉, 〈ISU-C&H콘텐츠 투자조합〉
캐피탈원	02)595-7451	〈캐피탈원 한국영화르네상스 투자조합〉, 〈중저예산전문 투자조합〉, 〈다양성영화 전문 투자조합〉
컴퍼니 케이파트너스	031)906-3106	〈컴퍼니케이파트너스 영화투자조합 1호〉, 〈컴퍼니케이파트너스 콘텐츠 투자조합〉
비엠씨 인베스트먼트		〈비엠씨영화전문투자조합〉

3.1 은행권 및 완성보증제도

은행권의 금융대출(Gap Financing)은 미국 등지에서 자주 사용되는 영화 펀딩 기법 중 하나로 작품을 담보로 제작비를 대출해주는 것이다. 대개 지분 투자(Equity Investement) 이전에 금융대출이 상환되는 조건이며, 대출금 개념이기 때문에 투자지분이 아닌 제작지분의 극히 일부를 수익지분 보너스로 받는다. Standard Chartered 은행 등에서 영화 금융대출(Gap Financing)을 해주는 데, 대부분의 금융대출은 선행 조건으로 완성보증보험(Completion Bond)을 요구한다.[1]

완성보증이란 영화가 계획된 일정과 예산에 따라 완성될 것을 보증하는 것으로, 영화를 완성하지 못했을 경우, 완성보증보험회사(Completion Guarantor) 가 추가 자금을 투입하는 등 책임을 지고 영화를 완성하는 것이다. 투자자를 보호하기 위한 제도로 일반적으로 순제작비의 3~6%를 보험료로 납입하며, 제작자나 감독의 경험과 평판에 따라 보험료가 조정된다. 대표적인 완성보

▶ Tip

[1] 미국에서 금융 대출로 제작비를 조달하게 되는 경우에는 기본적으로 발생하는 금액(완성보증보험, 이자 등)이 크기 때문에 제작비의 50 ~ 80% 정도를 금융 대출로 진행하는 것이 일반적이다.

증보험회사에는 Cine Finance Insurance Services LLC, International Film Guarantors 등이 있다.[■]

산업 안에서 금융대출과 완성보증보험 제도가 실시되고 있는 해외의 경우와 달리, 국내에서는 2009년 문화체육관광부가 한국수출입은행, 기술보증기금, 한국콘텐츠진흥원과 "완성보증제도 및 콘텐츠 가치 평가를 위한 업무협약"을 체결하면서 정부 주도로 콘텐츠 산업을 육성하기 위한 완성보증 제도와 금융대출이 시행중이다.

한국콘텐츠진흥원에서 추천위원회와 관리위원회를 구성하여 콘텐츠의 가치를 평가하고 완성 관리를 하며, 기술보증기금에서 보증서를 발급하고, 수출입은행 등 금융기관에서 이에 대한 대출을 지원하는 방식이다. 지원 기준이 엄격하여 제도 활용이 이루어지지 않자 2012년부터 선판매계약 체결전 보증 심사 가능, 배급수수료 및 대관료 등에 대한 선정산 수용으로 최우선상환 조건 완화, 지원 한도를 30억에서 50억(고부가관련 콘텐츠)으로 증액하는 등 지원 기준이 완화되고 확대 되었다. 선판매와 투자계약이 선행되어야 하기 때문에 초기 투자 단계에서는 활용하기 어렵지만, 해외 금융권의 금융대출 조건과 비교하여 활용 여부를 판단하는 것이 좋다. 한국콘텐츠진흥원 글로벌금융팀(www.kocca.or.kr/1566-1114)에서 진행을 하며, 기술보증기금 중앙기술평가원(032)830-5761/032)830-5762), 한국수출입은행 미래산업금융실(02)3779-5265), 기업은행 문화콘텐츠팀(02)729-6914), 국민은행 여신상품부(02)2073-5408), 우리은행 중소기업전략부(02)2002-3968)가 완성보증 관련 기관이다.

그 외 하나은행의 〈하나은행 문화사랑 대출〉, 기업은행의 〈IBK 문화콘텐츠 특례보증대출〉, 〈IBK 문화콘텐츠 완성보증부 대출〉, 수출입은행 〈완성보증부대출〉 등 영화 콘텐츠를 대상으로 한 금융 대출 또한 문화체육관광부, 콘텐츠진흥원 등 국가 기관과의 연계로 진행이 되고 있다.[■]

금융대출 외에도 산업은행 등 몇몇 은행은 영화 투자조합의 주요 출자자로 참여하여 간접 투자 방식으로 투자를 하고 있다.

 Tip

■ Cine Finance Insurance Services LLC
1875 Century Park E#1970,
LosAngeles, CA 90067, USA
Tel. 1-310-226-6800
International Film Guarantors(IFG)
www.ifgbonds.com
2828 Donald Douglas Loop
North, 2nd Floor, Santa Monica,
CA 90405, USA
Tel. 1-310-309-5660

▶ Tip

■ 은행권의 금융지원 사업에 대한 자세한 정보는 2011년에 영화진흥위원회에서 발간한 KOFIC Issue Paper 〈영화산업 금융지원 사업 현황과 과제〉를 참고하면 좋다.
현재 영화산업 금융지원사업에 적극적인 행보를 보이고 있는 곳은 IBK 기업은행 문화콘텐츠사업팀이다. IBK 기업은행 문화콘텐츠사업팀은 영화를 포함한 6개 콘텐츠 장르를 대상으로 연 1,500억원, 3년간 4,500억원 규모의 대출 기금을 마련하였다.(IBK 기업은행 문화콘텐츠사업팀장 정성희 02)729-7290) 기술보증기금으로부터 보증서를 발급받은 제작사에 저리로 자금을 대출해주는 것을 주요 업무로 하고 있다.

3.2. 개인 투자

개인 투자의 방법에는 각 개인이 제작사와 투자 계약을 맺고 투자를 진행하는 방법과 최근 〈26년〉의 사례로 주목 받는 크라우드 펀딩(제작 두레) 등이 있다.

크라우드 펀딩(Crowd Funding)이란 다수의 사람들이 특정 프로젝트에 소액을 기부/후원하여 자금을 조달하는 소셜 펀딩이다. 크라우드 펀딩은 투자금을 회수하고 투자 지분을 받는 투자금 개념의 펀딩 형태가 아닌, 소액 기부로 시사회티켓, DVD, 크레딧 등 프로젝트 결과물을 받는 형식이다. 미국에서는 킥스타터(www.kickstarter.com)와 인디고고(www.indiegogo.com)를 통해 활발하게 이루어지고 있다.[1] 국내에서는 굿펀딩(www.goodfunding.net), 팝펀딩(www.popfunding.com), 개미스폰서(www.socialants.org) 등의 크라우드 펀딩 사이트 등을 통해 영화 제작비, 배급/마케팅 비용, DVD 제작을 위한 비용 등이 펀딩 되고 있다.

이 외에도 개인 투자 유치를 위해 2000년대 초반 다양하게 시도되었던 엔터 펀드와 일반인 펀드 등이 있었지만 제도적인 문제를 포함한 다양한 문제로 정착되지는 못하였다. 하지만 앞으로도 비영리재단을 통한 재정/세제 후원(Fiscal Sponsorship)[2] 등 해외의 다양한 펀딩 방법을 활용한 다양한 투자 유치 방법들을 모색해야할 것이다.

▶ **Tip**

[1] 킥스타터는 미국 내로 한정되어 있고, 목표액이 채워져야만 창작자에게 모금된 금액이 지급된다. 이와 달리, 인디고고는 미국 외 지역에서도 참여가 가능하고 목표액이 채워지지 않아도 모금된 금액을 받을 수 있다.

▶ **Tip**

[2] Fiscal Sponsorship이란 세금 코드(Tax Code)가 501ⓒ인 비영리재단(Non-Profit Organization / Non-Profit Corporation)을 통해 영화 제작비를 조달하고, 해당 금액을 후원한 개인이나 기업 등에게 비영리재단에서 소득세에 대한 기부금 공제를 위한 증빙자료를 발행해주는 프로그램이다. 미국에서는 독립영화단체, 여성영화재단, 영화학교 등 다양한 비영리재단에서 예술영화 육성을 위한 Fiscal Sponsorship을 운영하고 있다. Fiscal Sponsorship 프로그램은 정부의 세금공제 정책과 연결이 되어야 활용이 가능한 펀딩 기법이다.

공적 자금 **04**

4.1 정부기관의 공적 자금

영화의 투자/제작 단계에서 활용할 수 있는 공적 자금을 운영하는 정부기관 및 정부출연기관에는 영화진흥위원회, 한국콘텐츠진흥원, 한국무역보험공사 등이 있다. 지원 프로그램의 성격에 따라 제작사가 직접 지원 신청하거나 투자사 혹은 관련 업체에서 지원 신청할 수 있다. 사업에 따라 상환 의무가 있는 것이 있고, 순수 지원금으로 상환 의무가 없는 자금도 있으니 상환 의무가 있는 지원금의 경우에는 상환 순서도 정확히 확인해서 지원하는 것이 좋다.

[표 3.6 정부기관의 제작지원 공적자금 리스트]

지원사업명	시행기관	내용
한국영화 스태프인건비 지원	영화진흥위원회 www.kofic.or.kr	순제작비 1억원 ~ 20억원 이내의 장편 극영화 및 다큐멘터리에 편당 최대 2억원의(감독, 기사급을 제외한) 스태프 인건비의 일부를 지원해주는 사업이다. 예산 소진 시까지 수시 접수 가능하며 영화산업협력위원회에서 제시하는 표준근로계약서를 사용하여 월1회 이상 임금 지급 및 4대 보험 가입을 원칙으로 한다. 지원금에 대한 별도 상환 의무는 없다.
국제공동제작 영화 인센티브 지원	영화진흥위원회 www.kofic.or.kr	외국자본이 순제작비의 20% 이상 출자되는 국제공동제작영화로 순제작비 10억원 이상을 국내에서 집행하는 장편 극영화에 편당 최대 5억원 이내로 국내 집행 순제작비의 25%를 현금 지원한다. 연 4편을 선정하여 지원하며, 약정서 체결 후 6개월 이내에 본촬영을 시작하여야 한다.
독립영화 현물지원	영화진흥위원회 www.kofic.or.kr	순제작비 5천만원 ~ 4억원 미만의 장편영화로 현상, 후반녹음, DI 등을 현물 지원한다. 매년 4분기에 한 번씩 접수하여 선정한다.
독립영화 제작지원	영화진흥위원회 www.kofic.or.kr	단편, 장편, 다큐멘터리를 나눠서 지원하는데, 장편영화의 경우 순제작비 5천만원 ~ 4억원 미만의 작품으로 최대 125,000,000원을 지원한다. 상.하반기 연2회에 시행되며, 영화진흥위원회의 결정에 따라 위원회 지원금을 제외한 총제작비를 초과하는 수익이 발생할 경우, 우선적으로 위원회의 지원금을 상환한다는 지원 조건이 추가될 수 있다.

지원사업명	시행기관	내용
CG프로젝트 지원사업	한국콘텐츠진흥원 www.kocca.or.kr	국내 CG, 3D 제작 기업이 신청할 수 있는 지원사업으로 CG 제작비의 25% 이내(국내 프로젝트 최대5억원, 해외 프로젝트 최대15억원), 3D 입체영상 콘텐츠 제작비의 25%이내(최대10억원)에서 지원금을 지급한다.
수출신용보증 (문화콘텐츠)	한국무역보험공사 www.ksure.or.kr	수출 계약이 체결된 작품의 총제작비 중 일부를 한국무역보험공사의 보증서를 담보로 금융기관으로부터 대출을 받는 제도이다. 해당 대출 자금을 최우선순위로 상환하여야 하나, 투자지분이 없기 때문에 메인 투자자 등과 협의 하에 신청 가능하다. 초기에는 투자형과 대출형이 있었으나, 현재는 수출신용보증 형태로 운영되고 있다.

4.2 지역영상위원회 공적 자금

정부 기관 외에도 각 지역영상위원회에서 영화 제작 지원을 위해 운영하는 공적 자금이 있다. 중저예산 영화나 해당 지역 소재의 영화사가 제작하는 영화 등 제한 조건들이 있으나, 제작하는 프로젝트의 성격에 따라 활용 가능하다.

[표 3.7 지역영상위의 제작지원 공적자금 리스트]

지원사업명	시행기관	내용
G-씨네 한국영화 투자사업	경기공연영상위원회 www.ggfc.or.kr	경기도 소재 제작사 혹은 경기도내 촬영비율이 50% 이상이면서 경기도 소재 영상관련업체가 30%이상 참여하는 중저예산 프로젝트에 투자하는 사업으로 동문미디어콘텐츠&문화기술조합투자, ㈜넥스트엔터테인먼트월드 등 경기도가 출자한 투자조합을 통해 투자를 진행한다.
부산지역 장편극영화 제작지원	부산영상위원회 www.bfc.or.kr	부산 소재 영화사에서 제작하는 순제작비 3억원 미만의 장편 극영화로 연간 2~3편에 최대 1억까지 차등 지원한다. 부산에서 촬영되어야 하며, 신청 및 접수는 3~4월에 진행된다.
전북 영화제작 인큐베이션 사업	전주영상위원회 www.jjfc.or.kr 063)286-0421	주민등록상 전라북도에 주소를 두고 있는 감독만 신청이 가능하다. 필름 및 디지털로 제작되는 장편 영화 1편에게 에 최대 9천만원을 지원한다.

4.3 해외 공적 자금

한국의 영화진흥위원회에서 국제공동제작 영화에 대한 공적 자금을 지원해주는 것과 유사하게 일본, 유럽 등지에서도 국제 공동제작을 위한 공적 자금을 운영하고 있다. 일반적으로 자국의 제작사가 신청을 해야 하므로, 공동제작 파트너를 먼저 찾은 이후에 이와 같은 공적 자금에 신청하면 된다. 아래표는 주요 국가에서 공동 제작 프로젝트에 지원하는 프로그램을 소개한 간단한 표이다. 좀 더 자세한 내용은 영화진흥위원회의 온라인 비즈니스 센타(www.kobiz.or.kr)에서 확인할 수 있다.

[표 3.8 주요 국가의 공동제작 지원 공적자금 리스트]

국가	시행기관	시행 프로그램
일본	UNIJAPAN	– http://unijapan.org/en – 2011년부터 국제 공동제작 영화에 최대 5천만엔을 지원해주는 〈유니재팬 공동제작 인증 프로그램〉을 UNIJAPAN과 AGENCY FOR CULTURAL AFFARIS SUBSIDY에서 공동으로 운영중 – 담당자 : copro@unijapan.org/81-3-3553-4781
유럽연합	Eurimages	– www.coe.int/t/dg4/eurimages – 유럽 36개국 회원국이 참여하는 유럽의 공동제작과 배급/상영을 지원하기 위한 위원회인 유리마쥬에서 공동제작/공동배급을 지원한다. – 제작 지원의 경우 유리마쥬 펀드 비회원국가 소속의 공동제작자인 공동제작 총예산의 30%가 넘지 않는 한도 내에서 해당 프로그램에 참여할 수 있으며 1년에 4회의 신청 기한에 신청하며 총제작비의 17% 이내에서 유리마쥬 펀드가 지원된다.
프랑스	CNC	– www.cnc.fr/www.filmfrance.net – 유럽 국가 중 가장 지원금 규모가 크고 제도도 다양하다. 방송사의 판권 선구매, 프랑스 영화진흥기관인 CNC의 직접 지원 프로그램, 투자펀드 형태의 소피카(The Soficas) 등이 있다. 프랑스와 공동제작 영화로 인정을 받아, 프랑스 국적을 취득하게 되면 TV 선판매는 물론, 박스오피스 흥행, 부가판권 및 TV 방영권 판매 실적에 비례한 자동지원금 또한 받을 수 있다. 단, 자동지원금은 프랑스 국적을 취득한 영화에 재투자 되어야 한다. 투자펀드인 소피카는 조세 수입으로 조성된 펀드나 투자금 상환을 요구하는 투자금으로 20%의 자금을 공동제작 인증을 받은 외국어 영화에 투자할 수 있다.

국가	시행기관	시행 프로그램
		− 그 외 CNC와 필름 프랑스에서 운영하는 해외 프로덕션 지원을 위한 세금 환급 제도도 있다. − 그리고 2012년 새롭게 시작된 〈외국장편영화 지원을 위한 시네마 뒤 몽드〉는 외국 회사와 프랑스 회사가 공동 제작하는 외국 감독들의 장편 영화를 대상으로 하며, CNC와 외무부가 공동으로 운영한다.
영국	BFI (British Film Institute)	− www.bfi.org.uk − 영국과 공동 제작으로 인정받아 영국영화 자격을 취득하게 되면 BFI Film Fund를 신청하거나 British Films and Tax Relief 제도로 세제 혜택 등을 받을 수 있다.
뉴질랜드	NZFC (NewZealand Film Commission)	− www.nzfilm.co.nz − 적절한 자격을 갖춘 공동 제작 영화는 뉴질랜드 영화로 인정을 받게 되는데, 이렇게 뉴질랜드 영화로 인정을 받게 되면 NZFC의 각종 제작지원 프로그램에 신청이 가능하다. NZFC는 자국영화 활성화를 위해 기획개발 단계에서 지원해주는 Seed Development Fund, Early Development Fund, Advanced Development Fund와 본편 영화의 제작비의 상당부분을 파이낸싱할 수 있는 Feature Production 펀딩 지원 프로그램, Screen Production Incentive Fund 등의 다양한 제작지원 프로그램을 운영 중이다.
호주	Screen Australia	− www.screenaustralia.gov.au − 호주와의 공동 제작 프로젝트로 인정받게 되면 스크린 오스트레일리아에서 운영중인 여러 펀딩 프로그램 중 호주에서 지출된 제작비용의 40%를 현금으로 돌려주는 Producer Offset(제작자 환급 제도)를 신청할 수 있다. 공식 공동제작 작품이나, SAC(Significant Australian Content) 테스트를 통과한 작품에게 신청 자격이 있다.
대만	GIO (Government Information Office)	− www.taiwancinema.com − 외국영화 제작지원 프로그램으로 대만 배우 혹은 스태프의 인건비 환급, 대만에서의 지출 비용에 대한 환급 등 다양한 지원 프로그램 운영중
싱가포르	Singapore Film Commission	− www.smf.sg − 싱가포르와 외국 간의 공동 제작 프로젝트의 경우, 공식 공동 제작 지위를 획득하면 싱가포르 영화로서 다양한 지원 프로그램에 신청하고 지원 혜택을 받을 수 있다.

▶ **Tip**

영국, 프랑스, 독일, 대만 등 각 국가별 지원제도 및 영화산업 현황 등은 영화 진흥위원회의 이슈페이퍼나 Kobiz 사이트의 자료를 참고하면 좋다.

4.4 국내외 로케이션 인센티브

로케이션 인센티브(Location Incentive) 프로그램은 해당 국가나 지역에서 일정 규모 이상의 비용을 지출하는 로케이션 촬영을 진행할 시에만 지원 혜택을 주는 프로그램으로 국가별, 지역별 영상위원회(Film Commission)을 통해서 지원을 신청하고 지급·받을 수 있다. 적게는 10~15%에서 50%까지 현금 지원을 하거나 세액 환급(Tax Credit)**■** 형태의 세제 혜택을 통해 지원을 해주는 로케이션 인센티브는 각 국가, 지역별로 다른 지원 제도와 비율로 시행이 되므로 로케이션 장소로 염두에 두고 있는 지역에서 어떤 로케이션 인센티브 제도가 운영되고 있는 지 확인하면 된다.

대부분의 로케이션 인센티브 제도는 사전에 세부 예산과 촬영 일정을 포함한 신청서를 영상위원회에 제출하여 승인을 받고, 촬영 종료 후 지출 증빙 서류와 함께 최종 신청을 하여 승인을 받는 절차로 진행된다. 각 영상위원회별로 신청과 승인, 지급에 소요되는 시간, 프로그램 지원방식(Location Rebate/Refundable Tax Credit/Non-Refundable Tax Credit 등)이 다르므로 예산과 영화 제작비의 자금 집행 흐름(Cash Flow)을 작성할 때, 해당 로케이션 인센티브의 수령 예정 시기를 잘 고려하여 반영해야 한다.

각 영상위원회는 홈페이지를 통해 로케이션 인센티브 프로그램을 자세하게 소개하고 있으며, 세계 영상 위원회(Association of Film Commissioners International)의 홈페이지(www.afci.org)에서 각 지역별 영상위원회 정보와 홈페이지 주소를 확인할 수 있다.

[표 3.9 국내 로케이션 인센티브 프로그램 리스트]

지원사업명	시행기관	내용
외국영상물 로케이션 인센티브	영화진흥위원회	관광진흥개발기금으로 조성된 자금으로 외국영상물 제작사가 제작하고, 외국자본이 순제작비의 80%를 초과하여 투자하는 장편 극영화에 제작인정비용의 25%를 현금으로 지원하는 사업이다. 수시 접수 가능하며, 한국에서 10억원 이상 집행하여야 하며, 최소 10일 이상 촬영이 진행되어야 한다. 관광기여도 및 흥행성, 한국영화산업 기여도, 외국제작사 참여도 등을 평가하여 지원을 결정한다.(www.kofic.or.kr)

▶ Tip

■ 로케이션 인센티브 프로그램은 기본적으로 리베이트/보조금(Rebates/Grants)과 세액 환급(Tax Credits)으로 나뉜다.

리베이트/보조금(Rebate/Grants)은 조건에 맞게 신청, 승인이 되면 해당 인센티브를 현금으로 지급해주는 것이다. 현금으로 직접 지급이 되기 때문에 리베이트/보조금을 담보로 대출을 일으킬 수도 있고, 여러모로 편리하다.

세액 환급(Tax Credit)은 납부해야 할 세액 중에서 인센티브 금액만큼 공제해주거나, 기납부 세액에서 환급해주는 방식이다. Tax Credit은 세부적으로 Refundable/Nonrefundable, Transferable/Nontransferable로 나뉜다.

Refundable Tax Credit은 인센티브가 세금보다 많은 경우, 남은 금액을 다음 세금 신고할 때 쓸 수 있도록 Refund를 발행해주는 Tax Credit이다. 일반적으로 Refundable Tax Credit은 해당 Refund를 다른 회사에 팔 수 없도록(Nontransferable) 되어 있다. Nonrefundable Tax Credit은 인센티브가 내야 할 세금보다 많을 경우에도, 남은 금액을 Refund 해주지 않고 소멸되는 Tax Credit이다. 세금 한도 내에서 인센티브를 신청하거나, 해당 주의 다른 회사에 Tax Credit을 팔 수(Transferable) 있다.

지원사업명	시행기관	내용
제작비 지원 인센티브	서울영상위원회	서울에서 촬영되는 해외 제작물과 공동 제작물에 서울에서 사용된 제작비의 최대 25%(최대 1억)까지 지원하는 프로그램으로 한국 국적의 스태프, 배우의 인건비까지 포함 가능하다. 단, 전체 촬영 중 서울분량이 50%이상이어야 한다. (www.seoulfc.or.kr)
G-씨네 인센티브 지원사업	경기공연 영상위원회	40억 미만의 장편 극영화 중 경기도 소재 제작서비스업체와의 거래 금액이 합계 3천만원 이상일 경우 인정금액의 10%를 제작사와 제작서비스업체에 5:5의 비율로 지급하는 인센티브제도(www.ggfc.or.kr)
로케이션 인센티브 지원	인천영상위원회	순제작비 10억 이상의 장편극영화로 인천 촬영 분량이 30% 이상일 경우, 4천 만원에서 1억까지 촬영 분량 등을 고려하여 차등 지원한다. (www.ifc.or.kr)
전주 씨네 인센티브	전주영상위원회	순제작비 10억 이상의 영화로 전주권에서10회차 이상 촬영하는 작품에게 전북 내 촬영 소비액대비 20% 이내(최대 1억원)로 지원한다. (www.jjfc.or.kr)
전북 로케이션 인센티브	전주영상위원회	순제작비 3억 이상의 영화로 전라북도에서 7회차 이상 촬영하는 작품에 순제작비 최대 50% 이내로 지원한다. (www.jjfc.or.kr)

기타 투자 ?O5

5.1 현물 투자

현물투자는 각종 장비 사용료, 세트장 사용료, 녹음실 사용료, 업체 인건비 등 제작비에 소요되는 비용을 해당 업체나 기관으로부터 현물 투자를 받는 경우이다. 현물 투자는 경우에 따라 상환 의무, 투자지분이 모두 있는 경우, 상환 의무나 투자 지분이 일부만 있는 경우 등이 있다. 현물 투자를 진행하는 경우에도 현물 투자 금액을 얼마로 정할 것인지, 상환 의무를 어떻게 할 것인지, 투자지분을 얼마로 인정할 것인지, 정산 시기를 언제로 할 것인지 등을 정리하는 투자 계약서를 작성해야 한다.

5.2 배우 및 스태프의 인건비 투자

저예산 영화의 경우 배우 및 스태프 인건비의 전부 혹은 일부를 투자금으로 돌려 인건비 대신 투자 지분으로 배분하는 경우가 있다. 이런 경우에는 각 스태프별로 계약서를 작성할 때, 현금으로 지급할 금액을 얼마로 할 것인지 (인건비, 진행비 등), 투자금으로 변환할 금액을 얼마로 할 것인지, 해당 금액에 대한 투자 지분을 얼마로 인정할 것인지, 투자금의 상환 시기와 투자 지분의 정산 시기를 어떻게 할 것인지를 명기한 배우 혹은 스태프 계약서를 체결하여야 한다.

배우 및 스태프의 경우, 수익 배분 외에 지불 유예금(Deferment)이 있을 수 있는데, 이는 인건비 중 전부 혹은 일부의 지불을 영화의 완성 이후 혹은 은행권대여금 상환 직후, 투자금 상환 직후 등 특정한 시점에 지불하기로 계약하는 금액이다. 지불유예금은 순제작비에 포함하지는 않으나, 투자지분, 제작지분과 관련한 수익 배분이 이루어지기 전에 지급되는 금액으로 지불유예금에 따라 손익분기가 변경될 수 있다.■

> ▶ Tip
>
> ■ 예를 들어, 20억의 순제작비가 소요된 영화 중 5억의 금액을 투자금 상환 직후로 지불유예 계약을 하였다고 하면, 제작사는 투자사로부터 15억을 유치하고, 이후 매출이 발생했을 때(P&A비용 등을 제외) 투자사에게 15억 투자금을 상환하고 5억의 지불유예금을 계약자에게 지급한다. 지불유예금의 지급이 모두 완료된 이후에 수익 배분이 이루어지기 때문에 손익분기점은 15억이 아닌, 20억이 된다.

02 손익분기점(BEP/Break-Even Point) : 총매출액과 그 매출액을 위해 소요되는 모든 비용이 일치하는 점

5.3 선판매(PRE SALE)

선판매(Pre Sale)은 일반적으로 영화가 완성되기 전에 해외 수출 계약을 체결하는 경우를 말한다. 감독과 배우가 결정된 기획안 단계에서 영화 마켓 등을 통해서 프리 세일이 이루어지기도 하는데, 이는 세계적인 유명세가 있는 감독이나 배우, 원작 등의 경우에 한하고 일반적으로 이루어지지 않는다. 문화수출보험 등 공적 자금을 운영하는 공기관에서는 선판매 실적을 요구하기도 한다. 선판매는 일반적으로 10%의 계약금을 받고 영화를 완성하여 납품하였을 때 나머지 금액을 받을 수 있기 때문에 영화 제작 단계에서 직접적인 투자금 용도로 사용하기는 어렵지만 공적자금이나 다른 투자금을 일으키는 데는 도움이 된다.[1]

해외 판권에 대한 선판매 외에도 국내 부가판권에 대한 선판매가 있을 수 있는데, 사실 영화 제작 단계에서 부가판권을 선판매하여서 펀딩을 진행하기는 어렵다고 본다. 다만, 영화를 수입하는 경우에는 부가판권을 선판매하여 광고홍보비와 배급비 등을 포함한 마케팅비용을 펀딩 하는 경우들이 있다.

▶ **Tip**

[1] 전세계 시장에 영향력을 갖고 있는 미국 영화 산업의 경우, 선판매가 "One of main Financing Markets"으로 인식되고 있다. 해외 세일즈의 판매 결과나 일부 판매 결과와 향후 판매 예정액을 조합한 Sales Estimate 자료는 금융 대출의 주요 자료로 사용되며, 선판매 결과를 담보로 은행에서 대출을 받는 Senior Debt 파이낸싱으로 자금을 조달하기도 한다.

Pre Production
영화 촬영 준비하기

기획/개발 단계를 통해 시나리오가 완성되고 주연배우 캐스팅과 투자가 확정이 되면 프리 프로덕션 단계가 시작된다. 프리 프로덕션은 일반적으로 제작실장과 조감독이 프로덕션에 합류하는 시점부터 시작되며 실제 촬영을 위한 계획과 준비를 하는 기간이다. 무엇보다 작품의 전체 제작 일정과 예산을 구체화하는 시기다.

프리 프로덕션에서 준비와 계획이 부족하게 되면 전체 제작 공정상의 문제점을 야기하게 되며 이는 일정 지연과 예산 초과라는 결과를 초래하게 된다. 한정된 물적, 인적자원으로 정해진 일정 안에 결과를 만들어내야 하는 영화제작에서 프리 프로덕션의 중요성은 몇 번을 강조해도 지나치지 않다.

01 프리 프로덕션 점검사항

실제 촬영이 이루어지는 프로덕션과 이후 포스트 프로덕션을 위한 준비와
세부계획을 세우는 프리 프로덕션 기간에는 다음과 같은 사항들을 반드시
수행해야 한다.

- 최종 시나리오 완성
- 시나리오 분석을 통한 일정과 예산 작성
- 프로덕션 사무실 운영
- 스태프 선정 및 계약
- 배우 캐스팅
- 촬영, 조명, 미술, 특효 등 각 파트별 시나리오 분석 회의
- 각 파트별 문서작업 및 공유
- 로케이션 헌팅 및 섭외(경우에 따라 숙소와 식당 포함)
- 인력 및 장비 보험 계약
- 영상위원회 정보공유 및 공문작성
- 세트 계약 및 시공
- 배우관련 준비사항 점검 및 진행(의상, 분장, 배우가 습득하기 기대하
  는 기술 혹은 기능)
- 장비 및 각종 업체 선정 및 계약
- 협의서, 계약서 등 각종 문서 준비 및 진행
- 촬영준비 진행관련 차량 준비
- 회계관련 시스템 정비 및 운영
- 음악 저작권 포함 각종 저작권, 판권 등의 사전 준비 및 진행[1]
- PPL(Product Placement) 진행

시나리오가 완성되고 나면, 촬영을 위한 콘티와 스토리 보드를 만들고 세부
제작일정 및 예산을 작성하는 작업에 들어가야 한다. 감독은 촬영, 조명, 미
술 등 주요 감독급 스태프들과 함께 촬영을 위한 콘티작업을 수행해야 한다.

이 작업을 통해 영화의 전체적인 이미지 컨셉을 잡고, 각 신 별로 세부적인 프레임까지 설정해야 한다.

감독급 스태프들이 콘티작업을 진행하는 동안 연출부는 시나리오를 기반으로 각종 페이퍼 작업과 사전 헌팅작업을 진행하며 콘티 작업을 보조한다[1]. 제작부서는 연출부서와 협조하여 세부적인 촬영스케줄을 작성하고 예산을 수립한다. 예산작업은 콘티상에 등장하는 장소와 장비, 출연배우, 소품 등에 따라 다양하게 책정될 수 있기 때문에 콘티 작업과 병행하여 최대한 정확한 예산안을 작성하도록 한다.

▶ Tip

[1] 프리 프로덕션 단계에서 반드시 작성해야 할 제작/연출 파트 문서로는 '장소구분표', '로케이션 연결표', '세트 연결표', '장소/인물 연결표', '인물 구분표', '의상/소품 구분표', '선제작 소품 목록표', '보조출연 운용표' 등이 있다.

프리 프로덕션에서는 영화의 제반적 문제점을 파악하고 대처할 세부적인 사항들까지 준비해야 한다. 기후와 환경, 그리고 인위적인 여건에 의해 좌우되는 영화적인 특성상 완전무결한 대비란 있을 수 없겠지만 최소한의 경제적 손실과 합리적인 촬영 진행을 위해 다양한 가능성에 대비한 준비를 해야 한다. [그림 4.1]은 제작부 데일리노트 양식이다. 제작부 데일리노트를 통해 프로듀서는 업무진행상황 파악과 전체일정을 계획하는 데 참고를 할 수 있으며 제작부 상호간에는 업무가 중복되거나 누락되는 것을 방지할 수 있다. 또한 제작부 내 업무연계에도 도움이 된다.

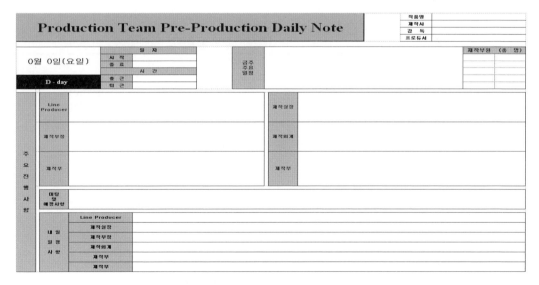

[그림 4.1 프리 프로덕션 제작부 데일리노트 양식]

O2 스케줄 작성

스케줄은 영화의 투자 상황과 후반작업 기간고려 및 개봉 시점 등의 외형적 요인을 고려한 전체 스케줄과 구체적인 촬영일자와 회차가 구분된 촬영 스케줄로 나누어 생각해 볼 수 있다.

2.1 전체 스케줄(The Project form Beginning to End)

기획/개발 단계에서 프리 프로덕션 단계로 전환되는 시점에 프로덕션 전반에 대한 로드맵인 제작일정표를 작성한다. 전체 제작일정표는 월별/주별/일별로 구분하여 전체적인 개괄에서 세부적인 사항까지 점검하고 준비할 수 있도록 한다. [표 4.1]에서는 전체 스케줄을 작성하는 데 반드시 확인해야 할 내용들을 제작 단계별로 구분해 제시하였다. 전체 스케줄은 투자상황과 제작상황을 고려해서 프로듀서가 작성하는 것으로 영화를 둘러싼 외형적 요인을 고려하여 작품진행 전체의 아우트라인(Outline)을 잡아야한다.

[표 4.1 전체 프로덕션 점검사항]

구분	진행	내용	관리	양식
프리 프로덕션	대본최종완성		시나리오 제본 승인	신리스트/BDS/ 미술파트문서 등 제작관련
	양식통일	정산/청구서, 계약서, 일정표, 촬영계획표, 촬영리포트 등		
	실무사항 합의	자금청구정산, 입출금, 증빙처리 등		
	헌팅	제작, 연출 실무진행/ 헌팅회의	헌팅자료 보관	일정표, 보고서, 헌팅사진 및 영상
	장소섭외		가이드라인 제시	회사공문
	스태프 계약		Deal Memo 가이드설정	계약서, Deal Memo
	미술 전체회의	미술, 의상, 분장, 소품, 세트, CG 등	세트, CG 등 대규모 지출 건 협의	미술파트문서/PPL 제안서

구분	진행	내용	관리	양식
프리 프로덕션	사운드 전체회의	동시녹음, 믹싱, 편집, 음악, 음반 등		
	음악계획수립	작곡/선곡 비중 결정	음반 계획 협의 /저작권관련 진행	
	장비운영계획	카메라기종, 조명기, 특수장비, 특수효과	예산서와 연계	장비, 필름, 엑스트라 운용 계획서
	CG 계획수립		예산서와 연계	CG 리스트
	캐스팅 완료	조연, 단역, 엑스트라	캐스팅 최종 점검	캐스팅 리스트
	주연배우 스타일	의상, 헤어, 메이크업	협찬 고려	의상, 분장 문서
	리허설	카메라 및 필름, 연기자 스킨톤 테스트		
	음악 시안 완료			
	콘티북 완성	이미지 및 카메라 워킹 콘티		콘티북 파일
	업체선정 완료	장비, 현상, 텔레시네 운송 등	업체 선정기준 확인	
	모든 계약 완료	계약문서, 자금집행 내역 확인	전체 계약서 검토	계약서
	촬영계획 확정		촬영계획 승인	촬영계획표
	워크샵	전 스태프 및 연기자	전체리딩 진행	
	예산 중간점검		예산집행 중간점검	
	보험가입	사람 및 장비		
	크랭크인 최종점검		촬영 준비상황 점검	
	크랭크인			프로덕션 리포트/촬영진행 분석표
	촬영 중간 점검		촬영진행 중간점검	점검 보고서
	순서 편집 시작		최종순서 편집본 시사	
	순서편집본 시사		후반작업계획 협의	
	보충, 추가 촬영	전체 러닝타임 점검	보충, 추가촬영 여부 협의	

구분	진행	내용	관리	양식
프로덕션	예고편 완료			
	크랭크업			프로덕션 평가서/후반작업 전체일정표
포스트 프로덕션	본편집 시작			후반작업 세부일정표
	중간편집본 시사	전체 러닝타임 점검		
	예고편 심의			마케팅 기획안
	포스터 심의			
	1차 모니터 시사		모니터 시사 결과 확인	편집시사 보고서
	최종편집 완료		최종 편집본 승인	
	자막, 크레딧		내용 확인, 콘티 확인	크레딧 파일
	ADR	연기자대사 후시녹음	배우 스케줄 확인	ADR 대본
	폴리, 소스 음악작업	음향효과, 테이프효과		
	네가편집			
	음반구성안 완료		음반 및 마케팅팀 연동	
	CG, 자막완료		CG 퀄리티 점검	
	음악녹음		믹싱과 연계	
	네가편집본 텔레시네			
	색보정	작품 톤 설정		
	믹싱	사운드 톤 점검		
	저작권 완료			저작권 진행표
	광학녹음	사운드 형태 확정		
	A Print/DCP 마스터링	프린트필름 종류확정		
	기술시사		시사일정 수립	기술시사 보고서
	심의신청		등급 여부 점검	
	수정보완	재편집, 재믹싱 여부	수정보안 검토 협의	
개봉				

[그림 4.2]과 [그림 4.3]에 제시된 양식에 따라 실제 촬영에 들어가기 전까지 촬영을 준비하는 프리 프로덕션, 구체적으로 영화를 촬영하는 프로덕션, 그리고 촬영된 내용을 편집하고 재창조하는 포스트 프로덕션까지 제작과정 전반에 대한 일정표를 작성하는 것으로 영화제작의 실무를 시작한다.

⟨작품명⟩ 제작스케줄					
구분	프리 1주차 0월 0일 ~ 0월 0일	프리 2주차 0월 0일 ~ 0월 0일	프리 3주차 0월 0일 ~ 0월 1일	프리 4주차 0월 0일 ~ 0월 2일	프리 5주차 0월 0일 ~0월 0일
제작/연출 · 시나리오/콘티					
제작/연출 · 캐스팅					
제작/연출 · 리딩					
제작/연출 · 헌팅					
제작/연출 · 예산					
비고 · 비고					
미술 · 미술/소품					
미술 · 세트					
미술 · 의상/분장					
미술 · 특효/특분/CG					
촬영 · 촬영/조명					
녹음 · 녹음					
녹음 · 음악					
편집/현상 · 편집					
편집/현상 · 현상					
마케팅 · 마케팅					

[그림 4.2 전체 파트별 제작스케줄 양식]

전체 스케쥴 개괄

		작품명	
		제작사	
		감 독	
		프로듀서	

개괄

pre-production		production		post-production		distribution	
시작		시작		시작		개봉일	
끝		끝		끝			
총일수		총일수		총일수			

월별 스케쥴

pre-production

구분		시나리오/콘티	제작/연출	기타
0000년 00월	초순			
	중순			
	하순			
0000년 00월	초순			
	중순			
	하순			
0000년 00월	초순			
	중순			
	하순			

production

구분				
0000년 00월	초순			
	중순			
	하순			
0000년 00월	초순			
	중순			
	하순			
0000년 00월	초순			
	중순			
	하순			

post-production

구분		편집	음악	사운드	CG	색보정	기타
0000년 00월	초순						
	중순						
	하순						
0000년 00월	초순						
	중순						
	하순						
0000년 00월	초순						
	중순						
	하순						

distribution

0000년 00월	초순						
	중순						
	하순						

[그림 4.3 전체 스케쥴 개괄 양식]

2.2 촬영 스케줄(From Script to Schedule)

장편영화의 촬영 스케줄 작성은 다음과 같은 세 가지 단계로 진행된다[1].

1. 시나리오를 분석하고
2. 분석을 토대로 각종 문서를 작성하고
3. 최종 스케줄을 결정한다.

스케줄 작성과 관련해서 무엇보다 중요한 사실은 스케줄 작성이 없이는 예산 작성이 불가능 하다는 점이다. 부실한 스케줄 작성은 부실한 예산 작성이라는 필연적 결과를 동반한다. 시나리오를 기반으로 작성되는 양식의 종류와 형태는 세상에 존재하는 제작사의 수만큼 다양하다. 하지만 스케줄 작성과 관련한 시나리오 분석은 아래와 같은 세 가지 요소를 반드시 포함해야 한다.

1. 공간 : 낮/밤, 실내/실외, 세트/로케이션 등 공간별 특성에 따라 분류.

2. 인물 : 주연, 주조연, 조단역, 단역, 보조출연으로 구분하여 분류.

3. 촬영 : 각 신의 내용과 분량, 컷수 등을 정리하며, 특수촬영이나 특수
효과 기타 장비에 따라 분류.

위와 같이 요소별로 시나리오를 분류해서 재배열하는 작업을 시나리오 브레이크다운(Scenario/Script Breakdown)이라 한다. 시나리오 브레이크다운을 기반으로 동일장소, 실외우선, CG소스 촬영우선, 배우 출연순서, 계절 등의 사항들을 고려해서 가장 경제적인 촬영순서로 촬영일정표를 작성한다. 스케줄 작성과 관련해서 반드시 명심해야 할 몇 가지 점검사항들은 아래와 같다.

1. 시나리오를 브레이크다운하고 일일 촬영계획표 및 전체 촬영계획표를 작성한 후 반드시 감독과 충분한 토의를 가져라. 감독의 의견과 계획을 충분히 이해하는 만큼 스케줄이 정확하고 실제적이 된다. 반드시 기억해라, 감독이 촬영하기 위한 최선의 스케줄을 작성하는 것이 프로듀서의 일이다 - 프로듀서가 촬영하기 위한 최선의 방법이 아니다.
2. 스케줄은 촬영기간 중 언제나 변동될 수 있음을 기억해라. 감독이 현장에서 신을 추가할 수도 있고 삭제할 수도 있고 변경할 수도 있

> **Tip**
>
> [1] 스케줄과 예산작성과 관련된 실습은 미국의 프로듀서 Ralph S. Singleton 의 Film Scheduling 과 Film Budgeting 두 책이 직접적인 도움이 된다. Francis Ford Coppola 감독의 작품 〈THE CONVERSATION〉을 실제 예로 들어 스케줄과 예산작성을 해보는 책인데 아직 번역이 되어있지는 않지만 도전해 볼만한 가치가 있는 책이다.

으며, 기타 다른 상황에 따라 스케줄을 계획대로 진행하는 데 변동이 있을 수 있다. 대체가능하고 변동 가능할 수 있는 탄력적이고 융통성 있는 스케줄이 필요하다.

3. 프로듀서는 자본이라는 상업과 창작이라는 예술 사이의 중간매개자다. 작품성이라는 측면과 예산을 지킨다는 측면에서 균형을 잡을 수 있는 가장 확실한 방법은 '대화'이다. 큰 그림에서부터 작은 부분까지 양측과 끊임없이 소통하고 대화하라[1].

▶ Tip

[1] 영화진흥위원회에서는 합리적이고 효율적인 제작환경 구축과 해외 영화산업과의 경쟁력 강화를 목적으로 '영화제작관리를 위한 스케줄러'를 개발 중이다. 2013년 보급예정으로 시나리오작성 표준 포맷을 제공하는 '시나리오에디터', 촬영에 필요한 제반문서 및 자동 스케줄링이 가능한 '스케줄러'가 기본 프로그램이다.

2.2.1 브레이크다운 시트(BDS/Breakdown Sheet)

문자로 쓰여진 시나리오를 영상으로 촬영하기 위해서 각 장소에서 얼마나 많은 날을 촬영해야 하는지, 각 배우들은 출연하는 회차가 얼마나 되는지, 각 신(Scene)마다 요구되는 장비는 어떤 것들이 있는지 등의 질문들에 답하기 위해서 반드시 필요한 문서가 브레이크다운 시트다. 시나리오를 꼼꼼히 읽으면서 각 신별로 다음과 같은 요소들을 구분해서 정리한다.

- 실내/실외, 낮/밤
- 장소
- 등장인물
- 주요소품
- 주요의상
- 보조출연
- 특수효과
- CG
- 차량, 동물
- 특수장비
- 음향효과, 음악

이렇게 분석되고 정리된 신별 브레이크다운 시트는 아래와 같은 항목별로 그룹 지어질 수 있다.

- 촬영장소
- 등장배우
- 낮/밤, 실내/실외

- 시간의 변화
- 등장인물의 외양변화
- 배경날씨의 변화
- 특수효과 및 스턴트
- 장비사용

외국은 'Production Board'(혹은 'Strip Board')방식의 작업을 선호하는 편인데 우리는 엑셀 작업으로 위와 같은 분류작업을 수행하는 것이 일반적이다.

S#		CUT 수		D / M	N / E	L / O	S	시나리오 페이지 / BDS 페이지 / 콘티 페이지 / 페이지 분량		타이틀 / 제작사 / 감독 / 프로듀서	
신 내용											
감독 코멘트											
프로덕션 코멘트											
출연자			촬영 코멘트								
			조명 코멘트								
보조출연 M / 보조출연 F			미술 코멘트								
의상			촬영				조명				
			카메라 / 렌즈				기본라이트 / 특수라이트				
보조출연			기타				기타				
분장											
			소품				차량/ 동물				
보조출연											
특수장비											
특수효과			동시녹음		음악		C.G				
기타											

[그림 4.4 Script Breakdown Sheet 양식]

전체스케줄은 프로듀서가 직접 작성하고 촬영스케줄은 제작실장과 조감독이 작성한 것을 프로듀서가 검토하고 확정하는 것이 일반적이다. 중요한 점은 촬영스케줄의 경우 현장 스태프와 연기자 간의 합의가 반드시 필요하다는 점이다. 예산의 합리적 운용이라는 프로듀서의 입장이 자칫 스케줄의 강요로 연결되어서는 안된다. 프리 프로덕션 기간에서 촬영 스케줄과 관련된 충분한 논의와 합의가 결국 프로덕션의 원만한 진행으로 연결된다. 프로듀서가 프로덕션과 관련된 기술적인 부분, 나아가서 포스트 프로덕션과의 연계성 부분의 이해가 많을수록 촬영스케줄 합의는 수월해진다.

스태프 계약 | 03

계약과 관련해서 필수적으로 명시되어야 하고 점검해야 할 사항은 아래와 같다.

- 계약의 주체, 목적, 대상에 대한 규정
- 계약 상호간의 권리와 의무, 역할
- 계약형태, 계약기간
- 계약금액, 지불시기, 지급방법
- 재계약과 기간연장에 대한 조항
- 크레딧 명시방법 및 지적 재산권 등 권리귀속 관련
- 계약해지, 해제 및 분쟁, 위반, 배임관련 사항 및 위반 시 처리
- 손해배상의 범위

제작기간과 계약기간, 보수의 지급시기와 방법에 대해서 구체적으로 명시하도록 한다. 계약기간이 연장될 경우 추가보수도 지급하는지, 흥행에 따른 인센티브를 지급하는지에 대한 여부도 포함시켜야 한다. 또한 필요에 따라 딜메모를 통해 본 계약에서 언급되지 않은 세부적인 사항에 대한 협의가 필요하다. 예를 들어 사용 장비에 대해 작품계약 시 유류대 문제는 어떻게 할 것인지, 또는 을이 용역을 제공하기 위해서 사용하는 비용은 어디까지 인정해줄 것인지를 명시해야 한다. 업무의 범위에 대한 명확한 가이드라인도 필요하다. 예를 들어 분장이나 의상팀의 경우 포스터 촬영, 카메라 리허설 등에 대해서 추가보수가 지급되는지 여부 등이 그러하다. 무엇보다 진행비의 범위와 정산 인정범위 등에 대해서는 구체적이고 명확한 가이드라인이 필요하다. 기획개발과정에서 이미 설명한 감독, 작가, 배우의 경우를 제외한 파트별 계약 시 본 계약서 혹은 딜메모 기재사항 중 중요 점검사항은 다음과 같다.

[표 4.2 계약서 및 딜메모 체크 리스트]

구 분	내 용
촬영	- 카메라 및 기본 장비 운용 - 용역의 범위(헌팅, 카메라 리허설, 테스트 촬영, 콘티작업, 본편 색보정, DVD 색보정, CG 확인 등) - 촬영 B팀 운용 - 장비 파손, 손상, 분실 등 사고발생 시 보장의 범위와 조건
미술	- 미술진행비 내역 - 제작 및 구입물품 소유권 - 세트 제작업체 선정권
조명	- 장비 운용 - 조명 B팀 운용 - 장비 파손, 손상, 분실 등 사고발생 시 보장의 범위와 조건
장비	- 장비 파손, 손상, 분실 등 사고발생 시 보장의 범위와 조건 - 계약방식 협의(회차계약/기간계약)
의상/소품/분장	- 제작 및 구입물품 소유권 - 진행성 경비 인정 범위 - 추가인력 운용
특수효과	- 인건비와 사용장비 및 재료 구분 관련 - 결과물에 대한 구체적인 합의와 처리 방식 기재
운송	- 유대지급 문제 - 계약방식 협의(회차계약/기간계약)
편집	- 네가커팅 인건비 포함 여부 - 진행성 경비 인정 범위
음악	- OST 저작권 및 수익배분 - OST 유통권 - 밴드사용 및 녹음스튜디오 대여 등과 관련된 비용 범위
믹싱	- M&E(Music & Effect), EPK(Electronic Press Kit), 예고편, 심의용, DVD 용 사운드 작업 포함 여부 - 믹싱룸, 폴리룸 등에 대한 대여비 포함 여부
CG	- 전체 분량과 관련된 명시(컷 수 혹은 시간 등) - 수정 작업과 관련된 명시

오디션 & 캐스팅 ?04

배역을 결정하는 캐스팅은 투자 결정의 주요 요소 가운데 하나이다. 역할에 적합한 배우인가라는 측면과 인지도가 있는 배우인가라는 측면 모두를 고려해서 적합한 결정을 하는 것이 필요하다. 캐스팅 디렉터(Casting Director)가 전문적이고 독립적인 스태프로 자리 잡지 못하고 있는 현실에서 주연 및 조연의 캐스팅은 전문 매니지먼트를 통한 섭외가 일반적이다[1].

▶ Tip

[1] 미국의 경우에는 배우를 캐스팅하고 출연료 등 제반 사항을 협의하는 업무를 전문적으로 담당하는 캐스팅 디렉터가 정착되어있다. 국내의 경우에는 방송 드라마 쪽에서는 캐스팅 디렉터의 역할이 어느 정도 자리를 잡아가고 있지만 영화에서는 아직 활성화되지 않고 있다.

'엑스트라' 라는 용어로 흔히 불리는 보조출연자는 보조출연 업체를 통해서 수급한다. 보조출연 업체는 시간별, 로케이션 위치별, 식대포함/미포함 등의 조건에 따른 기본적인 임금조건표를 가지고 있다. 보조출연자의 출연료는 기본적으로 현장지급을 원칙으로 한다. 보조출연 업체 선정 시 유의해야 할 점 두 가지는 아래와 같다.

- 보조출연 업체 팀장
- 보조출연자 사고나 피해관련 보상 문제

보조출연자가 여러 보조출연 업체 중 한 업체에만 소속되어 있지 않은 것이 일반적이다. 따라서 보조출연 업체 선정에 있어서는 어떤 보조출연자를 보유하고 있느냐 하는 질문은 큰 의미가 없다. 각 신에 맞는 적절한 보조출연자를 선택하는 능력과 현장에서 조감독을 도와 효율적으로 동선과 역할을 관리할 수 있는 팀장의 능력이 무엇보다 중요하다. 다음으로 상대적으로 안전과 관련된 사항에 있어 열악한 환경에 놓여있는 보조출연자의 현실을 고려했을 때 사고나 피해와 관련된 보상문제 여부에 대해서 업체와의 계약 시 명확한 가이드라인을 정하는 것이 중요하다. 경우에 따라 제작사 입장에서 보험 적용 여부도 고민해 보는 것도 실용적일 수 있다.

주연배우 및 주조연 배우 캐스팅은 Development 챕터의 캐스팅 항목을 참고하도록 하고 여기서는 보조출연 업체 리스트를 정리하였다.

[표 4.3 보조출연 및 에이전시 주요 업체 리스트]

구분	연락처	주요 참여작품
메이트	김진래 010-6427-4211	점쟁이들, AM 11:00, 간첩, 닥터, 도시정벌
민들레	지용현 010-6395-2253	26년, 가문의귀환, 내 아내의 모든 것
베스트	신재연 010-4724-2080	최종병기 활, 사랑이 무서워, 평양성, 하녀
미르미돈	추병현 010-9674-0221	블라인드, 심장이뛴다, 혈투, 악마를보았다
tw	이언수 017-550-3828	바람과함께 사라지다, 광해, 통증
d&c	임도영 010-8762-0025	동창생, 완득이, 로맨틱헤븐, 글러브, 퀴즈왕
스토리무비	송기오 010-3589-2846	코리아, 간기남, 써니, 코리아
아이디	이상윤 010-8727-5824	감기, 신세계, 범죄와의 전쟁, 도둑들, 화차
사람과 사람들	김종한 010-3110-0357	아부의왕, 페이스메이커, 원더풀라디오

로케이션 헌팅
(Location Hunting / Location Scouting)

시나리오 상의 공간이 실제로 촬영되는 촬영장소는 크게 '세트'와 '로케이션'으로 구분된다. 영화를 위해서 임의적으로 만든 공간인 '세트'는 다시 '스튜디오 세트'와 '오픈 세트'로 나뉘고, '세트'가 아니라 기존에 실제로 존재하는 공간을 촬영장소로 활용하는 모두를 '로케이션'이라고 할 수 있다. '로케이션 헌팅'이란 이렇게 '세트' 공간이 아닌, 영화촬영을 위한 실내, 실외 공간을 찾는 작업을 의미한다[1].

▶ Tip

[1] 로케이션 헌팅은 시나리오의 분석, 촬영 진행의 이해, 섭외 협상 및 계약 진행 등이 수반되어야 하는 업무로 외국의 경우에는 로케이션 매니저(Location Manager)라는 별도의 전문적인 직책이 로케이션 헌팅, 관리 및 현장 진행 등 제반 업무를 수행한다.

5.1 로케이션 헌팅 단계별 구분

일반적으로 로케이션 헌팅은 아래와 같은 순서로 진행된다.

> 헌팅가이드 회의 → 자료조사 → 예비헌팅(연출/제작) → 예비헌팅자료 모니터링(감독/연출/제작) → 본 헌팅(연출/제작) → 본 헌팅자료 모니터링(감독/연출/제작/촬영/조명/미술) → 확정헌팅(감독/연출/제작/촬영/조명/미술/녹음/콘티작가, 필요에 따라 특효, 무술, CG)

시나리오에 대한 분석과 회의가 있은 후 시나리오에 제시되어 있는 장소에 대한 컨셉회의를 감독, 프로듀서, 미술감독을 중심으로 가진다. 예비헌팅과 본 헌팅을 통해 후보지가 선정되면 감독과 프로듀서를 중심으로 연출, 제작, 미술, 촬영, 조명, 녹음 파트가 참여하는 확정헌팅을 가진다.

로케이션 헌팅에서 중요한 점은 공간에 대한 영화적 관점과 사용적 관점의 균형을 찾는 것이다. 감독에게 완벽한 장소가 제작파트에겐 예산, 섭외 등 기타 이유들로 적합하지 않은 장소일수도 있고, 미술파트에겐 적합한 장소가 조명장비를 설치하기엔 부적합한 장소일수도 있다. 감독과의 충분한 논의를 통해서 촬영장소와 장면에 대한 정확한 이해를 토대로 감독이 원하는 장소를 우선적으로 찾는 것이 우선시 된 후에, 예산과 섭외 등 제작적인 관점에서의 적합성을 고려하는 것이 필요하다. 최대한 많은 자료를 확보해서 감독과 파트별 스태프에게 선택의 폭을 넓혀주는 것이 요구되며, 영상위원회와 지방 자치단체를 통해 최대한 많은 자료를 확보하는 것이 필요하다.

[그림 4.5]는 기본적인 헌팅보고서의 예를 제시한 것이다. 헌팅보고서에 사진이 직접첨부되는 경우도 있으며 지방헌팅이 많은 경우에는 온라인으로 헌팅보고서를 실시간공유하기도 한다. 온라인 사진공유 사이트를 활용하는 방법도 유용하다.

헌팅 보고서			TITLE	
			COMPANY	
			DIRECTOR	
			PRODUCER	

작성자		헌팅회차	
작성일		헌팅자료 NO.	

씬장소		씬넘버	
헌팅장소			
담당자		연락처	
사용가능 기간			

공간특성 및 장단점	제작관련 점검사항
	소품 및 장비
	식당
일광 소음 및 장단점	주차
	기타사항

평면도 및 약도
<평면도> <약도>

[그림 4.5 헌팅보고서 양식]

5.2 로케이션 헌팅 시 체크사항

로케이션 헌팅에는 시나리오 상에서 요구되는 미학적 적합성과 동시에 촬영 진행의 용이성 이라는 실무적 적합성이 동시에 요구된다. 다음은 실무적 관점에서 반드시 고려되어야 할 사항들이며 [그림 4.6]은 로케이션의 필수점검 사항을 양식으로 만들어 놓은 것이다. 예비헌팅단계를 지나 확정헌팅 단계에서 로케이션에 대한 보다 정확한 정보를 공유하기 위해서 활용될 수 있겠다.

촬영장소 점검표 (Lacation Fact Sheet)		Production Title	
		Production Company	
		Director	
		Producer	

시나리오상 장소		신 넘버	
실제 촬영장소			
실제 촬영장소 주소		□ DAY	□ NIGHT
		□ INT	□ EXT
촬영장소 담당자			
담당자 연락처			

촬영 가능기간		촬영장 위치 (사무실로부터 거리)		비상연락망
일수		거리		
기간		시간		

편의시설	주차
□ 화장실	□ 그립차
□ 식당	□ 촬영차
□ 분장공간	□ 식당차(밥차)
□ 의상피팅 공간	□ 배우 차량
□ 배우 휴식 공간	□ 제작 차량
□ 철물점/ 문구점	□ 발전차
□ 스태프 휴식 공간	□ 기타 차량 (소품, 동시녹음 등)
□ 장비 보관 공간	

촬영장 상세		전기시설		
출입문 크기(가로/ 세로)		□	PHASE:	
천장높이		CIRCUITS:	AMPS:	VOLTS:
벽 재질/ 마감		촬영장으로부터 거리		
천장 재질/ 마감		안전시설		
바닥 재질/ 마감		□ 병원		
촬영장 기본 조명시설		□ 소방서		
기존 파손 및 손상		□ 경찰서		

사운드	기타 제작 점검사항

[그림 4.6 촬영장소 점검표 양식]

⟫ 사운드 SOUND(Noisy)

동시녹음과 관련하여 불필요한 사운드가 있는지 확인. 주변에 공사장이 있거나 공사계획은 없는지, 환풍기 및 건물외부의 소음발생 요소는 없는지, 촬영당일 주변에 특별한 행사는 없는지, 건물 내부인 경우 안내방송이 정기적으로 있는지 등을 미리 점검.

⟫ 숙식 Sleeping and Meals

촬영인원이 한꺼번에 식사를 해결할 수 있는 적당한 식당이 있는 지 확인. 식당 섭외에 무리가 있다면 도시락 업체나 캐터링 서비스 차량(Catering Service, 통상적으로 '밥차'로 현장에서 지칭)의 접근이 용이한 지 확인. 지방촬영 혹은 숙박이 필요한 촬영장소일 경우 촬영장 인접 숙소 파악이 필요.

⟫ 공간 및 편의시설 Space and Location Support

연기자들이나 스태프들의 휴식장소 및 촬영과 조명장비 및 각종 기자재를 보관할 수 있는 장소, 그리고 연기자들의 의상 및 간단한 소품을 보관할 수 있는 장소를 확보. 분장차, 의상차, 조명탑차, 발전차, 촬영버스 및 촬영 시 동원되는 많은 차량들의 주차공간 확보 및 사용가능 인접 화장실의 유무 확인. 촬영 중 필요로 할 수 있는 각종 소모품들을 구입할 수 있는 문구점, 철물점, 할인마트 등의 위치 파악.

⟫ 관공서 Police/Fire/Security

파출소나 소방서, 병원 및 관할 관공서 등의 위치파악. 차량 통행 제한이 필요하거나 위험한 지역에서 촬영 시 협조를 얻어야 할 관할 관공서와 인접 의료시설 동선확인.

⟫ 주변주민 Neighbors

촬영관련 발생할 수 있는 통행 및 기타 불편사항에 대해 현지 주민들에게 이해와 협조를 구해야 한다. 상가 지역일 경우 간판들의 소등여부, 동시녹음 관련 개를 기르는 집들의 소재파악, 주차관련 필요 시 주민들의 대체 주차공간 확보 등 파악.

전기사용 Power

발전차의 주차공간 확보 포함 모니터 및 기타장비 사용 시 이용할 수 있는
전기시설의 유무 파악.

교통 및 동선 Traffic/Access

교통체증 없이 촬영장소에 도착할 수 있는 동선을 파악하고 촬영당일, 공
사나 행사로 인한 교통통제 혹은 체증이 있는지 여부도 파악. 실내촬영일
경우는 비상 시 안전하게 탈출할 수 있는 동선을 파악.

태양광선과 조명 Daylight and Lighting

실외는 물론이고 실내 촬영일 경우에도 태양이 떠서 지는 방향 및 평균적
인 일조시간 등의 파악이 필요. 조명기를 설치해야 할 경우 장비차량의 주
차공간 확보 여부 및 주변건물 사용이 필요한 경우를 대비 섭외가능 여부
파악.

5.2 로케이션 헌팅 시 체크사항

각 지역에 위치한 영상위원회와 각 지방자치단체 문화관광 관련부서 담당자
를 통해 기본적인 로케이션 자료와 촬영장소 섭외에 도움을 받을 수 있다. 관
공서 및 특정 로케이션은 직접섭외가 불가하고 반드시 영상위원회를 통해서
촬영섭외가 가능한 곳도 있으니 참고하기 바란다.

[표 4.4 로케이션 헌팅 관련 업체 및 단체 리스트]

구분	지역	연락처	비고
한국영상위원회 www.filmkorea.or.kr	전국	02) 777-7092	서울, 부산, 전주, 경기, 인천, 대전, 청풍, 경남, 전남, 제주 영상위원회가 산하 네트워크로 구성. 2012년 현재 공식출범을 앞두고 서울영상위원회와 서버를 공유.
서울영상위원회 www.seoulfc.or.kr	서울	02)777-7092	행정업무지원 및 관공서 섭외지원

구분	지역	연락처	비고
부산영상위원회 www.bfc.or.kr	부산기반 경남일대	051)7200-301	로케이션 포함 각종 제작/기획개발 지원사업.
전주영상위원회 www.jjfc.or.kr	전주기반 전북일대	063)286-421~3	사단법인.
경기영상위원회 www.ggfc.or.kr	경기일대	032)623-8041~2	촬영물품 대여
인천영상위원회 www.ifc.or.kr	인천	032)455-7171	
청풍영상위원회 www.cpfc.or.kr	제천중심 충북일대	043)645-4995	강원 평창과 경북 영주 등 중부내륙권 네트워킹
경남영상위원회 www.gnfc.co.kr	경남일대	055)296-0303	사단법인.
광주영상위원회 www.gjfc.or.kr	광주중심 전남일대	062)674-4008	2012년 현재 한국영상위원회에는 가입되어있지 않음. 2012년 10월 사단법인 등록 후 2013년 1월 정상업무재개를 목표로 준비 중.
전남영상위원회 www.jnfc.or.kr	순천, 여수, 광양중심 전남일대	061)744-2271~2	사단법인. 이전 남도영상위원회.
제주영상위원회 www.jejufc.or.kr	제주	064)727-7800	장비임대 사업
강원영상위원회 www.gwfilm.kr	강원일대	033)253-7497	강원문화재단 산하 영상산업지원팀으로 로케이션DB구축하여 활동. 향후 영상위원회로 발전가능성 모색 중.
대전영상위원회 www.djacts.kr	대전기반 충남일대	042)479-4121/ 479-4145	대전문화산업진흥원 산하 영상산업부 소속
경북도청 문화예술과 www.gb.go.kr	경북일대	053)950-3571	경북영상위원회 업무를 흡수. 현재 로케이션협조업무만 담당.
대구시청 문화체육관광국 www.daegu.go.kr	대구	053)803-3784	영상위원회 부재로 대구시청에서 로케이션협조 업무만 담당.
아시아 영상위원회 www.afcnet.org		051)7200-317	아시아 필름커미션 네트워크. 아시아 지역 각국의 로케이션 정보공유 및 제작지원[1].

▶ Tip

[1] 현재 한국은 서울과 부산영상위원회를 포함하여 10개 영상위원회가 회원으로 활동. 호주, 중국, 일본, 필리핀, 러시아, 싱가포르, 미국 등 18개국 46개 영상위원회와 단체가 정회원으로 등록. 프랑스의 필름 프랑스(Film France), 한국의 나비 픽쳐스, 일본의 홋카이도 영상진흥연합회(Hokkaido Film Industry Promotion Association) 등 세 개 단체가 준회원으로 활동중이다.

5.4 로케이션 섭외

로케이션 섭외와 관련해서 반드시 점검하고 고려해야 할 사항은 아래와 같다.

- 장소의 실소유자와 현재 거주자 구분 여부
- 촬영내용의 정확하고 구체적인 설명 여부
- 촬영공간의 정확하고 구체적인 설명 여부(장비와 소품, 대기공간 포함)
- 촬영일시 및 소요시간(촬영준비시간과 정리시간 포함)의 고지 여부
- 촬영인원 및 규모(촬영장비, 차량 포함)
- 장소 사용료 지급 여부
- 촬영장소 주변 섭외 여부(주차공간, 소음, 조명, 교통통제, 장비설치 공간확보 등)

공공건물이나 장소는 책정되어 있는 장소대여비와 규정을 지키면 되지만 개인이 소유하고 있는 장소의 경우는 가능한 문서로 촬영과 관련된 내용을 정리하는 것이 필요하다. 대여비의 경우 촬영 당일 날 변경을 하는 경우도 발생할 수 있고 구두로 합의된 내용이 지켜지지 않는 경우가 발생할 수 도 있기 때문이다[1]. 개인이 소유하고 있는 장소에서 촬영을 진행한다 하더라도 주변 주민이나 차량의 통행에 지장을 주는 경우는 관할 경찰서 및 관공서의 허가를 받아야 한다. 촬영으로 인해 민원이 발생할 우려가 높은 지역은 사전에 안내문을 작성해 미리 고지하고 개별 방문해 양해를 구해야 한다. 특히 도로에서의 촬영은 촬영하고자 하는 내용, 장비 및 인력 운용계획, 촬영을 위한 세팅 및 철수 시간, 통제를 요하는 도로의 점용범위와 안전대책, 신호조작 등에 대한 구체적인 정보가 담긴 촬영계획표를 사전에 제공하고 촬영세부도를 작성해서 허가와 관련된 기관 담당자와 협의해야 한다. 로케이션 섭외와 관련해서도 각 지역별 영상위원회를 통해 촬영과 관련된 가이드라인을 제공받도록 한다.

> ▶ **Tip**
>
> [1] 장소대여를 위한 계약서 혹은 합의서 등의 문서를 작성할 경우 대여금액, 대여기간, 수리보상관련 조건 등에 대한 부분을 포함시켜 분쟁의 소지를 없애야 한다. 공항, 지하철, 한강시민공원 등 공공기관은 시간 당 촬영 장소대여료가 기준에 의해 책정되어 있으며 각 기관의 홈페이지를 통해 관련 내용을 확인할 수 있다.

06 | 예산 작성

100명의 감독에게 동일한 시나리오를 주어서 각자 영화를 만들면 100가지 버전의 다른 영화가 나오는 것과 같이, 100명의 프로듀서에게 동일한 시나리오를 주고서 예산작성을 한다 해도 각자 다른 100가지 결과가 나올 것이다. 즉, 프로듀서에게 예산작성이란 단순한 기능적인 작업수행이 아니라 영화를 바라보는 시각과, 영화에 대한 프로듀서 고유의 해석의 결과인 것이다. 여기에 산업적, 시장 상황 등에 따른 고려를 통해 최종적인 예산서가 산출된다. 따라서 합리적이고 적정한 예산이란 철저하고 디테일 한 시나리오 분석과 연출자인 감독과의 충분한 대화와 협의를 통한 작품적 분석, 그리고 영화를 둘러싼 산업적, 자본적 환경을 냉정하게 파악한 판단결과의 조합을 통해 가능하다.

프로듀서가 작성하는 예산서는 제작사 및 투자사와의 협의를 거치면서 최초예산서, 수정예산서, 최종예산서의 과정으로 진행된다. 어느 단계에서 어떤 항목이 수정되고 보완되는 지는 프로젝트의 성격과 환경에 따라 차이점이 있을 수 있겠지만 시나리오를 기반으로 분석해서 작성된 예산서(Below the Line에 해당)를 기본으로 배우캐스팅, 촬영장소 등을 바탕으로 수정이 진행된 후 투자사와의 협의를 통한 수정 과정을 거쳐 최종예산서가 작성된다. 투자사와의 투자계약서에는 시나리오와 최종예산서가 반드시 첨부되어야 한다.

6.1 예산 항목

예산항목별 정의와 명칭은 각 투자사별로 다소간의 차이가 있다. 따라서 투자사별 예산서 작성 시 각 투자사의 예산관련 담당자와 예산항목에 관한 명확하고 세부적인 합의와 정리가 반드시 필요하다. 투자사별로 예산항목 명칭 및 순서의 차이점을 보이기는 하지만 반드시 포함되어있는 필수적 항목들은 존재한다.

◈ 프리 프로덕션

프리 프로덕션 과정에 포함되는 항목은 크게 시나리오 개발비용, 기획 및 프로듀서 비용, 감독 연출과 관련된 비용, 주연과 주조연 배우의 개런티 등이다. 헌팅 진행비와 스토리보드 작가 인건비를 경우에 따라 프리 프로덕션 단계의 비용으로 처리하기도 하고, 프로덕션 단계의 비용에 포함시키기도 하는데 제작시스템을 합리화하고 계획에 따라 촬영함으로써 변동 위험성을 최소화한다는 취지에 맞춰보면 프리프로덕션 단계에 포함시켜 이해하는 것이 합당하다.

◈ 프로덕션

프로덕션 단계 항목으로는 조연, 단역 배우, 보조출연의 개런티, 제작부문, 촬영부문, 조명부문, 미술비, 세트비, 소품비, 의상비, 분장 및 미용비, 특수효과비, 동시녹음비, 촬영차량비, 운송비, 로케이션비용, 필름비용, 보험료 등이다. 프로덕션 과정항목은 스태프 인건비를 제외하고는 진행비 및 장비, 운수 등의 대여료로 크게 구성되어 있다. 장비와 관련해서는 대여비용을 작품계약인지 회차계약인지 월별결재 또는 주 단위 결재인지 아니면 촬영일별 결재인지를 계약단계에서부터 명확하게 할 필요가 있다.

◈ 포스트 프로덕션

포스트 프로덕션 항목은 편집, 음악, 믹싱, 색보정, cg, DI 등 후반작업 전체공정 항목과 동일하게 구분되어 있다. 포스트 프로덕션 항목의 특징은 용역계약 형태를 갖추고 있으며 대부분 시설대여 및 인력 고용을 포함하고 있다는 점이다.

6.2 예산작성시 점검사항

예전에는 순제작비 전체금액을 넘지않는 범위내에서 세부항목의 증감은 어느정도 용인 되었으나 최근들어 순제작비 전체금액을 초과하지 않는경우라도 세부항목의 일정기준의 증감은 인정하지 않는 것이 투자사의 일반적 추세이다. 경우에따라 순제작비가 초과되지 않는데도 세부항목으로 투자사의 출금이 용이하지 않을 수도 있으니 정확한 세부항목별 예산작성이 요구된다.

[표 4.5]에서는 단계별 세부항목별로 예산작성시 프로듀서가 고려해야 되는 내용들을 정리해 놓았다. 투자사별 항목에 따른 정의는 투자사 작품관리 담당자 혹은 투자사 소속의 프로덕션 슈퍼바이저와 정리하도록 한다.

[표 4.5 예산 작성시 주의를 요하는 세부 항목들]

구분		내용	비고
프리 프로덕션	기획료	인건비와 진행비로 구분되기도 하는데 일반적으로 제작사의 인건비로 이해.	전체항목 중 경상비와 더불어 투자사에서 제작사로 입금되는 것으로 정산이 완료되는 항목.
	원작	원저작권이 존재할 경우 저작권과 관련되어 지불하는 저작권료. 기존 영화를 리메이크할 때 지불해야 하는 판권료도 포함.	
	각본	시나리오 작가 인건비.	
	각색	각본 항목으로 완성된 시나리오를 수정, 보완, 정리하는 각색작가 인건비.	
	시나리오 진행비	시나리오 작업에 사용되는(각본, 각색 포함) 모든 진행성 경비. 자료조사비 항목이 별도로 존재하는 경우 책/dvd 등의 자료구입은 별도로 구분하여 정리.	
	프로듀서 진행비	프로듀서(제작사의 성격에 따라 제작자 포함)가 작품과 관련해서 발생하는 모든 진행비로 캐스팅 진행비를 포함시키는 경우도 있다. 프리 프로덕션 단계에서 포스트 프로덕션 단계까지 발생.	캐스팅진행비 항목이 별도 존재할 경우 구분.
	촬영준비 진행비	프리 프로덕션 기간 제작과 연출 파트에서 발생하는 경비로 식대, 교통, 유류, 귀가, 주차, 기타잡비 등으로 나뉜다.	헌팅, 콘티, 리허설, 워크숍 등의 진행비와 구분.
프로덕션	귀가비	촬영종료 후 이용할 수 있는 대중 교통이 없는 경우 지급되는 교통비. 실정산을 할 것인지 일정금액을 지급하는 것으로 할 것인지, 지급 범위는 어디까지로 할 것인지를 고려.	대중교통이 없는 시간에 집합하는 경우 발생하는 교통비는 별도의 교통비 항목으로 책정.
	프로덕션 진행비	프로덕션 기간 중 촬영이 없는 날 촬영준비 및 정리를 위해 제작/연출팀이 발생하는 진행성 경비.	

구분		내용	비고
포스트 프로덕션	후반작업 진행비	포스트 프로덕션 기간 중 제작과 연출파트에서 발생하는 진행성 경비로, 각 공정별 진행비 항목이 별도 책정되어 있는 경우는 이를 제외.	편집, 녹음, 색보정, 현상 진행비 등이 책정되어 있는 경우.
	경상비	투자사와 제작사가 합의한 제작기간 동안 제작사 운영비.	
	예비비	항목이 별도로 책정되어 있는 경우, 전체예산의 특정비율로 자동책정.	예비비 항목이 별도로 책정되어 있지 않은 투자사 예산서 양식도 있음.

07 콘티

01 글콘티 : 시나리오를 토대로 최초 작업하는 콘티로 그림이 들어가지 않은 상태에서 카메라의 위치나 화면전체에 대한 컨셉과 계획을 글로 정리하는 작업이다. 일반적으로 감독이 작업의 주체가 되며 필요에 따라 조감독이 참여할 수 있다.

02 초벌/최종콘티 : 글 콘티를 그림으로 구체화 시키는 작업으로 촬영, 조명, 미술 스태프의 참여가 필요하다. 필요하다면 음악감독 및 특효, CG 담당자 역시 작업에 참여하여야 한다. 초벌콘티와 최종콘티 작업 시 로케이션 헌팅 확정사항은 즉시 콘티작가에게 사진자료 및 관련자료를 전달하여야 하며 확정헌팅 시 콘티작가는 가급적 참여하도록 한다.

▶ **Tip**

[1] 콘티와 스토리보드는 큰 구분 없이 사용되고 있기는 하지만 사실 동일한 개념은 아니다. MEDIA2.0에서 출판한 〈영화사전〉에 의하면 스토리보드는 러프 보드(Rough Board), 프리젠테이션 보드(Presentation Board), 그리고 촬영 콘티(Shooting Continuity)로 분류되는데, 촬영콘티는 카메라워크, 앵글의 종류, 조명의 위치, 인물의 위치 등이 기록된 촬영 현장에서 직접적으로 필요한 스토리보드로 콘티의 상위개념으로 이해하는 것이 맞겠다.

▶ **Tip**

[2] Steven D. Katz는 자신의 저서 〈영화연출론〉에서 스토리보드의 목적을 두 가지로 정의한다. 첫째는 감독의 아이디어를 미리 시각화해주고 그것을 정교화 하는 것이고 둘째는 영화 제작 각 파트의 구성원들 간에 아이디어를 공유하고 소통시키는 것이다.

콘티는 콘티뉴어티(Continuity)의 줄임말로 스토리보드(Story Board)로도 불린다[1]. 시나리오를 토대로 각 화면의 배경, 인물, 동작, 카메라위치, 각도, 그리고 음악 등의 각종 사항들이 기입된 영화 전체의 작전계획표로, 콘티 작업을 거치면서 신별 컷 수가 정해지기 때문에 이를 기반으로 일정과 예산이 구체적이고 명확해질 수 있다. 콘티작업은 일반적으로 글콘티, 초벌콘티, 최종콘티의 단계로 구분되며 각 단계에서 다음 단계로 넘어가기 전에는 콘티관련 회의를 가지도록 한다.

콘티에는 기본적으로 장소와 시간, 등장인물, 상황, 인물의 대사와 동선, 카메라의 위치와 움직임, 기본 조명 세팅, 화면의 색감과 톤, 의상 및 소품 등이 기록되어야 한다. 보다 완벽한 콘티를 만들기 위해서 감독이 실제 촬영할 장소를 미리 확정하는 것이 중요하다.

콘티는 일반적으로 그림콘티를 의미하지만 글콘티로 컷을 구분하고 설명하는 방식, 카메라와 장비, 그리고 배우의 동선을 하나의 조감도로 그려낸 방식(Technical Storyboard) 등 다양한 형태의 콘티가 존재한다. 중요한 것은 형태가 아니라 감독과 제작, 그리고 스태프들이 각 장면마다 어떤 식으로 촬영이 진행될 것인가를 예측하고 준비할 수 있는 의사소통의 기준이 되는가 하는 것이다. 감독이 머릿속으로 그리고 있는 이미지를 스태프들이 최대한 정확하게 구현해 낼 수 있는 설계도이자 지도인 것이다. 제작파트에게 콘티는 예산작성의 기초가 된다는 점에서 중요하다. 각 신이 몇 개의 컷으로 나뉘어지는지, 장면당 셋업은 얼마나 되는지, 장면을 구현하기 위해서 카메라의 움직임이나 필요한 장비는 어떤 것이 있는지를 명확하게 판단해서 예산작성에 반영해야 한다[2].

고난이도 액션이나 대규모 군중이 등장하는 장면 등 시나리오나 스토리보드로 표현하기에 한계가 있는 장면의 경우 3D 사전시각화(3D Pre-visualization) 작업을 통해 프로덕션과 포스트 프로덕션 과정에서 발생할 수 있는 시행착오를 최소화할 수 있으며, 이를 통해 촬영일정과 예산의 과다지출을 막을 수

있는 효과가 있다. 특히 프로덕션 과정에서 수차례 테스트와 리허설이 필요
한 특수효과나 스턴트 액션의 경우 이러한 사전시각화를 통해 효율적인 테
스트 과정을 거칠 수 있는 장점이 있다. 모든 경우에 적용할 수 없겠지만 촬
영결과에 대한 예측이나 제작비에 대한 예상을 할 수도 있어 프로덕션 단계
에서 크지않은 비용으로 큰 비용의 지출을 막을 수 있는 방법으로 고려해볼
수 있겠다.

 # 002   일본 식당 앞 거리
(7년전)지진으로 당황하던 정인은 거리에서 두현을 만난다   DAY   LOCATION

6   (BS)
정인, 두현에게로 덮치는(더블액션)
결국, 두현 앞으로 '엄마야~'라며 퍽 엎어지는데
정인   "엄마야!!!"

7   (FS)
약부감 와이드샷
두현   (쓰러지는 정인을 잡아주며) ...한국
분이세요?

두현 정인에게로 주저앉는다

8   (2S 측면 FS)
정인   (반가워라! 끄덕끄덕) 하이 하이!
두현   (웃는) ...이러다 말테니까 걱정 마세요.
정인   아... 아리가또...
트랙인으로
그림교체

9   (두현 OS 정인)
그때 다시 땅이 흔들한다. 비명 지르며 눈 질끈 감고 달달
떠는 정인.

10   (정인 OS 두현)
두현   저기요, 정신 차리고, 제 눈 보세요!
두현, 그런 정인의 얼굴을 꽉 잡고 강인한 아이컨택으로
안심을 시킨다.

[그림 4.7 콘티의 예 – 〈내 아내의 모든 것〉]

S# 2	장소	카바레/안	I/O/D
	내용	기도와 족구를 하고 있는 완득 카바레가 어떻게 된 거냐고 묻는다	9CUT

정현, 어둠 속에서 화면 안으로 프레임 인하며

정현   완득이 왔냐?

정현에게 가볍게 인사하는 완득

맥주 박스에 몸을 기댄 정현 W.S(CUT IN)

정현   지난 주에 카바레 정사장 도망갔다.

정현 OS 기도1
가지고 있던 공을 정현에게 던지고, 음료수를 마시면서 오른쪽으로 가는 기도1를 PAN FOLLOW

기도1   장사가 안되니 별 수 있어? 문 닫아야지.

프레임 아웃하는 기도1

완득   ...

6c#과 동일

정현   도씨는 민구랑 시장 나간다고 하던데...

[그림 4.8 콘티의 예 - 〈완득이〉]

94

리허설(Rehearsal) 08

프리 프로덕션 단계에는 크게 두 가지 리허설이 필요하다. 첫 번째는 배우의 리허설(리딩 Reading)이고 두 번째는 스태프의 기술분야 리허설(테스트 촬영)이다.

주연 및 조연배우 캐스팅 후 감독의 주관아래 리허설과 대본 리딩을 진행한다. 리허설과 리딩을 통해 배우들은 작품과 캐릭터에 대한 나름의 분석을 마칠 수 있고 작품에 대한 개인적인 생각이나 방향, 캐릭터에 관한 의견 등을 교환할 수 있으며, 감독은 배우의 실제발성과 습관에 맞게 대사를 수정하거나 다듬을 수 있다. 따라서 리허설과 리딩은 프로덕션에서 소모적인 시간누수를 막을 수 있다는 점에서 단순한 배우들의 상견례 이상의 의미를 지닌다. 배우별 개별 리딩, 파트너별 리딩, 전체 리딩 등 상황과 조건에 맞게 진행을 하도록 하며 리허설과 리딩 단계에서 제안되거나 수정된 내용은 즉시 시나리오 및 콘티에 반영 되도록 한다.

기술분야 리허설은 배우관련 테스트 촬영과 기자재 테스트로 구분할 수 있는데 일반적으로 테스트 촬영을 통해서 동시에 진행되고 있다. 배우관련 테스트는 주요 배우들의 의상과 분장 등이 촬영결과물로 어떻게 보여지는지 확인하는 작업이고 기자재 테스트는 카메라, 렌즈, 조명 등 촬영에 사용되는 기자재가 날씨 및 주변상황에 따른 변화와 영화의 미술적 주요 색감 및 질감 등에 관한 결과값을 예측하는데 주 목적이 있다. 뿐만 아니라 장비 동원이나 인력 동원이 많은 장면인 경우에는 장비 등의 실제적 운영, 보조출연자들이나 보조차량 운영, 배우의 동선, 주변환경을 체크하는 전체 리허설이 필요한 경우도 있다. 이런 경우 시간과 비용이 발생하기도 하겠지만 더 많은 시간과 비용을 절약할 수 있다는 점을 잊지 말아야 할 것이다.

09 보험(Insurance)

일반적으로 한국영화가 작품과 관련되어 가입하는 보험은 인보험과 장비보험, 크게 두 가지로 나뉜다. 인보험은 배우를 포함한 스태프의 상해보험, 장비보험은 촬영, 조명, 동시녹음 등 기자재의 손실과 관련된 보험으로 이해하면 된다. 외국의 제작시스템과 비교했을 때 한국의 제작환경이 그들보다 상대적으로 합리적이고 체계적이지 못한 분야 중 하나가 보험 분야이다. 예산항목만 살펴봐도 차이점을 확인할 수 있는데, 우리나라 대부분 예산서의 보험관련 항목은 사람보험과 장비보험, 이렇게 두 항목으로 구성되어있는 반면 미국이나 유럽은 기본적으로 열 개 이상의 항목으로 세분화 되어있다[1]. 미국의 경우 제작비의 2~3%를 보험관련 예산으로 책정할 만큼 제작진행의 불확실성이라는 불안요소를 최소화하기 위한 장치로서 보험에 대한 예산투여가 일반적이지만 우리의 경우는 작품의 예산규모나 위험도 등 영화별 특성에 따른 보험예산의 차이가 극히 미비한 것이 현실이다[2]. 보험이란 제도가 미래의 불확실성에 대한 최소한의 보장이라는 목적을 가진 만큼 보다 합리적이고 체계적인 접근이 필요하다.

인보험의 경우에는 상해보험에서의 각 파트별 위험등급을 정확하게 파악하고 협의하는 것이 필요하고 가입기간도 파트별로 구분을 두는 것이 중요하다. 장비보험의 경우는 장비업체의 대여비용에 보험료가 포함되어 있는 것이 일반적이고 제작사가 개별적으로 보험에 가입하는 것 보다 장비업체의 일괄보험체결이 보험료 부분에서 이득을 볼 수 있기에 합리적이라 하겠다. 촬영 시 사용되는 기자재인 경우 보험에 가입하지 않은 상태에서 분실 및 파손이 되었을 때 보상금액의 규모와 책임소재가 부담이 되는 경우가 발생할 수 있음으로 보험가입 여부를 반드시 확인하는 것이 중요하다.

영화보험업체는 영화작업의 특성상 아래의 두 업체 이외에는 실제적으로 효율적인 보험가입이 진행되지 않는 것이 현실이다.

▶ Tip

[1] 미국의 경우, Workers' Compensation and Employer's Liability와 Comprehensive General and Automotive Liability(CGAL), 이렇게 두 가지 보험은 촬영 허가를 얻는데 있어서 필수적이고 기본적인 조건이며 주법으로 구비할 것을 요구하고 있다.

▶ Tip

[2] 미국의 경우, 장비보험, 사람보험, E&O 보험 등을 한꺼번에 포함하는 영화 촬영을 위한 보험 패키지 Insurance Package에 가입하는 것이 일반적이다.

[표 4.6 보험 업체 리스트]

구분	연락처	주요 작품
LIG	오영준 010-2409-1918	간기남, 점쟁이들, 시체가 돌아왔다, 돈의 맛, 댄싱퀸, 페이스메이커, 내가 살인범이다, 최종병기 활
동부화재	류인종 010-3201-3606	결정적 한방, 범죄와의 전쟁, 마마, 헤드, 나탈리, 이층의 악당, 퀴즈왕, 그대를 사랑합니다, 반가운 살인자

Production
영화 촬영하기

크랭크 인(Crank In)에서 크랭크 업(Crank Up)까지의 프로덕션 기간은 실제적인 영화촬영(Pincipal Photography)이 이루어지는 단계로 영화 제작 전체의 중심이 되는 기간이다. 프로듀서에게 프로덕션 단계는 일정과 예산이라는 두 축을 중심으로 진행된다. 예산과 일정은 프로덕션이 시작되면서 새롭게 시작되는 것이 아니라 프리 프로덕션에서 계획된 예산과 일정의 실행으로 이해하면 된다. 다시 말해서, 빈틈없는 프리 프로덕션 진행이 누수 없는 프로덕션으로 귀결된다.

일반적으로 촬영 편의와 경제성이라는 관점에서 영화 촬영이 계획되고 진행되지만 배우의 감정, 연출자인 감독의 리듬 역시 중요하게 고려해야 할 요소이다. 정해진 예산 안에서 최대한 완성도를 끌어올리기 위해 예산과 일정 투입을 집중해야할 장면이 어떤 장면인지 감독과 끊임없이 논의하는 것이 프로듀서에겐 중요할 것이다. 일정이 진행되고 예산이 집행되는 현장관리 또한 프로듀서가 간과할 수 없는 부분이다. 모든 단계에서 동일하겠지만 프로덕션 단계에서는 파트별 원활한 커뮤니케이션이 그 무엇보다 중요한 덕목이다.

01 프로덕션 일정관리

프로덕션 일정관리를 위한 기본적이고 필수적인 문서는 아래와 같다.

- 전체 촬영일정표
- 일일 촬영계획표
- 프로덕션 리포트

전체 촬영일정표는 회차별, 월별 등으로 구분하여 작성한다. 회차별 촬영일정표에는 파트별 준비사항과 점검사항을 구체적으로 기재하는 것이 필요하고 월별로 구분된 달력식 촬영일정표는 장소, D/N 구분 등 기본적인 내용만 제공해서 한눈에 전체 일정을 파악할 수 있게 하는 것이 중요하다.

[그림 5.1]은 일일 촬영계획표의 예이다. 일일 촬영계획표를 통해 당일 촬영의 준비와 점검을 철저하게 하고 [그림 5.2]를 통해 제시된 프로덕션 리포트(혹은 데일리 리포트 Daily Report)를 통해 당일 촬영의 평가와 반성, 그리고 향후 일정 등에 대한 계획을 세우도록 한다[1]. 프로덕션 리포트의 경우에는 이후 마케팅 자료로 활용되기도 하며 현장에 상주하지 못하는 제작사와 투자사 담당자에게 현장 진행상황을 알려주는 기록의 역할도 한다. 무엇보다 제작부서에게 있어서 계획과 실행을 통한 평가라는 과정에서 얻는 내용들은 이후 작품을 준비하는 데 중요한 자료로 활용될 수 있다.

거듭 강조하지만 일정과 예산은 불가분의 관계이다. 프로덕션에서 뚜렷한 목적 없이 흘러가는 시간은 곧 예산의 낭비로 직결된다. 또한 일정관리가 원활하지 못하면 예산뿐 아니라 작품의 전체적인 완성도에도 영향을 미친다.

N/n	일일촬영계획표	PRODUCTION	
		TITLE	
		DIRECTOR	
		PRODUCER	

촬영일자		일출 일몰		날씨		집합시간		장소	

촬영순서

S#	장소	촬영장소	D/N/H	L/S/O	C#	내용	등장인물	비고

Staff 준비사항

연출/제작	촬영/조명	분장/헤어	의상

미술/소품	특수효과/CG	동시녹음	차량

Call Sheet

배우	시간	장소			남	녀	배역
			보조출연	노역			
				중년			
				청년			
				아역			
				총		시간	장소
				출연자		배역	
			액션				
비상연락망							
				시간		장소	

[그림 5.1 일일 촬영계획표 양식]

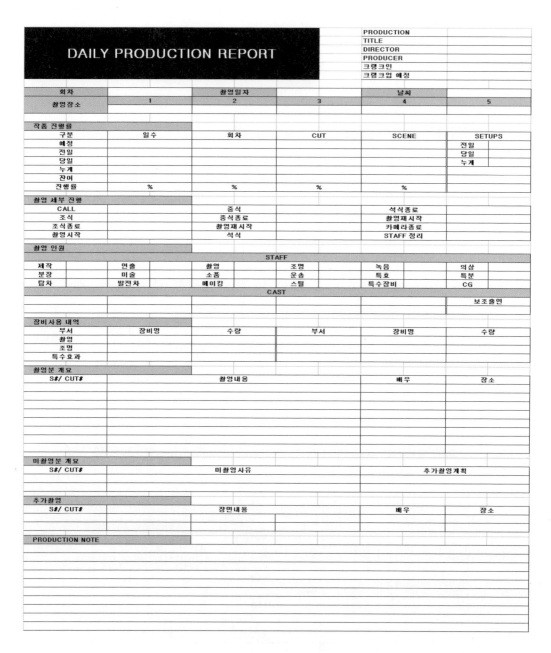

DAILY PRODUCTION REPORT

PRODUCTION	
TITLE	
DIRECTOR	
PRODUCER	
크랭크인	
크랭크업 예정	

회차		촬영일자			날씨	
촬영장소	1	2		3	4	5

작품 진행률

구분	일수	회차	CUT	SCENE	SETUPS	
예정					전일	
전일					당일	
당일					누계	
누계						
잔여						
진행률	%	%	%	%		

촬영 세부 진행

CALL		중식		석식종료	
조식		중식종료		촬영재시작	
조식종료		촬영재시작		카메라종료	
촬영시작		석식		STAFF 정리	

촬영 인원

STAFF									
제작		연출		촬영		조명		녹음		의상	
분장		미술		소품		운송		특효		특분	
탑차		발전차		메이킹		스틸		특수장비		CG	

CAST								
							보조출연	

장비사용 내역

부서	장비명	수량	부서	장비명	수량
촬영					
조명					
특수효과					

촬영분 개요

S#/ CUT#	촬영내용	배우	장소

미촬영분 개요

S#/ CUT#	미촬영사유	추가촬영계획

추가촬영

S#/ CUT#	장면내용	배우	장소

PRODUCTION NOTE

[그림 5.2 프로덕션 리포트 양식]

프로덕션 예산관리 **O2**

프로덕션 예산관리를 위한 기본적이고 필수적인 문서는 아래와 같다.

- 청구/정산서
- 캐쉬 플로우
- 소진율표(코스트 리포트)

01 캐쉬 플로우(Cash Flow) : 사전적 의미 그대로 자금의 흐름을 뜻한다. 자금은 유입(Cash Inflow)과 유출(Cash Outflow)로 구분되는데, 영화 예산 관리라는 측면에서 전체 일정상 유입과 유출이 되는 시기와 금액에 대한 로드맵이라고 이해하면 되겠다. 투자사와 제작사간의 자금 청구와 입금에 필수적인 문서이다.

청구서는 제작사가 투자사에게 청구하는 청구서와 제작팀이 제작사에 청구하는 청구서로 구분할 수 있다**❶**. 제작사가 투자사에 출금을 요청하는 청구서, 그리고 제작팀이 제작사에 출금을 청구하는 청구서 양식은 각 투자사와 제작사 소정양식에 따르도록 한다. 중요한 건 청구서에는 내역서 및 증빙서류가 첨부되어야 한다는 점이다. 인건비 및 장비사용료를 청구할 경우 이에 따른 계약서가 반드시 첨부되어야 하며 진행비의 경우에는 구체적이고 세부적인 내역서가 반드시 필요하다.

[그림 5.3]은 정산서 양식의 예를 제시한 것이다. 정산서는 주간정산서, 일일정산서, 회차정산서, 진행비정산서 등으로 구분될 수 있는데 예에서 제시된 기본적인 내용은 포함하고 있어야 한다. 프로듀서는 정산서 결제시 현금시제와 통장시제를 정산서와 함께 확인해야 한다. 미정산 내역이 있을 경우 별도의 미정산내역 서류를 작성해 별도로 관리하도록 한다.

예산관리는 제작부서 업무의 핵심이다. 투자사와 협의된 예산서를 기준으로 자금출금계획을 작성하고 합의된 단위에 맞춰 청구와 정산을 집행해야 한다. 프로덕션이 진행되기 전에 제작부서는 제작사와 협의하여 청구와 정산은 주단위로 할 것인지 회차단위로 할 것인지, 결제라인은 어떻게 할 것인지, 미정산에 대한 처리는 어떻게 할 것인지, 증빙에 대한 가이드라인은 어떻게 정할 것인지, 진행비의 인정 범위는 어떻게 할 것인지 등에 대한 명확하고 구체적인 기준을 정해야 한다.

▶ Tip

❶ 제작사에 따라 청구서를 지출 결의서로 부르기도 한다. 제작사가 투자사에 청구하는 방식은 캐쉬 플로우에 의거해 투자사별 내규가 있으며, 제작파트가 제작사에 청구하는 방식도 제작사별로 회차별, 사안별, 일정 분기별 등 차이가 있다.

정 산 서	결 제			
	회계담당			
	제작실장			
	프로듀서			
	제 작 사			

작 품 명	
정산회차	
정산일시	
사용부서	

지출정산

code	항목	금액	사용일자	내역	구분	세부내역	증빙	사용자	VAT
000 소계		₩0						VAT소계	₩0

code	항목	금액	사용일자	내역	구분	세부내역	증빙	사용자	VAT
000 소계		₩0						VAT소계	₩0

| 지출 총계 | | ₩0 | | | | | | VAT 합 | ₩0 |

입금정산

code	항목	금액	입금일자	내역	구분	세부내역	증빙	사용자	VAT
소 계		₩0						VAT소계	₩0

	지출 누계	₩0		
	당회차 미정산액	₩0		
지 출	당회차 지출액	₩0	vat 누계	₩0
	미정산 환급액	₩0	당회차 vat	₩0
	지출 총액	₩0	vat 합	₩0

	입금누계	₩0	vat 누계	₩0
입 금	당회차 입금액	₩0	당회차 vat	₩0
	입금총액	₩0	vat 합	₩0

전회차 잔액	₩0
당회차 순지출액	₩0
잔액	₩0

[그림 5.3 정산서 양식]

프로듀서는 캐쉬플로우(Cash Flow)와 소진율표[그림 5.4], [그림 5.5]를 통해 예산이 진행되는 상황을 늘 인지하고 발생 가능한 문제점들을 미리 파악해서 조치를 취할 수 있도록 해야 한다. 예산집행 상황을 소진율표를 통해 확인하며, 일정표를 통해 남은 촬영과 촬영일정을 동시에 연동시켜 파악하는 것이 필요하다. 배우나 스태프, 업체 등 계약에 따른 자금집행은 금액의 규모가 크기 때문에 투자사의 자금 현황을 고려하면서 자금집행의 시기를 캐쉬플로우에 기재하여야 한다.

작품 소진율

	작품명	
	제작사	
	감독	
	프로듀서	

대	소	항목	예산	투자사 출금합계	청구합계	정산합계	투자사 잔액 (예산-출금)	청구잔액 (출금-청구)	정산잔액 (청구-정산)	출금 진행율 예산 대비	청구 진행율 출금 대비	정산 진행율 예산 대비	정산 진행율 청구 대비
순제작비 전체 / 합계										%	%	%	%
DEVELOPMENT													
1000	0	기획비											
1000	1	기획인건비											
1000	2	기획진행비											
1000	3	캐스팅디렉터											
1000	4	캐스팅진행비											
1001	0	시나리오											
1001	1	원작											
1001	2	각본											
1001	3	각색											
1001	4	대본제작											
1001	5	번역											
1001	6	대본진행											
PRE-PRODUCTION													
2001	0	제작파트											
2001	1	프로듀서											
2001	2	프로듀서진행비											
2001	3	제작실장											
2001	4	제작부											
2001	5	제작회계											
2001	6	제작부차량											
2001	7	제작진행비											
2001	8	제작연출비품											
2001	9	프로덕션수배비이자											
2002	0	연출파트											
2002	1	감독											
2002	2	감독진행비											
2002	3	조감독											
2002	4	스토리보드											
2002	5	현장편집											
2002	6	콘티진행											
2002	7	연출진행비											
2002	8	자료구입조사											
2003	0	주연배우											
2003	1	주연											
2004	0	진행비											
2004	1	촬영준비진행비											
2004	2	헌팅진행											
2004	3	테스트촬영											
2004	4	워크샵											

[그림 5.4 예산 소진율표 양식 I]

순제작비 예산서

작 품							작 성 일		
제 작 사							출 력 일		
감 독									
프로듀서									

대	소	항목	예산	집행액	잔액	비고	점유율	소진율
		순제작비 합계					%	%
		유제작비						
1000	0	기획비						
1000	1	기획인건비						
1000	2	기획진행비						
1000	3	캐스팅디렉터						
1000	4	캐스팅진행비						
1001	0	시나리오						
1001	1	원작						
1001	2	각본						
1001	3	각색						
1001	4	대본제작						
1001	5	번역						
1001	6	대본진행						
		DEVELOPMENT 합계					%	%
2001	0	제작파트						
2001	1	프로듀서						
2001	2	프로듀서진행비						
2001	3	제작실장						
2001	4	제작부						
2001	5	제작회계						
2001	6	제작부차량						
2001	7	제작진행비						
2001	8	제작연출비품						
2001	9	프로덕션슈퍼바이저						
2002	0	연출파트						
2002	1	감독						
2002	2	감독진행비						
2002	3	조감독						
2002	4	스토리보드						
2002	5	현장편집						
2002	6	콘티진행						
2002	7	연출진행비						
2002	8	자료구입조사						
2003	0	주연배우						
2003	1	주연						
2004	0	진행비						
2004	1	촬영준비진행비						
2004	2	헌팅진행						
2004	3	테스트촬영						
2004	4	워크샵						
		Pre Production 합계						

[그림 5.5 예산 소진율표 양식 II]

진행비의 경우는 숙박, 식대, 유류 등 따로 문서를 만들어서 회차별로 집행
금액을 기재하며 관리하는 것도 필요하다. 투자사에 따라 프로덕션 슈퍼바
이저(Production Supervisor)가 현장에 상주하는 경우는 프로덕션 슈퍼바
이저를 통해 예산집행을 조정할 수 있다.

프로덕션 현장관리 O3

현장관리가 프로듀서 업무의 전부는 아니지만 필수불가결한 요소 중 하나임에는 틀림이 없다. 무엇보다 원활한 현장진행 및 관리는 전체일정과 직접적인 연관을 가지고 이는 바로 예산관리와 맞물려있기 때문이다. 촬영이 지연되고 계획된 계획에 따라 진행되지 않는다면 원인과 이유를 즉시 파악하여 즉각적으로 해결하는 것이 무엇보다 중요하다. 다음은 촬영진행에 있어 반드시 점검해야 할 체크리스트다.

3.1 촬영 전 업무

- 일일 촬영계획표 작성 확인 및 내용 점검
- 촬영장소 약도 작성
- 촬영일 기상 점검
- 촬영지 섭외 및 변동사항 확인
- 장비와 인원의 수급 및 이동계획
- 숙박 및 식사장소 확인
- 제작비품 구비여부 확인
- 배우 스케줄 및 변동사항 확인
- 스태프 별 준비사항 점검

3.2 촬영일 업무

- 촬영지 책임자 미팅 및 촬영진행관련 재확인
- 촬영관련 주차공간 확보
- 촬영장소 이동 필요 시 이동경로 진행
- 촬영 시 스태프 간 원활한 의사소통 진행
- 촬영 시 숙식관련 진행
- 촬영관련 발생비용 집행

3.3 촬영 후 업무

- 프로덕션 리포트 작성
- 촬영지 사후관리 점검
- 촬영된 데일리(DVD Dailies 혹은 필름 텔레시네) 확인[1]
- 편집소스(SD 혹은 BETA 테이프) 편집실 전달 확인
- 프로덕션 진행비 진행상황 점검

Tip

[1] 필름 촬영일 경우, 촬영된 필름을 현상소에서 필름을 비디오 포맷으로 바꾸는 텔레시네 작업을 한 후 베타 테이프 형태로, 디지털 촬영일 경우에는 촬영된 디지털 소스를 DI업체에서 DVD 형태의 데일리와 편집용 SD 영상으로 다운 컨버팅한 후 편집실에 넘긴다.

프로덕션 현장관리와 관련해 기본적인 원칙에 대해 미국의 프로듀서 Ralph S. Singleton가 자신의 저서 Film Scheduling을 통해 기재한 내용을 우리나라 실정에 맞게 의역하였다.

Rule Number One : If In Doubt - Ask!

궁금한 게 있거나 확실하지 않은 것이 있으면 물어보라는 것은 지극히 당연한 것이 아니냐고 생각할 수 있다. 굳이 원칙으로 제시하지 않아도 누구나 인식하고 있는 항목이라고 생각할 수 있다. 아니다! 이것은 단순히 제작부 A가 제작팀장 B에게 '발전차 주차공간을 이곳으로 하려 하는데 어떤지요?'를 물어보거나 조명부 C에게 세트장 촬영 시 추가로 사용될 장비가 어떤 것인지 혹은 미술팀 세팅을 도와주면서 미술팀 D에게 이 파란색 페인트를 저 곳에다 칠하면 되는지를 물어보는 것에 국한되지 않는다. 물론 위에 언급한 질문들도 반드시 필요한 것이고 꼭 확인해봐야 하는 사안들이다. 하지만 질문을 해서 확인을 하는 것은 이보다 더 확장된 개념까지 감안해야 한다. 이에 대해서 헐리우드의 유명한 일화가 있다. 시드니 폴락(Sydney Pollack) 감독의 영화의 촬영을 진행하던 중 로케이션 매니저(Location Manager)가 링컨 기념관(Lincoln Memorial)과 워싱턴 기념비(Washington Monument)의 조명이 언제 어느 시점에서 꺼지는 것을 확인하는 것을 잊어버렸다. 촬영당일, 촬영준비 도중 백여 명이 넘는 스태프들과 배우들이 지켜보는 가운데 동상과 기념비를 비추고 있던 조명이 서서히 꺼지기 시작했다. 금요일 저녁에는 미리 프로그래밍 되어있는 타이머가 조명을 끄도록 되어있는 사실을 아무도 몰랐던 것이다. 급하게 워싱턴 관할 경찰에게 협조를 구하고 조명팀이 조명기의 스위치 박스를 조절해서 촬영은 무사히 진행되었으나 매우 작은 질문 하나 하는 수고를 무시하는 바람에 $100,000의 추가비용이 발생하게 되었다.

이러한 재앙에 대해서 일에 실무책임이 있는 로케이션 매니저의 잘못이라고 생각할 수 있다. 틀린 말은 아니다. 하지만 제작부서란 제작기간 중 일어난 모든 일에 대해서 책임을 져야 한다. 로케이션 매니저가 조명과 관련해서 점검을 했는지 아닌지를 프로덕션 매니저(Production Manager)가 '물어'봤더라면 이런 사태는 벌어지지 않았을 것이다. 헌팅 당시에는 환하게 켜져 있는 광화문의 조명이 촬영당일 역시 그러리

라고 누가 장담할 수 있는가. 물어보라! 섭외한 건물이 그 당시에는 멀쩡했지만 촬영당일 보수공사가 들어간다면 어떻게 하겠는가. 물어보라! 귀찮을 수도 있겠고 번거로울 수도 있겠지만 작고 사소한 질문 하나가 수백 수천의 추가비용과 많은 스태프들의 수고와 노력을 덜 수 있다는 것을 명심하자.

Rule Number Two : Never Assume Anything

만약 영화제작과 관련된 어떠한 공정에 대해서 제작부서가 임의로 판단하기 시작하면 반드시 재앙적 결과로 귀결된다. 광화문 촬영의 예를 들어보자. 특정한 날 밤 촬영을 나갔는데 당연하다고 여겼던 광화문을 비추던 조명기의 빛이 없다면 어떻게 할 것인가. 제작부 A는 헌팅 때 확인했던 것처럼 촬영당일에도 당연히 조명이 들어올 것이라고 임의로 판단했다. 제작팀장 B는 제작부 A가 조명을 포함해서 모든 촬영준비를 잘 했으리라고 임의로 판단했다. 감독 C는 오늘 촬영준비는 다 잘 진행되었을 거라고 임의로 판단했다. 결과는 촬영이 취소되거나 그날 계획했던 촬영분량을 다 소화하지 못하거나 아니면 추가비용을 지출하고서야 촬영을 진행할 수 있는 상황이 되는 것이다. 추측하지 말라! 확실하다고 말한다면 그렇게 말할 수 있는 근거를 제시해야 한다.

Rule Number Three : Always C.Y.A.(Cover Your Ass)

진행사안에 대한 리스트를 만들어라. 업무를 정리하고 체계화해라. 점검하고 다시 점검하고, 또 다시 모든 것들을 점검해라. 생각할 수 있는 모든 사안들, 그리고 일어날 수 있으리라 예상되는 모든 상황들에 대해서 분석하고 점검하고 대비해라. 어떻게 보면 제작부서는 촬영기간 중 일어날 수많은 문제들을 해결하고 미리 준비해서 그러한 문제들의 가짓수를 줄이는 것이라고 할 수도 있다. 얼마나 디테일 하게 세부적인 사항까지 예상하고 준비하고 대비할 수 있는지가 중요하다. 프리 프로덕션 단계에서 준비하지 못하고 미리 예상하지 못한 일이 결국 촬영 현장에서 문제점으로 발생하였을 때, 자신을 바라볼 스태프들의 그 수많은 눈들을 생각해 보라. 후반작업을 원활하게 진행하지 못해서 개봉시점을 맞추기 힘들어질 수도 있는 상황이 발생했을 때 그 난감하고 절망적인 순간을 생각해 보라. 누가 대신해주는 것이 아니다. 작품이 진행되는 동안은 아무도 믿지 마라. 동료에 대한 신뢰와 믿음을 가지지 말라는 것이 아니라, 업무에 관한 한 자신을 제외하고는 아무도 책임져 줄 수 없다는 사실을 늘 명심하라.

영화제작에 있어서 제작부서가 늘 마음에 두어야 할 단어는 크게 두 가지, 시간과 돈이다. 이것이 확보된 상태에서 감독과 작품에 대한 완성도를 이야기할 수 있고 스태프들과 미학적인 측면에서 작품에 대한 이야기를 할 수 있다. 얼마만큼의 시간과 얼마만큼의 비용이 발생하는지에 한시라도 관심을 잃어버리면 안 된다. 결국 제작부서 업무의 성공의 기초는 이 두 가지 질문 : 'How much money?' 그리고 'How much time? 에 대해서 얼마나 상세하고 실현가능하며 효율적인 대답을 할 수 있는가에 달려있다.

04 해외촬영

해외촬영은 영화촬영이라는 관점에서 국내촬영과 기본적으로 동일하다. 하지만 비자, 출입국, 통관 등 해외에서 촬영하기 때문에 반드시 점검하고 확인해야 할 사항들이 있다. 뿐만 아니라 해외 촬영지의 문화차이와 규정 등을 미리 숙지해야 이로 인한 촬영의 지연이나 문제를 미연에 방지할 수 있다.

해외촬영시 체크리스트는 Eve Light Honthaner가 저술한 The Complete Film Production Handbook에 해외촬영과 관련해서 기술된 내용을 우리의 실정에 맞게 요약해서 정리한다.

≫ 국경을 건너기 전에(Before You Cross the Border)

- 현지 촬영지와 관련된 영상위원회, 관광청, 대사관 등으로부터 촬영과 관련된 정보를 얻는다. 필요한 서류나 허가를 알아본다.
- 현지 촬영경험이 있는 제작팀 혹은 현지 코디네이터로부터 정보를 얻는다.
- 현지 출입국관리소로부터 워크 비자와 관련된 현지 정책, 필요조건, 제한사항 등을 확인한다. 국가에 따라 자국의 영화 산업과 인력을 보호하기 위해 엄격한 규정을 적용하기도 한다[1].
- 세금감면, 인건비환급 등 유용한 규정이 있는지 확인한다.
- 현지에서 촬영진행을 도울 현지 코디네이터나 제작사를 섭외한다.
- 계약과 관련해서 현지 변호사 혹은 법률대리인을 고용해야 할 필요가 있을 경우 한국의 법률대리인을 통해 진행한다.
- 현지법인 설립의 필요성이 있는지 확인한다.
- 현지에서 생활하기 위해 필요한 예방접종이나 방역을 확인한다. 해외여행질병정보센터(http://travelinfo.cdc.go.kr)를 통해 필요한 정보를 얻는다.
- 여행사를 통해 항공편을 예약한다. 스태프의 단체할인이 가능한지, 소품, 의상 등 화물운송관련 혜택을 받을 수 있는 사항들이 있는지 확인한다.
- 스태프와 배우의 여권만료기간을 확인한다. 병역의무자인 경우 국외여행신청서를 작성해야 하며 병무청(www.mma.go.kr)을 통해 허가 절차 정보를 얻을 수 있다.

> **▶ Tip**
>
> [1] 해외에서 촬영을 할 경우에는 해당 국가에서 일을 하는 것이기 때문에 취업이 가능한 비자가 필요하다. 미국에서는 주로 문화예술교류를 위해 발급하는 O1, O2 비자를 발급받아야 한다. 비자의 종류와 성격, 소요 일정 등은 국가별로 다르기 때문에 촬영 국가가 정해지면 가장 먼저 비자 문제를 확인하는 것이 좋다.

- 현지 스태프나 배우 고용 시 현지 해당조합의 고용조건을 확인한다. 해고수수료, 연장계약 조건 등의 정보를 얻는다.
- 국내와 현지의 화물운송업체와 관세사에 관한 정보를 얻고 계약을 진행한다. 통관과 관련된 세부적인 규정과 절차에 대해 관세사를 통해 업무를 진행한다. 까르네(Carnet)가 필요한 경우 이와 관련된 업무를 진행한다. 필요하다면 현지의 국내 대사관, 영사관, 상공회의소, 한인회 등에 업무협조 요청을 한다.
- 현지 촬영 시 스태프 및 배우, 그리고 장비 보험과 관련된 내용을 확인한다.
- 현지 응급 의료시설과 병원에 관한 정보를 얻는다.
- 외환송금을 위한 한국은행 기타자본거래 신고를 한다[1].
- 송금과 관련하여 현지 프로덕션 컴퍼니의 계좌를 이용하거나, 필요 시 현지에 은행계좌를 직접 개설한다. 은행계좌 개설과 관련해 필요한 서류가 있는지 확인하고 진행한다.
- 국내에서 장비를 가져가는 경우 현지의 장비와 호환가능한지 확인한다. 전기나(110V 혹은 220V) TV 방송시스템(PAL 혹은 NTSC) 등을 확인한다.

⊚ 배우와 스태프에게 제공되어야 할 정보들(Supplying Information to Cast and Crew)

- 현지와 관련된 기본적인 정보들 : 국내와의 시차, 교통 및 통신, 숙소 정보, 날씨, 국내 전자제품 사용 가능여부 등
- 개인물품 선적 규정
- 환율정보, 환전 방법 및 환전소 정보
- 현지 문화와 관련 유의해야 할 사항들
- 기본적인 현지언어 표현들
- 기본적인 현지법률 및 규범들
- 장비, 물품 등의 포장, 인식표, 서류작업 절차
- 출입국 및 통관관련 정보
- 현지 주요 시설 약도
- 응급의료시설 정보
- 지역휴일 정보
- 무게와 치수의 변환 혹은 환산표

02 까르네(Carnet) : ATA 까르네(Carnet)가 정식명칭. ATA는 Admission Temporaire(불어)와 Temporary Admission(영어)의 합성어이며 Carnet는 불어로 표 혹은 증서라는 뜻으로 물품의 무관세임시통관증서를 뜻한다. ATA 까르네는 ATA협약 70여개 가입국간의 일시적으로 물품을 수입/수출 또는 보세운송하기 위해 필요로 하는 복잡한 통관서류나 담보금을 대신하는 증서로서 통관절차를 신속하고 편리하게 하는 제도. 보다 자세한 정보는 대한상공회의소 무역인증서비스센터 홈페이지 참조(http://cert.korcham.net).

▶ Tip

[1] 외환법에 따라 영화제작비를 해외에 송금할 경우에는 한국은행에 기타자본거래 신고를 해야 한다. 신고서, 사유서, 계약서 등을 첨부해야 하며, 신고 된 금액 이상을 송금할 경우, 수정신고를 해야 송금이 가능하다. 신고서가 승인되는 데는 약 2주가 소요되니 미리 준비하는 것이 좋다.

▶ Tip

해외촬영과 관련해서는 영화진흥위원회에서 발간된 〈국제 공동제작 사례집〉을 참고하면 좋겠다.

Post Production
[영화 후반작업하기]

촬영종료(Crank Up)부터 개봉까지의 기간인 포스트 프러덕션은 촬영된 오리지널 소스를 재가공하는 제2의 창작기간이라 할 수 있다. 프로듀서는 포스트 프로덕션 스케줄과 예산을 재점검 하는 것으로 포스트 프로덕션을 시작한다. 하지만 포스트 프로덕션의 실질적인 작업은 프로덕션 제작과정이 끝나고 시작되는 것이 아니라 제작 과정과 동시에 진행되어야 한다. 나아가 '디지털 시네마'라는 개념이 점점 더 확산되고 있는 요즘 제작환경에서 프리 프로덕션 과정에서 포스트 프로덕션 관계자들의 적극적이고 실질적인 참여는 더욱 더 요구된다.

포스트 프로덕션은 방대하고 복잡한 공정이며 기술적인 세부사항을 기재하려면 따로 책 한 권 분량의 설명이 별도로 필요할 것이다. 특히 디지털 프로세스의 도입은 과정의 전문성과 장비의 다양성으로 인해 외국처럼 포스트 프로덕션 슈퍼바이저의 도입이 요구되고 있는 실정이다. 무엇보다 전통적인 필름 프린트 제작방식에서 디지털 프로세스 방식이 도입되면서 포스트 프로덕션을 어떻게 운용하는가에 따라 일정과 비용에서의 차이의 폭이 이전보다 훨씬 커진 것이 사실이다. 따라서 기본적인 후반작업의 공정과 어떤 작업을 진행하기 위해서 어떤 작업이 선행되어야 하며 역으로 후반작업의 공정을 위해 촬영과정에서 어떠한 준비들을 해야 하는지에 대한 이해는 프로듀서에게 무엇보다 중요하다.

01 | 포스트 프로덕션 점검사항

노르웨이, 룩셈부르크, 네덜란드, 홍콩의 공통점은 자국 내 상영관의 디지털화가 100% 완료되었다는 점이다. 미국을 비롯한 주요 시장의 메인스트림에서는 2013년 말이면 더 이상 35mm 필름을 사용하지 않을 것으로 예상하고 있고 2015년이 끝날 때쯤이면 전 세계적으로 35mm 필름은 더 이상 사용하지 않게 될 것으로 전망하고 있다[1]. 한국의 경우도 이러한 세계적추세와 크게 다르지않다. 영화진흥위원회의 한국영화산업 통계보고서에 따르면 2009년 극장상영 포멧에서 필름이 차지하는 비율이 전체의 82.4%였는데 2012년 상반기에는 11.3%로 급격한 상영 비율 역전을 확인할 수 있다. 불과 몇년사이에 급격하게 진행된 이러한 디지털화는 배급의 방식과 환경의 변화, 즉 비용, 운용의 합리화, 저작권보호, 새로운 시장확대 등 이제껏 경험하지 못한 새로운 이슈들을 필연적으로 야기하고있다.

이렇듯 영화산업 내에서도 가장 빠른 기술적 발전을 보여주는 포스트 프로덕션 작업 공정을 세세하게 충분히 설명한다는 것은 쉽지않은 일이다. 단순히 디지털화로 인한 공정흐름의 변화차원이 아니라, 새로운 장비가 출현할 때마다 장비에 따른 작업의 흐름이 달라질 만큼 포스트 프로덕션의 디지털화는 이전과 비교할 수 없을 만큼 전문적이고 기술적으로 복잡해지는 것을 의미한다[2]. 외국의 경우에는 예전부터 포스트 프로덕션 과정을 전문적으로 진행하는 직책들이 포스트 프로덕션 슈퍼바이저(Postproduction Supervisor), 포스트 프로덕션 코디네이터(Postproduction Coordinator) 등으로 존재했었다. 국내는 아직 포스트 프로덕션을 전문적으로 담당하는 직책이 상용화되지는 않은 상황이다.

하지만 전문적인 진행 인력이 존재하건 그렇지 않건 프로듀서가 기본적인 포스트 프로덕션 공정을 이해하는 것은 반드시 필요하다. 기본적인 작업의 흐름에 대한 이해없이 일정과 예산관리를 할 수 없기 때문이다. 무엇보다 포스트 프로덕션은 영화전체의 작품적 퀄러티를 좌우할 수 있는 창조적이며 생산적인 중요한 단계이다. 영화의 재정적인 부분만이 아니라 작품성에 대한 책임도 함께지는 프로듀서에게 포스트 프로덕션의 합리적 진행과 관리는 필수적이다.

▶ Tip

[1] 영국의 세계적인 미디어 리서치회사 스크린다이제스트(Screen Digest)의 수석분석가 데이비드 핸콕(David Hancock)의 2012년 10월 16일과 12월 3일 국제회의 기조발언 참조 (www.screendigest.com).

▶ Tip

[2] 미국의 후반업체연합 HPA(Hollywood Post Alliance)는 '눈송이 작업흐름'(Snowflake Workflow)라는 신조어를 사용하기 시작했는데 디지털화가 진행되면서 작품별로 동일한 포스트 프로덕션 공정은 점점 사라져간다는 의미이다. 해당 작품에만 적용되는 독특하고 유일한 워크플로우가 작품별로 존재하기 시작한다는 것이다. www.hpaonline.com/assets/documents/2012_TR_Pres_AMaltz_FinalDist.pdf를 통해서 더욱 자세한 내용을 찾아볼 수 있다.

디지털화가 가속화되고 정착될수록 그 중요성은 더욱 커진다고 하겠다.

아래는 포스트 프로덕션과 관련해서 프로듀서가 반드시 점검하고 확인해야 할 내용들이다. 아날로그건 디지털이건 관계없이 반드시 수행해야 할 사항들이며 예산과 스케줄 작성, 그리고 작품의 퀄러티확보라는 측면에 있어 필수적인 체크 포인트 들이다. 무엇보다 중요한 건 포스트 프로덕션은 촬영이 끝나고 시작되는 것이 아니라 프리 프로덕션때부터 이미 시작된다는 점이다.

- 프리 프로덕션 단계에서 포스트 프로덕션 일정과 예산 책정
- 프리 프로덕션 단계에서 각 포스트 프로덕션 파트별 공정과 작업시간 확인
- 프리 프로덕션 단계에서 전체 포스트 프로덕션 담당자와 협의 후 효율적 워크플로우 작성
- 프리 프로덕션 단계에서 합의된 워크플로우 프로덕션 현장 스태프와 공유
- 작업의 완성뿐 아니라 마케팅 및 홍보일정 고려해서 스케줄 작성
- 포스트 프로덕션과 프로덕션 팀간 하나로 통일된 커뮤니케이션 라인 정립
- 각 포스트 프로덕션 공정의 연계성 및 작업의 순서 개념 정립
- 상영방식에 따른 포스트 프로덕션 작업흐름 정립
- 전체 포스트 프로덕션 업체와 인력이 각 포스트 프로덕션의 작업진행 및 일정 공유

이 장에서 다룰 포스트 프로덕션은 필름과 관련된 공정을 완전히 배제하지 않았다. 적게나마 필름이 사용되고 있기 때문이기도 하지만 필름에서 디지털로 넘어가는 과도기라는 점에서 필름에 대한 이해가 포스트 프로덕션 전체 공정을 이해하는 데 도움이 될 것 같다는 판단 때문이다. 기술적인 부분은 자세한 설명대신 참고서적을 제시하는 방식을 택했다. 급격한 디지털화에 대처하기 위해서는 새로운 기술과 환경에 대한 신속하고 지속적인 학습이 필수이고 따라서 포스트 프로덕션의 기술적인 측면은 이 책을 통해서가 아니라 신간서적, 세미나, 컨퍼런스, 포럼 등을 통해 지속적으로 정보를 습득하는 것이 효과적이라 믿기 때문이다. 사실 프로듀서가 포스트 프로덕션 모든 과정에 대한 전문적인 지식을 가진다는 것은 쉽지않은 일이다. 따라서 놓치지 말아야 할 중요한 포인트는 포스트 프로덕션 파트별 담당자와 충분한 시간을 가지고 작품에 대한 분석과 예산운용이라는 측면에서 기술적인 부분에 대한 논의를 가져야 한다는 점이다.

O2 | 포스트 프로덕션 전체 공정 및 흐름

포스트 프로덕션은 업체를 기준으로 크게 편집실, 현상소, 믹싱실, CG실, DI 실 등으로 구분된다. 앞서 언급했듯이 영화 전체공정에서 포스트 프로덕션은 영화 시스템의 다른 어떤 분야보다도 디지털화가 빠르게 진행되고 있다. 디지털 촬영 또는 필름 촬영 후 미디어 파일 형태로 변환된 소스는 편집, 색보정, 컴퓨터 그래픽 처리 등을 용이하게 할 수 있으며 품질의 다운그레이드도 최소화 할 수 있는 장점이 있다. 무엇보다 극장 이외의 다른 윈도우인 방송, 인터넷, 뉴미디어 등에 최적화된 포맷으로 전환이 용이하다는 효율성이 있다. 원 소스 멀티 윈도우(One Source Multi Window)의 필요성이 요구되는 현실에서 디지털 후반작업은 현재도 영화 제작 과정의 중요한 부분으로 자리잡고 있으며 앞으로도 적용분야가 더욱 확대될 전망이다.

영화가 제작이 되고 상영되는 시스템은 다음과 같이 구분된다.

1. 필름 촬영 → 필름 후반작업 → 필름 영사
2. 필름 촬영 → 디지털 후반작업 → 필름 영사
3. 필름 촬영 → 디지털 후반작업 → 디지털 영사
4. 디지털 촬영 → 디지털 후반작업 → 필름 영사
5. 디지털 촬영 → 디지털 후반작업 → 디지털 영사

1번의 예와 같은 필름 후반작업은 원본 소스의 훼손, 부분 색보정 불가능, 옵티컬 작업의 불리함 등 상대적으로 많은 문제점들을 수반하고 있어서 현재는 거의 활용되고 있지 않는 방식이다. 따라서 필름으로 촬영한 경우에도 네거티브 필름을 디지털화하는 필름 스캐닝(Film Scanning)을 통해 네거티브 필름 현상 이후의 모든 공정을 디지털 작업으로 진행하는 디지털 후반작업을 중심으로 포스트 프로덕션을 이해하는 것이 필요하다.

[그림 6.1]은 후반작업 전체공정의 개념을 도표화 한 것이다. 작업의 진행되는 과정에서 이미지와 오디오 데이터 등이 어디서 어떻게 전달되는지의 흐름을 정리한 것이다. [그림 6.2]는 촬영 매체와 영사 시스템에 따른 포스트

01 원 소스 멀티 윈도우(One Source Multi Window) : 원소스 멀티유즈(OSMU/One Source Multi Use)로도 혼용되어 사용되는 개념으로 이른바 윈도우전략(Window Strategy) 개념이다. 스크린으로 개봉되는 영화가 DVD, TV방영, IPTV, PMP, 케이블채널, 휴대폰, 인터넷사이트, 해외 판권 판매, 출판, 캐릭터 머천다이징, 게임, 영화음악앨범(OST) 등 다양한 부가가치(VA/Value Added)를 창출하는 다양한 형태로 활용되어 최대한의 수익창출 효과를 발휘할 수 있다는 전략적 개념이다. 코어 법칙(CORE/Create One Release Everywhere)으로 이해되는 영상산업의 전략이며 경우에 따라서는 원 소스의 실패가 다른 윈도우를 통해 손해를 보상받는 개념으로도 이해된다.

02 필름 스캐닝 (Film Scanning) : 현상을 통해 촬영한 필름에서 얻은 네거티브 필름을 필름 스캐너를 이용해 디지털 파일로 변환하는 작업. 반대로 디지털 파일을 네거티브 필름으로 만드는 과정을 필름 레코딩(Film Recording)이라고 한다.

프로덕션 전반적인 작업의 흐름을 도표화 한 것이다. 참고로 DI로 불리는 디지털 인터미디이에트(Digital Intermediate) 작업은 흔히 디지털색보정의 의미로 사용되는데 엄밀히 말해 DI는 디지털색보정 작업은 물론, 간단한 컴퓨터 그래픽(CG/Computer Graphic) 작업까지 포함하는 디지털영상의 후반작업 공정전체를 의미한다.

03 DAT : Digital Audiotape의 약자로 현장 동시녹음 포맷 중 하나이다.

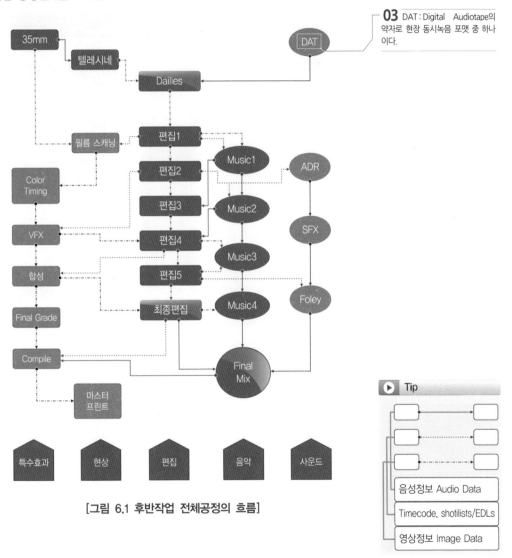

[그림 6.1 후반작업 전체공정의 흐름]

▶ Tip

음성정보 Audio Data

Timecode, shotilists/EDLs

영상정보 Image Data

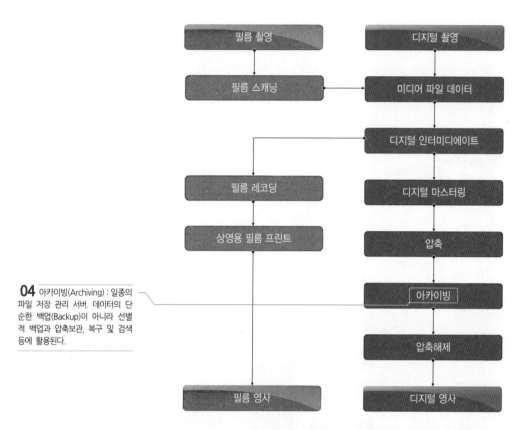

04 아카이빙(Archiving) : 일종의 파일 저장 관리 서버. 데이터의 단순한 백업(Backup)이 아니라 선별적 백업과 압축보관, 복구 및 검색 등에 활용된다.

[그림 6.2 촬영과 상영에따른 후반작업 전체공정의 흐름]

116

영화제작 전 과정의 디지털화가 가지는 수많은 장점에도 불구하고 필름촬영을 포기하지 못하는 가장 큰 이유는 필름만이 가지는 독특한 필름룩을 표현하기에는 디지털 촬영 기술이 부족하다는 관점 때문이다. 하지만 계속되는 기술과 장비의 발전을 통해 심도, 화질 등의 영상품질에서 필름 촬영과의 간극을 현저하게 줄이고 있으며 이러한 결과로 디지털 촬영 비율이 필름 촬영 비율을 넘어서고 있는 것이 현재 제작 현실이다. 배급 및 상영에 있어서도 2011년을 기준으로 극장 상영 시스템의 필름과 디지털 상영 비율이 디지털로 역전되었고, 2012년에는 그 폭이 더 커지고 있다. 이러한 결과로 필름 현상이 설 자리가 점점 더 좁아지고 있는 것이 현실이다. 하지만 인터넷 신문이 만연하다고 해서 종이 신문이 사라지지 않는 것과 같이 이미 필름이 완전히 사라지는 세상이 도래했다는 판단은 조금 성급한 감이 있다. 큰 의미 없어 보이는 아날로그 영화제작의 기본적인 진행을 이해할 필요성은 여기에 있다.

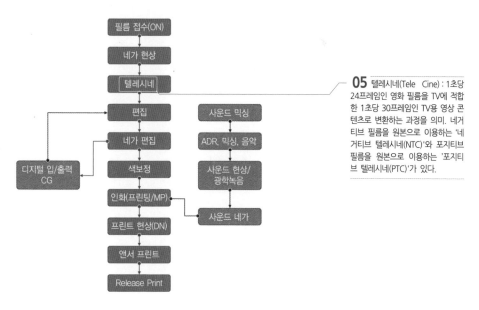

05 텔레시네(Tele Cine) : 1초당 24프레임인 영화 필름을 TV에 적합한 1초당 30프레임인 TV용 영상 콘텐츠로 변환하는 과정을 의미. 네거티브 필름을 원본으로 이용하는 '네거티브 텔레시네(NTC)'와 포지티브 필름을 원본으로 이용하는 '포지티브 텔레시네(PTC)'가 있다.

[그림 6.2 촬영과 상영에 따른 후반작업 전체공정의 흐름]

[표 6.1 현상 업체 리스트]

구분	연락처	비고
세방현상소	02)392-0066	현재 한국영화의 대부분을 소화하고 있음
서울현상소	02)516-8031	한때 활발하게 작업을 했던 제일현상소와
영화진흥위원회	02)958-7603	힐리우드현상소는 현재 폐업함.

편집 | 04

일반적으로 순서편집→가편집→본편집 의 순서로 진행되며 경우에 따라 집단심층면접인 FGI(Focus Group Interview) 등의 모니터링 과정을 통해 수정이 진행된다. 편집작업의 기간과 편집본의 단계는 작품에 따라 변동이 가능하다. 경우에 따라 편집과정에서 보충촬영을 결정할 수도 있다. 중요한 것은 최종편집권의 행사권리에 대한 명확한 규정이다.

현장편집이 보편화 되어있는 현재 촬영현장의 상황에 비추어볼 때 그날 촬영분량의 연결과 부족한 부분을 현장에서 확인할 수 있는 현장편집의 기본적인 기능 외에 감독의 의견이 반영된 편집본을 미리 만들어 볼 수 있다는 이점이 있다. 현장편집본은 편집기사의 성향에 따라 참고하는 경우도 있고 현장편집본과 상관없이 본인의 순서편집본을 작성하는 경우도 있다. 프로덕션의 상황에 따라 감독의 의견이 충분히 반영된 현장편집본이라면 프로덕션 기간 중 일정회차단위로 편집기사와 공유해서 이후 본격적인 편집이 시작되었을 때 편집방향 조율과 관련된 시간의 누수를 막을 수 있도록 한다. 최종 편집본이 결정되면 컷 리스트를 시퀀스의 신 순서에 따른 신 리스트를 작성하고 이를 이후 포스트 프로덕션 작업 공정 전반에 적용한다.

[그림 6.4]는 기본적인 편집의 흐름을 도표로 제시한 것이다. 필름으로 상영되는 경우를 가정한 워크플로우이며 디지털 상영인 경우는 앞서 [그림 6.2]를 참고해서 이해하면 된다.

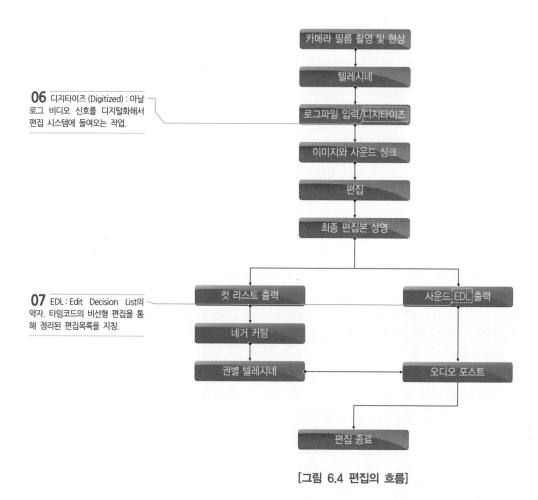

06 디지타이즈 (Digitized) : 아날로그 비디오 신호를 디지털화해서 편집 시스템에 들여오는 작업.

07 EDL : Edit Decision List의 약자. 타임코드의 비선형 편집을 통해 정리된 편집목록을 지칭.

카메라 필름 촬영 및 현상

텔레시네

로그파일 입력/디지타이즈

이미지와 사운드 싱크

편집

최종 편집본 상영

컷 리스트 출력

사운드 EDL 출력

네거 커팅

권별 텔레시네

오디오 포스트

편집 종료

[그림 6.4 편집의 흐름]

[표 6.2 편집 업체 리스트]

구분	연락처	대표작품
고임표 편집실	02)3448-0062	남영동1985, 투혼, 글러브, 불량남녀, 크로싱, 므이 등
김상범 편집실	031)908-3539	나의PS파트너, 건축학개론, 은교, 부러진화살, 범죄와의 전쟁 등
김현 편집실	02)745-1044	고양이, 시, 신기전, 밀양, 나의결혼원정기, 오로라공주 등
경민호 편집실	02)576-2779	웨딩스캔들, 네버엔딩스토리, 창수, 회초리, 걸프렌즈 등
박곡지 편집실	02)3442-7216	연가시, 강철대오, 하울링, 하차, 마이웨이, 심장이뛴다 등
문인대 편집실	02)545-1898	특수본, Mr. 아이돌, 세상에서 가장 아름다운 이별, 위험한 상견례
신민경 편집실	02)711-4715	아부의왕, 공모자들, 도둑들, RTB:리턴투베이스, 원더풀라디오 등
남나영 편집실	02)577-4759	위험한관계, 늑대소년, 회사원, 광해, 내가 살인범이다, 완득이 등
김선민 편집실	02)511-0101	반창꼬, 괴물, 유구무언, 귀로 등
함성원 편집실	02)544-2045	다른나라에서, 완벽한 파트너, 북촌방향, 도가니 등
이진 편집실	070)8702-1031	이웃사람, 차형사, 댄싱퀸, 만추, 내 깡패 같은 애인 등
김미주 편집실	010-8952-0859	돈크라이마마, 김복남살인사건의전말, 마파도2 등
C47 편집실	02)539-1741	바람과 함께 사라지다, 점쟁이들, 간첩, 최종병기:활, 오싹한 연애 등

05 음악

최종편집본이 완성되면 어느 장면에서 어떤 음악을 어떤 방식으로 사용할지를 결정하는 스포팅 과정을 거치며 본격적인 음악작업이 시작된다. 영화에서의 음악은 작곡(Score), 소스음악(Source), 노래(Song), 이렇게 크게 세 가지로 구분해서 이해하는 것이 일반적이다.

효율적인 후반작업 일정 운영을 위해 프리 프로덕션 단계에서 시나리오와 감독과의 회의를 통한 기본적인 음악의 색깔을 협의하는 것이 필요하며 현장편집본을 미리 공유하면서 보다 구체화 하는 것이 좋다. 편집작업이 진행되는 과정에서도 필요에 따라 결과물을 공유하면서 음악의 방향을 협의하는 것이 중요하다.

영화에 사용되는 영화음악의 저작권과 O.S.T. 등의 2차 저작물에 대한 판권 소유에 대한 내용은 계약 시 명확하게 정리해야 한다. 저작권료가 발생하는 기존 음악의 사용은 원칙적으로 프리 프로덕션 단계에서 곡의 사용에 대한 기본적인 협의가 반드시 있어야 한다.

음악사용과 관련해서 2012년 9월 4일 영화음악저작권대책위원회와 한국음악저작권협회가 날인한 〈영화음악 저작권 사용료에 관한 합의서〉에 따른 기존곡 사용 방법을 확인하는 것이 필요하다. 이 합의를 통해 기존곡을 사용하기 위해 필요했던 '저작인격권 동의서'는 더 이상 제출할 필요가 없어졌다. 기존음악 사용과 관련된 합의는 아직 정리가 되지 않는 사항들이 존재한다. 따라서 영화 음악 저작권과 관련된 문제나 의문사항은 계속 확인하면서 진행하는 것이 필요하다. 영화음악저작권대책위원회(02)2267-9983)로 연락하는 것도 좋은 방법이다.

영화에 사용하려는 음악의 저작권자가 불분명한 경우에는 공탁제도를 이용할 수 있다. 저작재산권자 불명인 저작물의 승인을 받은 경우는 한국저작권위원회가 정하는 기준에 따른 보상금을 공탁하고 이를 이용할 수 있는데 보상금을 공탁한 후에는 다음의 사항을 보급지역을 전국으로 하여 등록한 일반일간신문 또는 문화체육관광부와 저작권법 112조에 따른 한국저작권위원회 홈페이지에 게시해야 한다.

- 저작물의 제호(제호가 없는 경우에는 그 내용을 요약기재)
- 저작자 및 저작재산권자의 성명(저작자 및 저작재산권자를 알 수 없는 경우에는 그 뜻을 기재)
- 저작물 이용의 내용
- 공탁금액
- 공탁소의 명칭 및 소재지
- 공탁근거
- 저작물 이용자의주소와 성명

해외저작권의 경우에는 한국저작권위원회 홈페이지(www.koreacopyright.or.kr)를 통해 미국, 영국, 프랑스, 중국, 일본 등 국가별 법제, 기관정보와 등록제도, 법령/정책, 그리고 관련사이트까지 자세히 확인할 수 있다.

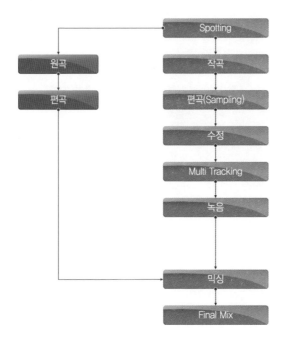

[그림 6.5 음악 작업의 흐름]

영화음악저작권 사용료에 관한 합의

1. 한국음악저작권협회에 기존곡 사용을 위해 '영화사용신청서'를 안내에 따라 작성한 뒤 제출(음저협 홈페이지 www.komca.or.kr 메뉴 중 이용허락신청서에서 영화신청서 서식 다운로드)

2. 신청내역에 34조 1항으로 기재

3. 개봉 첫날 예정 스크린수 기재

4. 3번에 기재한 개봉첫날 예정 스크린수를 기준으로 34조 1항의 산식을 적용한 계산결과에 따른 비용을 음저협에 자동이체로 납부

5. 음저협에서 사용승인서 수령

6. 개봉 첫날 영진위 통합전산망에서 '개봉 첫날 스크린수'를 확인하고, 34조 1항 산식을 적용해 비용을 계산

7. 4번에서 납부한 비용과 6번에서 계산된 비용의 차액만큼 음저협에 추가 납부

8. 7번의 차액의 추가납부 시기는 음저협의 지정한 날에 따라 정산

(사)음악저작권협회 문의 및 접수는 전화 02)2660-0503과 팩스 02)2660-0509 이메일 komca80@hanmail.net을 통해서 가능하다.

[표 6.3 국내 음악 저작권 신탁관리 업체]

구분	연락처	비고
한국음악저작권협회 www.komca.or.kr	02)2660-0503	음악저작권자의 권리보호 및 저작권 신탁관리
한국음악실연자연합회 www.fkmp.kr	02)784-7802	음악실연자의 권익향상 및 복지증진을 위해 설립. 실연자의 저작인접권 신탁관리
한국음원제작자협회 www.kapp.or.kr	02)3270-5900	온라인 음원시장의 급격한 성장에 발맞춰 음반제작자의 권리보호 및 권리신장을 목적으로 설립.

사운드믹싱 (Sound and Mixing) ?06

대사, 폴리, 음향효과, 음악 등 영화에 나오는 소리를 영상에 입히는 작업의 총칭이다. 영화에서 사운드는 대사(Dialogue), 음악(Music), 효과(Effects), 이렇게 크게 세 개의 부분으로 구분해서 이해할 수 있다. 대사는 촬영 단계에서 동시녹음으로 대부분 녹음작업을 진행하지만 ADR 등 후시녹음을 통해서 작업이 완성되며 나머지 사운드는 대부분 후반작업 기간 동안 작업이 진행된다. 프리믹싱과 파이널믹싱, 그리고 광학녹음 단계를 거쳐 사운드 네가를 만드는 과정으로 진행된다. 각 단계별 주요 점검사항은 아래와 같다.

단계	주요 점검사항
프리 프로덕션	– 시나리오 분석 및 대사 부분 체크 – 캐스팅시 연기자 보이스 체크 – 촬영장소 헌팅시 사운드부분 유의사항 체크
프로덕션	– 촬영진행시 사운드 통제 여부 – 녹음팀 추가 필요 장비 체크 – 녹음 추가팀 동원 여부 결정 – 현장녹음분량 회차별 점검 및 믹싱업체와 공유
포스트 프로덕션	– 편집 이후 스케줄 정리 – 녹음 작업시 적정한 시간배분에 따른 일정 체크 – 극장상영 후 다른매체 전환작업 진행 (DVD/TV Remastering, 해외 M&E 분리 등) – Spotting – Sound Editorial – Pre-Mix – Final-Mix – Mastering

08 음향효과(Sound Effect) : 효과음 작업으로 주로 Sound Effect Library로 만드는 효과. 화면에 보이는 실제소리와 가상의 효과음으로 나뉜다.

09 ADR (Automated Dialogue Replacement) : 후시녹음 작업으로 현장녹음(Production Recording 동시녹음 이라고도 함) 트랙에 잡음이 심한 경우, 연기가 마음에 들지 않는 경우, 대사나 호흡의 추가가 필요한 경우, Group Walla 작업이 필요한 경우 진행.

10 Spotting : 감독과 음악, 음향 스태프가 모여 편집본 시사를 하며 컨셉과 아이디어를 회의하는 것으로, 음악의 유무, 폴리 등 효과음의 정도, ADR 여부 등을 결정한다.

11 사운드 편집(Sound Editorial /Dialogue Edit) : 현장에서 녹음된 소리를 편집하는 것으로 잡음제거, Equalizer 나 Reverb를 이용해 톤 조절 등의 작업을 진행

[그림 6.6]은 사운드 믹싱작업의 진행순서를 도표화 한 것이다. 사운드 믹싱과 관련해서 프로듀서가 유념해야 할 사항 중 하나는 현장 동시녹음과의 연계성이다. 한때 외국은 한국에 비해 동시녹음 의존성이 낮은데 우리만 지나치게 동시녹음에 의존한다는 근거 없는 속설이 정설로 받아들여지기도 했지만, 사실 사운드 믹싱기술이 아무리 좋아져도 현장녹음의 상태가 좋지 않으면 좋은 결과물을 얻기가 쉽지 않은 것이 사실이다.[■] 현장녹음기사와 믹싱업체와 프로덕션 기간 내의 지속적이고 실질적인 정보공유가 반드시 필요하

▶ **Tip**

■ 후시녹음이 일반적인 미국, 중국의 경우 동시녹음은 가이드 사운드 역할을 하는 경우가 많다. 동시 사운드에 대한 인식 차이가 다르기 때문에, 해외촬영에서 동시 사운드를 최대한 활용하고자 할 때는 현지 동시녹음 기사를 채용하기보다는 한국 동시녹음 기사를 데리고 가는 것을 고려하는 게 좋다. 단, 국내 촬영 현장처럼 동시녹음을 위한 사운드 통제를 하기는 쉽지 않다.

며 가능하면 포스트 프로덕션에서 적극적으로 현장녹음기사가 참여할 수 있는 여건이 형성되어야 한다. 또한 필요한 경우 프로덕션 이전에 프로덕션에 사용될 사운드를 현장에서 녹음하기 전에 미리 믹싱 업체에서 녹음하는 것도 효율적인 운용방안일 수 있다. 현장과 연계해서 예전에는 아날로그냐 디지털이냐가 이슈였다면 현재는 멀티트랙이라는 관점에서 몇 개의 트랙이냐의 문제가 중요해졌다. 결국 시간과 예산의 문제인데 이에 대한 프로듀서의 고민도 필요할 것이다.

12 주변음/공간음(Ambience) : 공간이 비어있지 않고 활기 있게 해주는 작업으로 화면에 보이거나 보이지 않는 장소를 설명한다.

13 폴리(Foley) : 배우나 소품들의 움직임이 내는 불규칙한 소리의 작업.

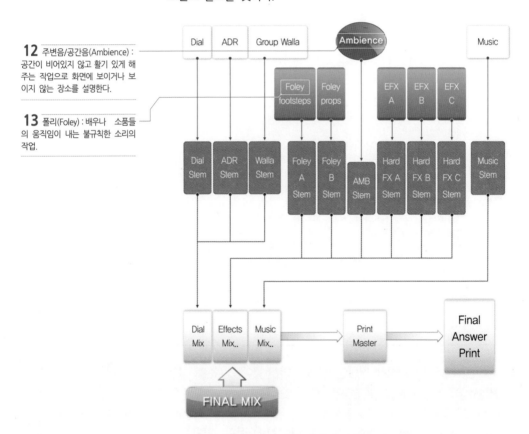

[그림 6.6 믹싱 진행 순서도]

126

[표 6.4 사운드 믹싱 업체 리스트]

구분	연락처	대표작품
웨이브랩	02)553-1744	이웃사람, 점쟁이들, 광해, 원더풀라디오, 방자전 등
블루캡	031)577-6616	남영동1985, 후궁, 건축학개론, 은교, 태극기 휘날리며 등
라이브톤	031)903-1410	아부의 왕, 하울링, 최종병기:활, 특수본, 살인의 추억 등
스튜디오 SH	031)577-5644	차형사, 푸른 소금, 만추, 7급 공무원, 순정만화 등
스튜디오 K	02)2057-4458	반창꼬, 피에타, 간기남, 미운오리새끼, 댄싱퀸 등
C47 Post Studio	02)539-1741	간첩, 나는 왕이로소이다, 파파, 회사원, 미쓰Go 등
플러스게인	02)558-5411	내아내의 모든 것, 늑대소년, 수상한 고객들, 퍼펙트게임 등

07 CG

CG는 컴퓨터 그래픽(Computer Graphic)의 약자로 카메라 및 필름 자체의 광학적 특성을 이용한 기법 등을 이용해 특별한 효과를 내는 SFX(Special Effects)와 구분되어 이해되는 VFX(Visual Effects)의 근간을 이루는 영상제작기법이다. DI 작업과 중복되는 부분이 많고 예전에는 DI업체가 따로없이 CG 작업을 하는 업체에서 DI 작업을 하기도 했지만 현재는 분류가 확실히 이루어졌다.

개봉날짜는 CG업체가 결정한다는 농담 아닌 농담이 있을 정도로 CG작업은 물리적인 시간이 절대적으로 필요한 작업이다. 다른 후반작업도 마찬가지겠지만 CG작업은 프리 프로덕션에서부터 정확하고 구체적인 계획이 필수적이다. 감독이 원하는 영상을 정확하게 구현하기 위해서 CG 담당자가 프리 프로덕션에서부터 합류해서 사전시각화 및 충분한 회의를 가지는 것이 중요하다. 그리고 이러한 과정은 후반작업에서의 일정과 예산의 효율적 운용과 직결된다. 뿐만 아니라 촬영이 진행되는 프로덕션 기간에도 적극적인 참여와 의견교환을 통해 후반에서의 혼선을 미연에 방지해야 한다.

예전에는 CG 가 들어가는 장면을 현장 스태프들이 진행하는 경우가 많았지만 현재는 CG와 관련된 슈퍼바이저나 CG 업체의 팀장이 CG장면 촬영현장을 컨트롤 하는 것이 일반적이다. 이런 경우 촬영과 조명을 포함한 연관파트와의 실질적인 계획을 프리 프로덕션 기간에 미리 준비해 놓는 것이 프로덕션의 효율적 운용을 위해 반드시 요구된다.[1]

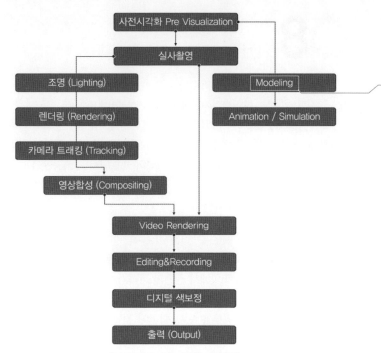

사전시각화 Pre Visualization

실사촬영

조명 (Lighting)

렌더링 (Rendering)

카메라 트래킹 (Tracking)

영상합성 (Compositing)

Modeling

Animation / Simulation

Video Rendering

Editing&Recording

디지털 색보정

출력 (Output)

14 모델링(Modeling) : 3D 공간 상에 가상의 입체적인 물체를 만들고, 그것을 수정하는 작업을 의미. 모델링은 그 방법에 따라 기하 모델링(Geometry Modeling), 절차적 모델링(Procedural Modeling), 3D 스캐닝(3D Scanning), 영상기반 모델링(Image- Based Modeling)으로 구분된다.

[그림 6.7 CG 진행 순서도]

[표 6.5 CG 업체 리스트]

구분	연락처	대표작품
모팩	02)3444-3316	늑대소년, 바람과함께 사라지다, 후궁, 만추, 해운대 등
디지털아이디어	031)939-2200	최종병기 활, 마이웨이, 투혼, 고지전, 퀵, 글러브 등
스타이스트 디지털랩	02)363-5801	이웃사람, 강철대오, 미확인동영상, 돈크라이마마 등
덱스터 디지털	031)8076-4835	미스터 고
2L	02)3446-0844	피에타, 간기남, 파파, 공모자들, 마마, Mr. 아이돌 등
매크로그래프	02)2142-7201	RTB : 리턴투베이스, 모비딕, 푸른소금,부당거래, 해결사 등
CJ 파워캐스트	031)780-0082	5백만불의 사나이, 차형사, 미쓰Go, 광해, 퀵, 써니 등
넥스트비쥬얼 스튜디오	02)6925-6100	댄싱퀸, 원더풀라디오, 위험한상견례, 헬로우고스트 등
㈜매드맨포스트	02)3477-8558	26년
4TH Creative Party	02)6925-2544	간첩, 하울링, 째째한로맨스, 초능력자, 페스티발 등

08 D.I.

DI는 디지털 인터미디에이트(Digital Intermediate)의 약자로 후반작업 과정에서 촬영결과물에서부터 상영까지의 모든 공정을 디지털방식으로 처리하는 프로세스를 말한다. DI 작업의 핵심이 디지털 색보정이기 때문에 협의의 의미로 DI작업을 디지털 색보정으로 국한되어 이해되기도 하지만, DI 작업은 색보정은 물론 컴퓨터그래픽 작업까지 포함하는 다양한 작업이 가능한 과정으로 이해하는 것이 정확하다.

DI작업은 큰 용량의 촬영 원본데이터를 가공하는 작업으로 최종결과물을 얻는데 물리적으로 상당한 시간을 필요로 한다. 프로듀서는 DI 작업별 공정과 작업소요시간을 정확하게 파악해서 진행에 무리가 없도록 해야한다. 예를들어 예고편이나 EPK용 소스등은 본편 색보정 작업이 진행되는 중간에 요청하는 경우가 많은데 이런경우 반드시 사전에 작업일정을 고려해서 충분한 작업시간을 확보해야한다[1].

프로듀서가 DI작업과 관련해 명심해야할 점은 DI작업으로 현장에서 발생하는 모든 문제점을 해결할 수 없다는 것이다. 촬영이나 조명의 보완, 미술이나 의상 등에서 부족한 부분들을 DI작업을 통해 수정보완하려는 생각들이 많은데 원판불변의 법칙이라는 말도 있듯이 원본 소스가 가지고 있는 한계에서 발생되는 문제들은 작업시간의 문제를 넘어서 DI작업으로 해결할 수 있는 한계가 분명히 존재한다. 따라서 사전에 충분한 협의가 필요하며 무엇보다 DI작업이 용이한 촬영 진행이 필수다. 나아가 스토리보드 작성 단계에서부터 DI작업을 염두해 두고 장면들의 시각적 형상화를 해나가면 세세한 부분까지 퀄러티 높은 결과를 얻을 수 있을 것이며 동시에 시간과 비용을 절약할 수 있다[2].

▶ Tip

[1] 포스트 프로덕션 일정의 부족으로 인해 작품에 따라 DI실에서 편집을 수정하는 경우가 있는데, 편집본은 DI뿐 아니라 CG, 사운드 믹싱 등 모든 후반작업에 가이드가 되는 영상이므로 편집실이 아닌 다른 작업실에서 다른 버전을 작업한다는 것은 심각한 혼선을 초래할 수 있다. 어떠한 경우에도 편집은 편집실에서만 진행하도록 해야 한다.

▶ Tip

[1] 포스트 프로덕션 모든 업체가 동일하겠지만 특히 DI 작업은 편집실과의 긴밀한 협조가 중요하다. 정확한 편집 리스트가 전달되어야 편집 마스터본을 만들 수 있기 때문에 정확한 의견 조율이 필요하다. CG실과의 협의도 중요한데, CG실에서 넘어오는 해당 데이터들은 DI실에서 재작업을 해야 하기 때문에 DI 작업 전체 일정을 고려해 무리 없이 진행하여야 한다. 또한 모든 작업이 컴퓨터를 통해 이루어지기 때문에 데이터 손상에 대한 대비책도 있어야 한다. 만약을 대비해서 작업이 마무리되면 제작사에서도 데이터를 백업해 보관하는 것이 필요하다.

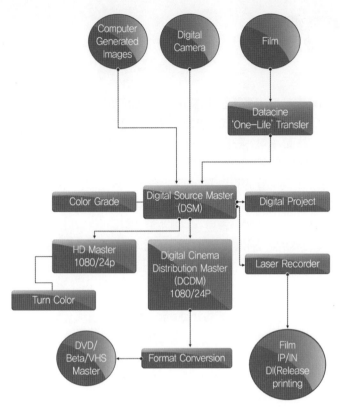

[그림 6.8 DI 진행 순서도]

[표 6.6 DI 업체 리스트]

구분	연락처	대표작품
CJ 파워캐스트	031)780-0082	늑대소년, 광해, 알투비 : 리턴투베이스, 내 아내의 모든 것 등
스타이스트 디지털랩	02)363-5801	바람과 함께 사라지다, 강철대오, 원더풀라디오, 블라인드 등
씨네메이드	02)499-5566	후궁, 건축학개론, 은교, 회사원, 돈의맛, 댄싱퀸 등
디지털스튜디오 2L	02)3446-0844	나는 왕이로소이다, 피에타, 간기남, 파파, 공모자들 등
C47 Post Studio	02)539-1741	간첩, 미확인동영상, 하울링, 부러진 화살, 다른 나라에서 등

09 3D

반세기도 훨씬 전 주목할 만한 흥행시절이 있었지만 그 후 여러 이유로 잊혀진 3D 영화는 최근들어 '3D 영화의 부흥기'라고 말할 수 있을 정도로 활발하게 제작되고 있다. 공간상의 거리 및 위치를 정확히 판단할 수 있게 해서 우리가 일상적으로 생활하며 느끼는 것처럼 자연스러운 시각 효과를 즐길 수 있는 3D 영상을 제대로 구현하기 위해서 가장 중요한 두 요소는 3D의 장점을 살린 스토리와 완벽한 3D 촬영기술이다. 3D 영화를 제대로 구현하기 위해서는 기획단계에서부터 고려해야 할 사항들이 있으며 촬영을 위해서는 새로운 장비와 인력들이 필요하다. 3D 영화작업을 포스트 프로덕션에 한정시켜 이해하면 만족할만한 결과를 얻지 못하는 것은 필연적이다.

3D에 적합한 스토리에 대한 판단은 몰입감적 측면과 스토리텔링적 측면 등 보는 입장에 따라 달라질 수 있기 때문에 어떠한 기획이 적합한지에 대해 단정적으로 설명하기는 무리가 있다. 중요한 것은 기획자가 입체영상이 가지고 있는 고유의 특성을 이해하고 있어야 한다는 점이다. 즉, 기존의 2D 영상과는 다른 방향의 기획적 접근이 필요하다는 의미이다.

실제적인 3D 촬영과 관련해서는 3가지 요소를 고려해야 한다. 첫째는 장비의 추가, 둘째는 인력의 추가, 그리고 세번째는 후반공정의 추가이다. 장비는 두대의 카메라, 리그(Rig), 싱크박스, 먹서(Muxer), 3D 모니터 등을 생각해볼 수 있는데 무엇보다 중요한 건 젠락(Genlock) 혹은 싱크(Sync)라고 불리는 동기화 기술이다. 3D 장비선정의 기본은 시간동조장치의 호환여부이다. 이는 렌즈동조장치와 플레이백 장치에도 적용된다. 인력과 관련해서는 입체의 총괄감독인 스테레오그래퍼(Stereographer), 입체의 포커스풀러 역할을 하는 스테레오풀러(Stereo Puller), 또 스테레오풀러를 보조하며 입체리그의 구동을 책임질 리그테크니션(Rig Technician) 등이 3D 영화를 촬영하게 되면서 프로듀서가 새롭게 만나게 될 직책이다. 이 외에도 프리 프로덕션 단계에서 프리비즈 오퍼레이터(Previz Operator), 프로덕션 단계에서 스테레오 이미지 프로세서 오퍼레이터(Sstereo Image Processor Operator), 스테레오 데이터 매니저(Stereo Data Manager), 그리고 포스트 프로덕션

15 리그 (RIG) : 입체영상에 필요한 왼쪽과 오른쪽 이미지를 확보하기 위해 두 카메라를 동조, 결합시키는 특수 장비. 지그, 리그, 마운트, 하우징 등의 용어로 혼재되어 사용되어 왔는데 최근 들어 리그라는 용어로 정리되고 있다.

16 젠락(Genlock) : 동기신호 발생기(Sync Generator)에 고정시킨다는 Generator Lock의 합성어로 여러 종류의 영상 소스들을 효과적으로 처리하기 위해 동기신호에 정확하게 같은 시간주기의 신호들이 발생되도록 하는 것을 말한다. 다시 말해, 비디오 장비의 입출력 신호에 대한 타임 동기를 서로 같게 맞추는 작업을 뜻한다.

단계에서 3D 포스트 프로덕션 매니저(3D Post Production Manager) 라는 직책이 있을 수 있다. 중요한점은 스테레오그래퍼가 3D 전문 기술프로듀서의 역할을 해 주는가 하는 점이다. 나아가서 후반입체공정 전체를 책임질 수 있어야 현장의 누수를 막을 수 있고 효율적인 예산과 일정의 집행과 관리가 가능하다. 후반공정에서는 입체 보정작업이라는 작업이 추가된다. 단순 LR 매칭이라는 왼쪽과 오른쪽 그림을 매칭하는 작업 후에 HIT라는 컨버전스 이동을 잡는 작업, 그리고 최종적으로 스위트닝 이라는 작업으로 마무리된다.

17 HIT(Horizontal Image Translation) : 왼쪽과 오른쪽 눈 역할을 하는 영상을 좌우로 움직여서 서로 겹쳐지는 부분을 조절하여 입체 값을 지정하는 작업.

3D 작업과 관련한 더 많은 정보는 Bernard Mendiburu가 Focal Press에서 출판한 〈3D Movie Making : Stereoscopic Digital Cinema from Script to Screen〉 이라는 책을 영화진흥위원회 감수아래 진샘미디어에서 번역 출판한 〈3D 입체영화 제작기술〉 이라는 책과 한국콘텐츠진흥원에서 출판한 〈3D 입체영상제작 워크북〉이라는 책을 추가로 살펴보는 것도 좋은 방법이겠다. [그림 6.9]는 기본적인 3D 작업의 개념도이다. 앞서 언급했듯이 세부적인 워크플로우는 장비에 따라서 매번 달라질 수 있으니 기본적인 작업의 개념을 인지한 후 작품에 따라 맞춤형 워크플로우를 작성하는 것이 필요하다.

18 스위트닝(Sweetening) : 사운드 믹싱에서 더 듣기 좋게 스위트닝을 한다는 표현에서 비롯된 용어로 입체를 더 보기 좋게 하는 최종 그레이딩 작업을 의미한다. 편집 길이와 시퀀스의 통일성을 주는 입체감 조절이 주가 된다.

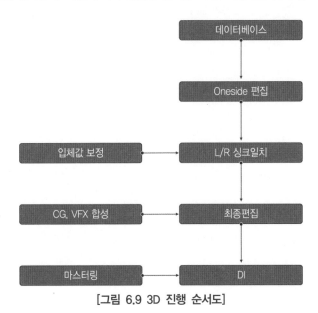

[그림 6.9 3D 진행 순서도]

[표 6.7 3D 업체 리스트]

구분	업체명	연락처	홈페이지	비고
장비 개발 판매	레드로버	031)777-3211	redroverinfo.com	3d rig 및 3d 디스플레이 개발
	아솔	02)562-5599	www.wasol.co.kr	single lens camera 개발
	파버나인코리아	032)851-6060	www.miracube.net	3D Rig 및 3D 디스플레이 개발, 3D 포토 시스템
	마스터이미지	02)3438-1600	www.masterimage.3d.com	3D 상영장비 개발, 편광안경
	모컴테크	02)739-9968	www.mocomtech.com	3D 스크린 개발
	빅아이 엔터테인먼트	02)576-6604	www.bigient.com	무안경멀티뷰 디스플레이, 3D HD 미디어플레이어, 입체영사관 설치
	V3i	02)417-9559	www.v3i.co.kr	입체카메라개발, 무안경디스플레이, 셔터글래스
	쓰리디 아이에스	02)573-3243	www.3dis.co.kr	디스플레이, 입체체험관, 입체영상제작S/W, 입체콘텐츠 제작
	갤럭시아 일렉트로닉스	031)776-4240	www.galaxialed.com	3D LED 개발
포스트프로덕션 & 3D 마스터링	Digilog	02)761-7374	www.digilogsys.com	3D 제작 및 포스트 프로덕션
	CJ 파워캐스트	010-5382-2838	www.cjpowercast.co.kr	편집 및 DI, 3D DCP, 3D 마스터링
	스타이스트 디지털 랩	010-3003-7762	www.sdl.kr	편집 및 DI, 3D DCP, 3D 마스터링
	바이너리픽션	02)2132-0425	www.mix.co.kr	편집 및 DI, 3D DCP, 3D 마스터링
	C47	02)539-1741	www.c47.co.kr	편집 및 믹싱
콘텐츠 제작	CJ 파워캐스트	031)789-9980	www.cjpowercast.co.kr	3ality 장비도입 촬영, 포스트, 3D 컨버팅, 3D DCP 제작
콘텐츠 제작	2L 디지털	070)7711-7722		3ality 장비도입 촬영
	스카이라이프HD	02)2003-3049	www.skylifehd.co.kr	3ality 장비도입 촬영

구분	업체명	연락처	홈페이지	비고
	오션망고 코리아	02)3463-3337	www.oceanmango.com	자체개발 Rig로 3D 콘텐츠 개발
	몽고나무	02)583-8682	www.mediak.co.kr	파버나인 Rig로 촬영
	리얼스코프	02)3459-0551	www.realscope.co.kr	자체개발 Rig로 3D 콘텐츠제작
	Movist	02)3438-1683	www.movist.com	마스터 이미지의 3D 제작자회사, 자체 Rig 촬영
	스테레오피아	02)587-6732~4	www.stereopia.com	자체개발 Rig로 촬영
	빅아이 엔터테인먼트	02)576-6604~5	www.bigient.com	3D 실사 및 애니메이션 제작
	판타픽쳐스	02)761-1035		3D 실사콘텐츠 제작
	가인픽쳐스	02)332-5315~7		자체개발 Rig로 촬영
	쓰리디누리	02)553-0437	www.3dnuri.com	자체개발 Rig로 촬영
	3D LAB	010-5686-2636		레드로버에 의뢰 제작한 개인소유 Rig로 촬영
	윤신영 감독	010-5878-2920		Element Technica Rig 2식 구매
컨버팅	스테레오 픽쳐스코리아	031)339-1155	www.stereopictures.co.kr	2D-3D 컨버팅, 할리우드 다수영화 컨터팅작업
	CJ 파워캐스트	010-2205-8171	www.cjpowercast.co.kr	2D-3D 컨버팅
	인디에스피	02)804-9900	www.indsp.co.kr	2D-3D 컨버팅 소프트웨어 개발
	상상쓰리 디코리아	010-3585-0203		2D-3D 컨터빙, 3D 영화제작
	이시티	02)569-1960	www.ect.co.kr	2D-3D 컨버팅칩 개발, Real time 3D 컨버팅
	리얼디스퀘어	02)517-0890	www.rd2.co.kr	2D-3D 컨버팅, Real time 3D 컨버팅
	리얼이미지	02)538-6644	www.realimage.co.kr	〈타이타닉〉, 〈프리스트〉 등 컨버팅
	큐브 마스터	02)529-1622	www.cubemaster.kr	〈7광구〉 등
CG	빅아이 엔터테인먼트	02)576-6604~5	www.bigient.com	무안경멀티뷰 디스플레이, 3D 애니메이션 제작
	CJ 파워캐스트	010-2205-8171	www.cjpowercast.co.kr	3D 입체 애니메이션

구분	업체명	연락처	홈페이지	비고
블루레이	원더월드	02)548-9088	www.w2studios.com	3D 애니메이션 제작
	아트서비스	011-399-0716	www.art-service.co.kr	블루레이 오소링
	CJ 파워캐스트	010-5382-2838	www.cjpowercast.co.kr	블루레이 오소링 및 프린트
장비 납품	고일상사	010-8912-4373	ww.koil.co.kr	리그, 카메라, 렌즈 및 기타장비
	동화AV	010-8834-4056	www.dhav.co.kr	리그, 이케가미 카메라
특수 장비	테크노크레인코리아	011-9870-9270		테크노 크레인

예산의 누수를 줄이는 3D 기술

Dexster Workshop 채수응 PD

패러렐로 촬영 할 것인가? 컨버전스로 촬영 할 것인가?

컨버전스(Convergence)를 주고 촬영을 한다는 것은 사람의 눈이 오브젝을 주시하듯 카메라의 각도를 틀어 0점을 만드는 방식의 기본적인 입체촬영 방식이다. 컨버전스 촬영은 바로 입체의 연출을 볼 수 있어서 중저예산 장편영화나 방송중계에서 많이 활용하고 있다. 그러나 컨버전스 풀러가 다이나믹 컨버전스 이동을 구사할 때 NG가 발생할 여지가 있다. 또한, 각을 조정한 카메라에서 왜곡이 심해진 샷들에 대해서 후반보정하기가 까다로울 수 있다.

패러렐(Parallel), 즉 현장에서 컨버전스를 주지 않고 평행으로 카메라를 놓고 찍으면 렌즈와 미러의 키스토닝 왜곡을 최소화할 수 있어 VFX를 위한 샷이나 컨버전스 이동이 급격하게 빠른 액션장면에 많이 활용하고 있다. 그러나 현장에서는 HIT라는 입체0점을 가상으로 줄 수 있는 플레이백 장치가 필요하다. 또는, 촬영전 컨버전스를 주고 리허설한 후에, 입체연출이 확인되면 다시 카메라를 평행으로 촬영하는 공정을 만들어 진행할 수 있다. 후반의 HIT작업을 고려한다면 화면 좌우의 픽셀이 손실 될 수 있으므로 이를 고려하여 마스킹이나 크롭으로 모니터영역을 주고 프레이밍을 잡는게 좋다. 그리고 DI실에서 HIT작업할수도 있고, 스테레오그래퍼의 개인 작업용 컴퓨터에서 작업할수도 있겠다. 궁극적으로 HIT과정을 통하여 0점을 지정하는 공정을 거쳐야 한다.

어차피 장편영화는 후반DI공정에서 스위트닝(Sweetening)이라는 작업을 통해서 최종적인 입체편집의 연결과 뎁스콘티를 매끄럽게 해야 한다. 현장에서 컨버전스촬영으로 현장에러율을 감수하고 후반HIT작업분량을 줄일것인가? 아니면 DI실에서 시간을 많이 보낼것인가? 또는 컨버전스 촬영만 하려는 스테레오그래퍼의 고집과 패러렐 촬영만 원하는 VFX수퍼바이저의 논리는 어떻게 조율할 것인가?

입체는 조명을 많이 써야한다?

때론, 깊이감을 유지하기 위해서 오손웰슨식 미장센을 구사하기 위해 렌즈보케를 많이 안주고 F5.6을 유지하려고 한다. 이 때문에 조명의 입체적인 레이어링을 주기위해 조명을 많이 써야 할 수도 있다. 하지만, 매신마다 이러한 아바타 우주선 장면일까? 직교리그를 쓰면 미러때문에 감도가 떨어진다고 조명을 많이 줘야 선예도와 감도를 살릴 수 있어 밝게 조명을 해야 한다고 조명예산을 턱없이 올리는 경우가 있다. 그렇다면, RED EPIC같이 다이내믹 레인지가 16+스톱이 넘는 디지털카메라들의 장점을 활용하지 않는 것인가? 장비가 발전할수록 가격도 싸지지만, 이러한 기능개선에 의해 예산이 절감될 수 있다. 기계는 거짓말을 안한다. 기술이라고 전문가에게 맡기지 말고, 주의 깊게 보자. 오퍼레이터가 쓰지 않는 몇 가지 숨은 장비의 기능이 예산누수를 줄일 수 있다.

스크립터가 연출모니터를 관리 한다?

지극히 충무로식 발상이라고 생각한다. 오퍼레이터용 말고, 연출용 3D 모니터는 크면 클수록 좋다. 물론 현장컨디션을 봐야 하겠지만, 보통 47인치의 입체모니터는 가로 1m의 스크린 기준을 잡는다. 이를 통해 스테레오그래퍼는 13m 극장스크린에서 스케일다운된 입체값을 미리 모니터링 할 수 있다. 스크립터는 안경을 쓰고, 또는 안끼면서 화면을 흝으면서 공부해야한다. 라인만 꽂으면 입체영상이 나오는 모니터라든가, 사전 입체교육을 받지 않았다면 무거운 모니터들을 그들에게 떠넘기지 말자. 설사 그렇다해도 비싼 입체모니터 관리를 기술팀만큼 할수 있을까? BNC모니터링 라인관리를 연출부 막내한테 던져놓는게 맞는 것인가? 그가 3G SDI신호, EPIC의 플래그 데이터를 보낼 수 있는 HANC데이터가 실리는 1080P HD신호와 전송사정거리 등의 원리를 이해하는가? 예산을 줄이기 위해 이들의 사전교육을 해볼 수 있겠지만, 원활한 장비관리와 운용을 위해선 인력별 전문화가 필요로 한다. 연출모니터는 감독님만 보시니까 연출팀이 맡아야 한다는 구식발상은 접는게 좋다. 현장에 47인치 입체모니터를 여러대 들고 다니지 않으려면 촬영감독님, 조명감독님, 스테레오그래퍼도 동일한 모니터를 같이 봐야할테니까.

컨버팅은 해결책?

프리단계에서 걱정해야하는 후반공정이다. 후반예산의 급상승 요인은 현장에서 사고난 장면을 미리 확인 못하고 후반에서 한쪽 화면만 입체컨버팅 공정을 밟는 것이다. 컨버팅 기술은 많이 발전되었으나, 결과물의 질도 좋지 않거니와 많은 수작업과 예산이 소요된다. 반대로 그린매트촬영등의 인물없는 VFX가 과반수인 장면, 또는 무거운 리그장비 때문에 카메라무빙이 과다하게 제한받을 때에는 과감하게 카메라1대를 떼고, 컨버팅을 결심하는게 더 효율적이다. 입체감의 원리는 카메라와 오브젝이 가까울때 효과적이다. 입체감이 없는 도시전경 와이드 샷을 헬기촬영을 할때 굳이 카메라 2대로 가야할까?

10 최종정산 및 결산

후반작업이 마무리되어 개봉을 앞두고 마케팅이 진행되는 기간 동안 작품의 정산이 마무리되고 최종정산을 기반으로 결산이 이루어진다. 최초 예산 대비 실제 집행이 어떻게 진행되었는지를 단순히 수치상으로 확인하는 것 이상으로 세부적인 상황과 내용들을 정확하게 기재하는 것이 필요하다. 프로듀서의 성장은 어쩌면 이런 최종정산 및 결산을 통해서 이루어진다고 해도 과언이 아닐 것이다. 정확한 결산이 가능 하려면 최초 프리 프로덕션에서 확실한 기준과 계획이 전재되어야 하고 프로덕션 기간에서 일정과 예산의 관리가 체계적이고 진행에 대한 기록이 명확해야 하기 때문이다. 최종정산을 기반으로 진행단계별, 그리고 진행단계별 세부 파트별 결산 보고서는 다음 작품을 준비하는 데 가장 중요한 자료로 활용될 수 있다.

예산대비 최종정산의 증감차가 일정비율 이상일 때, 그 이유를 정확하고 냉정하게 분석하고 이를 자료로 남기는 것이 중요하다. 최종결산은 단순히 투자사 제출용 문서성격에 그치는 것이 아니라 향후 다른 작품을 준비할 때 소중한 데이터로 역할을 할 수 있다.

순 제 작 비 결 산 서								

작　품					작 성 일			
제 작 사					출 력 일			
감　독								
프로듀서								

대	소	항목	예산	최종정산	증감차	정산/예산	비　　고	
		순제작비 합계				%		
		순제작비						
1000	0	기획비						
1000	1	기획인건비						
1000	2	기획진행비						
1000	3	캐스팅디렉터						
1000	4	캐스팅진행비						
1001	0	시나리오						
1001	1	원작						
1001	2	각본						
1001	3	각색						
1001	4	대본제작						
1001	5	번역						
1001	6	대본진행						
		DEVELOPMENT 합계				%		
2001	0	제작파트						
2001	1	프로듀서						
2001	2	프로듀서진행비						
2001	3	제작실장						
2001	4	제작부						
2001	5	제작회계						
2001	6	제작부차량						
2001	7	제작진행비						
2001	8	제작연출비품						
2001	9	프로덕션슈퍼바이저						
2002	0	연출파트						
2002	1	감독						
2002	2	감독진행비						
2002	3	조감독						
2002	4	스토리보드						
2002	5	현장편집						
2002	6	콘티진행						
2002	7	연출진행비						
2002	8	자료구입조사						
2003	0	주연배우						
2003	1	주연						
2004	0	진행비						
2004	1	촬영준비진행비						
2004	2	헌팅진행						
2004	3	테스트촬영						
2004	4	워크샵						
		Pre Production 합계				%		

[그림 6.10 결산서 양식]

Film Marketing
영화 홍보와 마케팅하기

영화 마케팅은 관객들에게 영화를 홍보하고, 광고, 프로모션 등을 진행하여 관객들이 영화 구매를 하게 만드는 일련의 활동을 말한다.

협의의 의미로는 홍보, 광고, 프로모션만을 이야기하지만, 광의의 의미로서 영화마케팅은 기획부터 배급까지를 전반을 포함한다. 따라서 마케팅은 영화를 기획하는 단계에서부터 시작된다고 할 수 있다.

프로듀서는 기획단계에서부터 기획하는 영화가 관객들이 매력적으로 느끼는 작품이 될 수 있도록 관객이 어떠한 영화를 원하는 지에 대한 관객의 트랜드를 조사하고, 어떤 영화들이 흥행에 성공하는 지를 조사하고 적용해야 한다. 영화를 기획할 때, 프로듀서들이 범할 수 있는 일반적인 오류가 영화를 잘 만드는 필름메이커(filmmaker)로써 영화적 완성도에만 집중하며 관객이 무엇을 원하는지를 쉽게 간과하는 것이다. 따라서 프로듀서는 기획을 하는 단계에서도 마케팅적 입장에서 영화를 기획하는 자세가 필요하다.

이 책에서는 영화 마케팅의 전반에서 프로듀서 입장에서 마케터와 업무를 협의하고 진행할 때 알아야 할 것들을 중심으로 영화 마케팅을 설명하였다.

01 영화 마케팅이란?

영화 마케팅은 영화를 배급하는 데 있어 관객들에게 영화를 홍보하고, 광고, 프로모션 등을 진행하여 관객들이 영화 구매를 하게 만드는 일련의 활동을 말한다. [그림 7.1]은 시나리오 개발단계에서부터 개봉단계까지 영화 마케팅의 전체적인 작업의 워크플로우를 제시한 것이다.

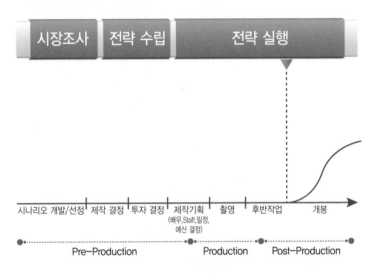

[그림 7.1 영화 마케팅 Flowchart]

'시장조사' 과정에서는 마케팅 리서치, 작품 및 외부환경 분석작업 등을 진행하고 '전략수립' 과정에서는 마케팅전략, 광고전략 등을 수립한다. 그리고 '전략실행' 과정에서는 마케팅 스태프들과 함께 광고, 프로모션, 홍보 등을 일정과 예산에 맞춰 실행하게 된다.

마케팅 리서치
(Marketing Research)

?O2

특정 영화의 투자 결정을 위해 표본 관객들에게 시나리오 모니터링을 통한 관객들의 반응을 조사할 때, 마케팅 전략 수행을 위해 표적관객(Main Target)을 규명할 때, 광고 및 판촉물의 효과성을 판단하려 할 때 마케팅 리서치를 활용하게 된다. 또한 영화 개봉 전, 표본 관객 시사를 통해 영화에 대한 선호도 조사를 실시하거나 개봉 전후에 실시하는 출구 조사 등도 마케팅 리서치에 포함된다.

영화산업에서 수행되는 마케팅 리서치의 방법으로는 시사회, 표적 집단 면접(FGI : Focus group interview), 설문지(Survey) 조사 등이 있으며 이 조사들은 모두 일반 관객 중에서 선정된 표본을 대상으로 한다. [표 7.1]은 마케팅 리서치의 세부적인 분류이다.

[표 7.1 마케팅 리서치 분류]

Research 분류	내용	리서치 주체	주의사항
Concept Testing	드물게 사용되며, 개발중인 영화의 아이디어와 캐스팅, 영화명에 대한 반응을 평가하는 조사.	제작사/투자 담당자, 마케팅 담당자	
시나리오 모니터링	탈고한 시나리오를 분석하여 영화의 장단점을 평가하기 위한 조사. CJ의 경우, 자체적인 조사방법을 개발하여 활용하고 있음.	제작사/투자 담당자, 마케팅 담당자	FGI와 혼동하기 쉬움
FGI(표적집단 면접)	별도의 공간에서 보통 10명 이하의 작은 집단을 대상으로 개봉 전 영화나 광고물에 대한 의견을 조사하는 방법	마케팅 담당자/마케팅 리서치 대행사	– 모더레이터의 질문방식에 따라서 결과가 달라질 수 있음 – Grouping 방식에 따라서도 결과가

	면접이전이나 도중에 TV나 극장스크린을 통해 예고편 등 마케팅 도구를 조사 대상자에게 보여주고 평가하게 된다		달라질 수 있으며 일반적으로 연령별로, 성별로 구분함. – 대규모 모집단을 추정하기 어렵기 때문에 모집단의 대표의견으로 혼동하여 최종의사 결정에서 사용하지 말아야 한다. 아이디어나 관객의 반응, 의견을 밝히기 위해 사용해야 함.
Test screenings (블라인드 시사/Preview screening)	개봉이전에 완성된 영화나 거의 완성된 영화에 대해 관객들의 반응을 조사하는 방법. 영화의 흥행가능성 평가 및 마케팅 통찰력 확보가 목적.	투자/마케팅 담당자/마케팅 대행사	관객의 불만족해하거나 혼란스러워하는 부분이 있으면, 감독과 이야기를 첨삭하거나 강화하여 영화내용 수정
광고 테스트	예고편과 TV CF 등 마케팅 목적의 광고물에 대한 반응 조사방법	마케팅 담당자/마케팅 리서치 대행사	
Tracking Survey (추적 조사)	곧 개봉할 영화들에 대한 대중의 인지도를 매주 조사	마케팅 리서치 담당자/대행사	추적조사 결과는 개봉 첫 주 박스오피스 예측에 매우 유용
Exit Survey (출구조사)	극장에서 영화를 보고 나오는 관객들을 대상으로 영화에 대한 반응을 그 자리에서 조사하는 방법	마케팅 담당자/마케팅 리서치 대행사	

작품 및 외부 환경 분석 O3

일반적으로 마케팅 전략을 수립하기 위해서 자신이 진행하고 있는 작품의 성격을 정확히 파악하고, 동시기에 개봉하는 영화들은 어떤 것이 있는지를 파악해야 한다. 또한, 영화를 보는 관객들의 취향이나 성향 등을 분석하여 영화의 강점과 약점, 기회요소 등 SWOT을 파악하고, 표적관객(main target)을 누구로 할지를 결정해야 하며 경쟁작과 본인의 작품의 포지셔닝(positioning)을 파악해야 한다.

3.1 작품분석

영화의 장르와 내용이 무엇이며 감독을 포함한 주요 스태프(staff), 배우(주연, 조연)가 누구인지 등으로 작품을 분석해야 한다. 이때 영화의 프로덕션 진행사항에서 특징 등도 분석 한다. 이러한 작품에 대한 분석을 통해 작품의 USP(Unique selling proposition), 즉 셀링 포인트(selling points)들을 찾아낼 수 있다.

3.2 경쟁작 분석

동시기에 개봉하는 영화들을 분석하여 자신의 영화가 이들 작품들과 어떤 유사점이 있는 지 혹은 어떤 차별점이 있는 지를 파악한다. 이러한 경쟁작 분석을 통해 자신의 영화 포지셔닝 전략을 구상할 수 있다. 또한, 추가적으로 이전에 개봉했던 작품중 자신의 작품과 유사한 작품들의 마케팅 전략을 벤치마킹(bench marking)하여 자신의 작품을 어떻게 포지셔닝(positioning)할 지에 대한 아이디어를 찾을 수 있다.

3.2 관객 분석

일반 제품에서 말하는 소비자 분석과 유사한 개념으로 영화를 보는 관객들의 성향 및 취향 등을 분석하는 것을 말한다. 일반적으로 영화진흥위원회에서 매년 소비자 분석을 발표하는 데, 이 자료가 유용하게 사용되고 있다.

O4 마케팅 전략

4.1 STP (Segmentation/Targeting/Positioning)

STP는 세분화(Segmentation), 표적시장 선택(Targeting), 포지셔닝(Positioning)의 머리글을 딴 마케팅 용어로 시장을 나누고, 목표를 설정한 후, 영화의 위치를 설정하는 전략이다. STP는 일반적으로 제품이 출시되기 전 자신의 제품이 집중할 곳을 정하기 위해 활용되는 마케팅전략이다.

4.1.1 세분화 (Segmentation)

영화를 보는 관객들을 여러 개의 그룹으로 분류하는 것을 세분화(Segmentation)라고 한다. 일반적으로 성별, 연령별, 직업별, 지역별 등 인구통계학적으로 구분하기도 하며, 영화관람횟수로 구분할 수 있으며 또한 심리적 요인으로도 세분화할 수 있다. 이러한 세분화 작업을 통해서 자신의 영화의 표적관객(main target)을 누구로 할지가 결정된다.

4.1.2 타겟팅 (targeting)

영화의 표적관객(main target)을 어디로 가져갈 지를 결정하는 것을 말한다. 영화의 표적관객층은 해당 영화를 가장 좋아한다고 여겨지는 관객층이기 때문에 개봉당일, 가장 먼저 극장에 나타날 것이라고 기대되는 사람들이다. 영화의 경우, 개봉 첫주 박스오피스 성적이 중요하기 때문에 이들 표적관객층에게 강하게 소구하지 못하면, 개봉 첫 주 성적이 매우 저조할 수 있다. 그렇기 때문에 마케팅 전략을 수립하기 위해서는 영화의 표적관객을 결정하는 것이 중요하다. 이때 결정된 표적관객층에 대해 마케터(Marketer)들은 이미 조사된 세분화를 통해서 표적관객의 취향 및 성향을 쉽게 파악할 수 있다.

4.1.3 포지셔닝 (positioning)

자신의 영화가 다른 경쟁작 영화와 어떻게 차별화가 이루어지고 표적관객이 소구하는 바와 어느 정도 일치하는 지에 대한 위치를 정하는 것을 말한다. 이러한 포지셔닝 작업을 통해 영화의 광고 전략을 비롯해 홍보, 마케팅 총괄 전략을 정할 수 있다.

4.2 SWOT 분석

SWOT 분석은 영화의 장단점을 비롯해서 시장 상황의 기회요소와 위협요소를 분석하여 어떻게 마케팅 전략을 수립할 지에 대한 대안을 마련하는 분석 방법이다.

먼저, 'S', 강점(strength)은 영화의 장점을 기술하는 것으로 영화의 속성 중에서 다른 영화에 비해 자신의 영화가 갖고 있는 장점을 나열한다. 두번째로 'W', 약점(weakness)은 자신의 영화의 속성 중 다른 영화에 비해 상대적으로 약하다고 여겨지는 속성을 기술한다. 이를 통해 자신의 영화의 장점과 약점을 파악한다. 세번째로 'O', 기회요소(opportunity)는 영화가 개봉하는 시점에 시장 상황에서 자신의 영화에 이익이 될 수 있는 기회요소를 찾는 것이다. 개봉시점에 사회적 상황 혹은 소비자의 트랜드, 경쟁작의 상황, 배급 상황 등 중에서 어떠한 점이 기회요소로 영화를 흥행할 수 있게 하는 지를 파악하여 기술한다. 마지막으로 'T', 위협요인(threat)은 기회요소와 달리 영화의 시장상황 중에서 자신의 영화에 악영향을 끼칠 수 있는 위협 요소를 찾아서 기술하는 것이다. 이를 통해 자신의 영화의 장단점과 기회요소, 위협요소를 파악하여 이에 맞는 마케팅 전략을 수립한다.

Strength	Weakness
영화의 강점이 무엇인가? Selling Point	영화의 약점이 무엇인가?
Opportunity	**Threat**
기회요소는 무엇인가?　경쟁작 분석 시장 트랜드 분석　개봉 시기 분석	주의를 요하는 것이 무엇인가?

[그림 7.2 SWOT 분석]

SWOT 분석을 이용한 전략에는 SO전략, WT전략, WO전략, ST전략이 있다. 1. Strength-opportunity 전략은 강점과 기회요소를 활용하여 적극적으로 마케팅 전략을 수립하는 것이고, 2. Weakness-threat 전략은 약점과 위험요소를 파악하여 이들을 피할 수 있는 마케팅 전략을 수립한다. 3. Weakness-opportunity 전략은 영화의 약점을 기회요소를 활용하여 약점을 상쇄시키는 마케팅 전략으로 수립할 수 있다. 마지막으로 Strength-threat 전략은 강점이 위험요소로 인해 약점이 되는 것을 미리 방지하도록 하는 전략이다.

4.3 컨셉(Concept) 및 셀링 포인트(Selling Points)

4.3.1 컨셉(Concept)

작품 분석, 타겟팅, 포지셔닝, SWOT 분석을 통해 자신의 영화를 어떻게 팔 것인가에 대한 컨셉이 도출되면 광고 및 홍보, 프로모션 전략의 기본이 결정되었다고 할 수 있다.

4.3.2 셀링 포인트(Selling points(USP : Unique Selling Proposition))

USP는 표적관객층에게 소구될 수 있는 영화의 독특한 점 중에서 구매와 흥미를 유발할 수 있는 점들을 말한다. 혹은 셀링 포인트라고도 불린다. USP는 영화의 컨셉(Concept)과도 매우 연관성이 높다. USP로 고려할 대상들은 아래와 같다.

- 유명한 스타(감독, 배우 등)가 관련되어 있는가? 그리고 그들 때문에 개봉 첫 주에 극장에 관객들이 올 수 있는가?
- 이야기가 호기심을 자극하고 독특한가?
- 비평의 영향이 큰 영화인가?
- 제목만으로 영화내용이 전달되는가?
- 관객들이 등장인물에 대해 깊은 관심을 가질 것인가?
- 관객층을 확대할 수 있는 추가적인 서브플롯(sub-plot)이 있는가?
- 프로덕션 기간동안에 매력적인 장소, 음악, CG, 촬영 등의 프로덕션 특징이 있는가?

광고 ?O5

5.1 크리에이티브 전략(Creative strategy)

5.1.1 영화 제목(Movie Titles)

넓은 의미의 마케팅 전략으로 봤을 때 관객들에게 가장 먼저 영화의 정보를 제공하는 것이 영화제목이다. 따라서 영화제목은 광고물의 구성요소 중 가장 큰 효과를 거둘 수 있는 요소가 된다. 일반적으로 영화제목은 영화 촬영 전에 결정되는 경우가 많은 데, 촬영이 시작되고 마케팅이 시작되면 영화제목을 바꾸기가 쉽지 않기 때문이다. 하지만, 최근에는 마케팅 시작이 촬영 일정에 맞추기보다는 개봉 일정에 맞추기 때문에 촬영중간에 제목이 변경되는 경우가 종종 있다. 영화제목은 법적으로 영화제목에 대한 독점적 권리를 인정받을 수 없기 때문에 이전의 영화제목을 다른 영화에서 그대로 사용하는 경우가 가능하다. 가장 대표적인 예가 이명세 감독의 〈인정사정 볼 것 없다〉와 유하 감독의 〈비열한 거리〉 등이 있다.

영화제목은 각 시대의 트랜드에 맞추어서 제목을 만드는 방법이 수시로 바뀌게 된다. 어떤 때는 한 단어로 된 제목이 유행하기도 하다가 어떤 때는 긴 제목이 유행하기도 한다. 최근 들어 외국 시리즈물의 경우, 원작 영화(parent movie)의 제목을 사용하지 않고 새로운 제목으로 런칭(Launching)하는 것이 추세이다.

영화제목은 관객들에게 최초로 제공되는 영화의 정보이고, 영화의 톤(tone)과 매너(manner)를 가장 먼저 보여주기 때문에 표적관객층에게 소구되고 흥미를 불러일으킬 수 있으며 쉽게 연상될 수 있는 제목으로 지어야 한다. 한 예로 작년에 최고의 흥행작 〈최종병기 활〉의 경우, 원제가 〈활〉이였으나, 액션영화로서 이미지를 만들기 위해 '최종병기'라는 단어를 추가시켰다.

제목만으로 정확한 이미지 전달이 어려운 경우에는 태그라인을 이용하여 영화의 이미지를 보강하는 경우가 있는 데, 이러한 대표적인 예가 '코믹잔

혹극 〈조용한 가족〉이다. 제목에 태그라인으로 '코믹잔혹극'을 사용함으로써 영화가 기존의 호러영화와 다른 장르라는 것을 강조하였다.

5.1.2 인쇄 광고

포스터를 비롯한 인쇄 매체(신문, 잡지 등)의 광고는 디자인 대행사에서 제작을 하게 된다. 디자인 대행사는 마케팅팀의 영화에 대한 컨셉과 방향을 기반으로 하여 가안을 여러 개 작업하여 제시한다. 이때 제시한 가안들을 기반으로 마케팅팀과 디자인 대행사는 좀 더 정교한 버전의 시안을 결정한다. 인쇄 광고, 특히 포스터는 하나의 이미지로 영화를 설명해야하기 때문에 어떤 이미지를 보여줄 것인가를 선택하는 것은 매우 중요하다. 경우에 따라 포스터를 위해 세팅된 이미지를 쓰거나 영화 속 결정적 장면이 포스터 이미지로 사용되기도 한다.

인쇄 광고는 하나의 이미지가 표적관객층에게 정확하게 소구되어야 하는 것이 원칙이지만 최근의 경향은 다양한 인쇄 광고 비주얼들을 사용하는 추세이다. 특히 블록버스터의 경우는 다양한 관객층에게 소구되어야 하므로 각 관객층에 소구될 수 있는 다양한 형태의 인쇄 광고물을 만들기도 한다. 가장 대표적인 형태가 영화 속의 캐릭터들마다 단독으로 만든 캐릭터 포스터라고 할 수 있다. [표 7.2]는 영화 인쇄광고디자인을 담당하는 주요업체 목록이다.

[표 7.2 영화 광고디자인 업체 리스트]

대행사명	연락처	담당자	비고
꽃피는 봄이 오면	02)3443-8532	김혜진 대표	kkotsbom@kkotbom.com
그림	02)516-7324~6	배광호 대표	grimdesign@hanmail.net
스푸트닉	02)325-6552	이관용 실장	sputnik@sputnik.co.kr
디자인 바름	02)3445-7844	우미영 실장	gging2i@dreamwiz.com
디자인 예술	02)2264-9101	안상수 대표	yesool9@hanmail.net
빛나는	02)569-9980	박시영 실장	work@ditnaneun.com
케이즘	02)514-8605	김민지 실장	mernji@hanmail.net
미래소년	010-6279-0739	서정국 실장	futureboy1@naver.com
자몽	02)3445-7618	안태희 대표	dejamong@daum.net
피그말리온	070)8659-3068	박재호 대표	pygmn@naver.com
디자인 색	02)3444-3373	김민정 실장	haru7717@naver.com
크레파스	070)8129-9733	김동현 실장	crefasiam@naver.com
프로파간다	02)6403-6856	최지웅 대표	choijw21@hanmail.net
디자인 21	02)2273-0453	김의수 실장	ngisedl@hanmail.net

⊚ 포스터/전단

포스터는 영화의 가장 대표적인 이미지라고 할 수 있다. 따라서, 포스터 제작은 예고편 제작보다 더 어렵고 정교해야한다. 일반적으로 포스터는 영화의 컨셉을 기반으로 하여 소구 대상의 성격에 맞추어 제작된다. 티져 (teaser) 포스터[1]의 경우는 영화의 내용을 그대로 보여주기 보다는 관객들에게 호기심을 자극시키고 정보를 알고자 하는 욕구를 불러일으키게 만드는 데 목적을 둔다. 포스터와 전단은 영상물 등급 위원회[2]의 심의를 받아야 하며 인물의 포즈나 내용이 청소년에게 유해한지 여부를 판단하여 문제가 있을 경우, 심의가 반려된다.

⊚ 인쇄매체광고

신문, 잡지 등 인쇄물에 기재되는 광고를 말한다. 인쇄매체 광고는 다양한 이미지를 보여주는 동영상광고와 달리 지면이 제한되어 있기 때문에 임팩트있게 소구될 수 있는 이미지와 함께 광고 카피(COPY)를 사용하여 정확하게 표적관객층에 소구되어야 한다. 공중파 TV광고 비용에 비해 좀 더 저렴하고, 다양한 매체를 이용할 수 있기 때문에 TV 광고보다 일찍 노출되며 그런 이유로 다양한 마케팅 전략을 활용할 수 있다. 또한 매체에 따라 소구되는 관객이 달라지기 때문에 대상에 따라 카피 문구나 이미지를 변경할 수 있는데, 일반적으로 개봉 전에는 포스터 이미지, 즉 대표 이미지를 활용하여 만든다. 하지만, 개봉 이후에는 포스터 이미지 외의 다른 이미지를 활용하여 만들게 된다.

인쇄 매체 광고도 심의를 받게 되는데, 심의는 대부분 인쇄 매체 광고를 제작하는 인쇄소에서 진행한다. 인쇄광고 심의 또한 영상물 등급 위원회에서 심의한다. 주의할 점은 인쇄광고에 들어가는 문구 중, '이번 주 최고 예매율', '전국 박스오피스 1위' 혹은 영화평론가나 매체 평, 일반인 평을 인용할 경우에는 근거가 되는 자료를 반드시 첨부해야 한다는 것이다. 최근들어 인쇄 매체의 파워가 약해지면서 인쇄매체 광고비 비중은 점차 줄어들고 있는 추세다.

⊚ 기타 광고

인쇄 매체 광고 외에 지하철, 버스, 극장 현수막, 스탠디(standee) 등을 옥

Tip

[1] "티징(Teasing)"이란 의미는 "집적거리다"라는 뜻으로 관객들에게 호기심을 불러일으키고, 영화에 대한 인지도를 일찍 형성시켜 관객의 마음속에 영화를 포지셔닝 하고자 관객들에게 영화에 대한 감을 전달하는 것이다. 또한, 관객의 관심을 끌어내고 추후 영화에 대한 정보를 더 찾아보도록 유도하려는 목적도 있다. 티져 예고편은 보통 30초에서 90초 내외로 짧게 만든다. 잘못된 혹은 너무 일찍 시작한 티져 캠페인은 영화의 신선함이 사라지고, 영화를 보고 싶어 하는 욕망을 감소시키기도 하므로 전략 수립 시 이러한 점을 고려해야 한다.

Tip

[2] 광고선전물에 대한 심의 서류 및 방법, 자세한 내용은 영상물 등급 위원회 홈페이지(www.kmrb.or.kr)에서 확인할 수 있다.

01 스탠디(Standee) : 스탠디는 영화 프로모션을 위해 만들어진 대형 디스플레이를 말한다. 일반적으로 카드보드(cardboard)부터 포스터 현수막, 입체형까지 다양하게 존재한다. 최근에는 스탠디에 조명이나 움직이는 효과를 추가하여 관객들의 호기심을 불러일으키게 만드는 스탠디까지 등장하였다.

02 씨티비전(City Vision) : TV이상의 화질로 볼 수 있는 대형 동영상 광고로 일반적으로 사람들이 자주 다니는 도심 밀집 지역의 건물 옥상이나 벽면에 설치되어 있다.

외광고라고 말한다. 이 중 동영상 광고는 건물 옥상이나 외부에 설치되어 있는 씨티비전이나 편의점, 커피전문점 등에서 설치된 TV나 모니터로 보여지는 동영상 광고들을 말하며, 이미지 광고는 포스터 등의 대표적인 이미지를 사용하는 광고를 말하는 것으로 지하철이나 버스, 건물 외벽 현수막, 벽보 등을 말한다. 이러한 옥외 광고들은 불특정 다수를 대상으로 하며, 표적 관객들이 자주 다니는 장소에 노출시켜 영화의 인지도나 관심을 높이는 역할에 사용된다. 따라서 일반적으로 영화 개봉 전 가장 먼저 되는 노출되는 광고형태가 된다.

반면에 극장 내에 설치하는 현수막이나 스탠디, 전단, 동영상 광고 등은 철저하게 영화의 표적 관객층을 대상으로 하는 광고로 영화의 표적관객층들에게 인지도를 비롯해서 선호도를 높이기 위한 광고 형태이다.

이들 광고의 경우, 인쇄매체 광고나 TV 광고와 달리 규제가 심하지는 않으나 영상물 등급위원회에서 심의를 받아야 한다.

[표 7.3]은 위에서 언급했던 광고물 중 극장에서 필요한 선재물의 리스트이다.

[표 7.3 극장 선재물 리스트]

종류	내용
포스터	일반적으로 티져와 본 포스터로 나누어지며 영화의 대표이미지를 가지고 만든다. 최근들어 포스터의 종류가 점점 다양해지는 경향이 있다. 포스터의 사이즈는 대국전부터 4절까지 다양하게 있으며 극장내 포스터 부착 장소의 사이즈에 맞추어 극장에서 요청을 하게 된다.
전단	관객들에게 영화의 정보를 좀더 자세히 알려주고자 만든 것으로 손에 들고 다닐 수 있게 만드는데, 전단 사이즈는 엽서 사이즈부터 A4보다 더 큰 사이즈까지 다양하다. 일반적으로 서울의 경우는 다양한 사이즈의 전단을 만드나 지방의 경우에는 A4 사이즈의 1장짜리 전단을 만든다. 또한, 전단은 극장외의 외부 행사나 이벤트에서도 관객들에게 나누어 줄때도 사용된다.
예고편	예고편은 1분에서 2분이내의 동영상으로 극장에서 본영화가 상영되기 직전에 개봉예정작의 정보를 전달하고 흥미를 유발하기 위해 만든 광고의 한 종류이다. 예고편도 포스터와 마찬가지로 티져와 본 예고편으로 나뉘어지는데, 티저 예고편은 전략에 따라 제작 유무가 결정된다. 이전에는 다른 영화의 본편 상영전에 예고편을 상영하는 것에 대해 비용지불이 없었으나 최근에는 각 영화관마다 예고편 상영편수가 제한이 되면서 30초 예고편을 만들어 극장에 광고비를 지불하고 일반 제품 상영하는 시간에 예고편을 상영한다.

종류	내용
스탠디 (standee)	영화의 대표 이미지를 활용하여 만든 대형 디스플레이를 말한다. 예전에는 종이로 만들었으나 최근에는 다양한 재료를 활용하여 만들거나 영화속 의상이나 소품 등을 활용하여 만들기도 한다.
배너	일종의 현수막과 같은 것으로 극장안에 포스터 이미지를 활용하여 부착하는 것을 말한다. 각 극장마다 그 사이즈와 형태가 다르므로 확인하여 제작해야 한다. 일부 극장은 광고비를 요구하기도 하며, 내부와 외부 모두 부착가능하다.
뮤직비디오 (동영상)	극장 로비나 외관에 설치된 스크린이나 모니터에서 상영되는 영상으로 예고편이나 뮤직비디오, 혹은 다른 동영상을 활용하기도 한다.

5.1.3 동영상

⟫ 예고편

예고편은 영화 개봉 전 관객들에게 영화가 어떤 내용인지 정보를 제공해주고, 호기심을 불러일으키게 하기 위해 제작된다. 일반적으로 1분에서 2분 이내이며, 티져 예고편의 경우는 1분 이내로 제작된다.

예고편은 예고편 제작 전문 대행사에서 진행한다. 대행사에서는 가장 먼저 영화의 가편집본을 비롯하여 NG컷까지 제작부에게 요청한다. 대행사에서 필요할 경우에는 회차별 현장편집본을 요청하기도 하며 경우에 따라 예고편을 새로 제작하기도 한다. 헐리우드의 경우에는 영화 촬영 중에 영화의 상을 입고 주연배우가 예고편을 위한 특별촬영을 하기도 한다. 한국영화, 〈미녀는 괴로워〉도 영화와 아주 다른 배경에서 새로운 예고편을 촬영하기도 하였다. 이런 경우에는 아예 예고편 제작을 위한 새로운 촬영 스태프들이 구성되기도 하며, 프로젝트를 진행했던 영화 스태프가 재고용되기도 한다. 이 경우, 인건비는 순제작비 예산이 아니라 마케팅 예산으로 진행하는 것이 일반적이다. 이렇게 특별 촬영을 하는 경우에는 독점 공개 등의 프로모션에 활용되기도 하며 경우에따라 이렇게 추가 촬영한 장면이 본 영화의 한 장면으로 사용되기도 한다.

여러 개의 예고편 가안들 중에서 최종 하나의 가안을 확정을 하면 다시 편집실에서 극장에서 상영할 수 있는 원본 파일을 받아서 최종 편집을 완료하며, 이 때 필요한 CG 및 자막 등은 대행사에서 진행을 하거나 본편에 들어가는 CG를 그대로 사용하기도 하는데 이런 경우 제작부는 원활한 진

행을 위해서 예고편 대행사와 CG업체의 업무진행을 도와주어야 한다. 음
악의 경우, 예고편을 위해 새로 제작을 하거나 기존 곡을 사용하기도하며
경우에 따라 영화 본편에 사용되는 음악을 그대로 사용하기도 한다**1**. 마지
막으로 믹싱 작업을 할 경우, 일반적으로 본편 믹싱 업체에서 함께 진행하
게 되는데, 이 때 사용되는 비용에 대해서 본 영화 계약시 함께 계약을 진
행하거나 혹은 추가로 계약하기도 하는데, 계약방식에 따라 비용발생 부서
가 달라질 수 있다. 엄밀하게 말해서, 예고편을 위한 믹싱은 마케팅 파트
에서 발생되는 것이 맞지만 본 영화 계약 때 순제작비에 산입시켜 계약이
진행되기도 한다. 따라서 제작부는 믹싱 업체계약시 예고편 믹싱 계약여
부를 확인하고 진행해야 한다**2**. 예고편도 극장 상영을 전제로 하기 때문
에 본 영화 후반작업과 동일한 방식으로 진행된다. 따라서 돌비(Dolby)나
DI 등의 작업이 함께 수행되어야 한다. DI를 할 때는 촬영감독이 협조해주
는 경우도 있지만, 대행사에서 자체적으로 진행하기도 한다.

예고편도 극장 상영을 위해서는 심의가 필요하다. 예고편이 완성되면 예고
편 제작 대행사 혹은 마케팅 팀에서 예고편 심의서류(신청서, 예고편 대본
3부, 예고편 프린트 1벌, 예고편 내용 자료, 디지털 상영 시 사유서, DVD
1개 등)를 영상물 등급위원회에 신청해야 한다. 최종적으로 심의까지 완료
되어야 극장상영이 가능하다. [그림 7.3]에서 예고편 제작의 기본적인 흐
름을 제시하였으니 참고바란다.

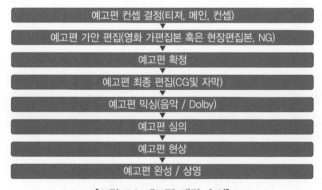

예고편 컨셉 결정(티져, 메인, 컨셉)

예고편 가안 편집(영화 가편집본 혹은 현장편집본, NG)

예고편 확정

예고편 최종 편집(CG및 자막)

예고편 믹싱(음악 / Dolby)

예고편 심의

예고편 현상

예고편 완성 / 상영

[그림 7.3 예고편 제작 순서]

극장들은 예고편 상영을 본 영화 상영 전 5편 이하로 제한하고 있다. 예고편이 흥행 영화 앞에 배정될 경우, 많은 관객들에게 노출되기 때문에 영화 인지도 상승에 중요한 작용을 할 수 있다. 따라서 배급 담당자나 마케팅 담당자는 극장 프로그래머가 예고편을 어느 영화에 배정하는 지, 몇 회 상영하게 하는 지 등에 대해 민감하다. 최근에는 예고편을 극장에 상영하는 것에 대해 비용을 지불하고 극장과 광고 계약을 하기도 하는데 이 때 예고편은 30초로 제한된다. 또한, 극장 로비의 동영상 광고를 계약하여 예고편과 뮤직 비디오 등을 상영하기도 한다.

아래는 예고편 제작 대행사들을 소개한 표이다. 예고편 제작 대행사에서 티저 예고편, 본 예고편, 뮤직비디오 등의 모든 동영상 광고를 제작한다.

[표 7.4 예고편 제작 대행사 리스트]

대행사명	연락처	담당자명	비고
줌	02)3142-5475	이동근 실장	
키메이커	02)548-3353	남화정 대표	insoutf@hanmail.net
하하하	02)512-7454	최승원 감독	
리틀머큐리	02)3445-4885	정광진 대표	
모팩 스튜디오	02)3444-6459	한동성 이사	production@mofac.com
사이다	02)334-9777		
예고왕	02)6013-8236	최범진 대표	
넥스트 비주얼 스튜디오	02)6925-6100	이미경 차장	mkle@nextvisual.co.kr
찰스 프로덕션	02)515-9150	이철수	
크레파스	070)7706-5081	김동현 실장	crefasiam@naver.com

◉ TV 광고(TV CF)

TV 광고는 일반적으로 30초, 20초, 15초 단위로 만든다. 30초 TV 광고의 경우, 케이블 TV용으로 사용되는데 방송사에 따라 1분짜리를 요청하기도 한다. 20초와 15초광고의 경우는 공중파 TV에 사용되는데 15초광고가 대체로 사용된다.

TV 광고는 예고편을 압축해서 만드는 경우가 대부분이지만 케이블TV와 공중파 TV의 소구 대상이 다르기 때문에 각 소구 대상에 맞추어서 편집하게 된다. 예를 들어 공중파용 TV광고의 경우, 가장 넓은 대상에게 소구되며, 케이블TV의 경우, 어떤 채널이냐에 따라서 소구 대상(여성, 어린이, 남성 등)이 특성화 될 수 있기 때문에 편집내용이 달라질 수 있다. 대행사는 몇 개의 대안들을 마케팅팀에 보여주고 이중에서 최종 편집본을 결정하거나 수정하여 최종 편집본을 만들게 된다.

TV광고 믹싱의 경우, 믹싱 업체는 광고 전문 믹싱 업체에서 다시 하게 되는데 이때 라디오 CM도 함께 믹싱하게 된다. 효과적인 라디오 광고를 하기 위해서는 TV광고의 사운드트랙을 그대로 가져오기보다 라디오 광고의 특성에 맞게 제작해야 한다. 라디오 광고는 성우가 녹음을 하는 것이 일반적이었으나 최근에는 영화에 출연하는 주연배우가 성우를 대신하여 녹음하는 경우도 있다.

TV 광고도 심의를 받게 되는데, 이때 심의는 영상물등급위원회가 아닌, 한국방송광고진흥공사(KOBACO)[1]에서 진행하게 된다. 이때 주의할 점은 TV 광고는 영화 등급 심의가 완료되어야 가능하다는 것이다. 따라서, 제작부는 영화등급심의가 완료되면, 등급 심의서를 마케팅팀에 1부 전달해주어야 한다. 영화등급이 18세 이상인 경우에는 방송가능시간이 오후 11시 이후로 제한되기 때문에 영화등급이 TV광고에는 매우 중요하다.

◉ 온라인 광고

온라인 광고의 형식은 배너, 팝업(pop-up), 동영상 등으로 다양하다. 아직까지 인터넷 광고는 체계적인 광고형식이 있기보다는 사람들에게 주목을 끌 수 있는 형식을 추구한다. 이중 영화의 경우, 플래쉬(Flash)나 동영상 광고 등 평면적인 광고보다는 입체적인 광고 형식이 일반 제품 광고에 비해 활용도가 높은 편이다. 이들 광고의 경우, 영화 포스터나 예고편을 기반으로 하여 매체 광고 형식에 따라서 재배치하는 경우가 대부분이나 일부 광고의 경우, 온라인 광고를 위해 새로 제작하는 경우도 있다. 인쇄 광고, TV 광고와 마찬가지로 온라인 광고도 광고의 특성과 타겟이 누구냐에 따라 광고 내용이나 형식을 다르게 하는 것이 효과적이다.

대부분 온라인 광고는 온라인 광고 대행사에서 제작을 하여 몇 개 시안들 중에서 선택하여 진행을 한다. 온라인 광고도 영상물 등급위원회에서 심의

03 배너광고 : 홈페이지에 띠 모양으로 만들어 부착하는 인터넷상의 광고 형태. 처음에는 직사각형의 모양에 도메인과 사업 내용을 알리는 단순한 형태로 시작했으나, 요즘에는 동화상을 넣는 형태나 홈페이지를 열면 화면에 고정적으로 배치되는 형태 등으로 다양화되고 있다. 초기 인터넷광고 시장의 주도적인 역할을 했던 배너 광고는 너무 비싼 광고비용과 검색이 생활화된 인터넷 사용자들의 영향으로 키워드광고에게 그 자리를 넘겨주었다. 최근에는 클릭율 향상을 위해 눈에 띄는 동영상이나 마우스를 갖다 대면 로딩 되는 방식 등의 아이디어와 가격 인하 등으로 돌파구를 찾고 있다. 회사 이벤트나 어느 정도 매출 달성 후 기업이미지 인식을 위한 효과로는 여전히 좋은 광고이다.

04 팝업광고 : 웹 페이지가 로딩될 때 팝업창에 나타나는 광고.

▶ **Tip**

[1] www.kobaco.co.kr 홈페이지에서 자세한 내용은 확인하기 바람

를 받는다.

5.2 매체전략

영화광고 캠페인은 개봉 한달전 혹은 3주전부터 개봉 첫 주말까지 진행된다. 이를 pre-release launch라고 하는데, 최근에는 개봉 이후 입소문 마케팅을 중심으로 온라인 배너 광고, 케이블 TV 광고 등의 영화광고 캠페인을 계속 유지하는 경우도 있다.

광고 집행을 위한 매체구매를 계획할 때 도달률(reach)과 빈도(frequency) 중 어느 기준에 초점을 맞추어 구매할 지를 결정해야 한다. 도달률이란, 표적이 되는 가구나 개인 중 측정기간 동안 적어도 한번 이상 광고를 본 비율을 말하며 광고 캠페인의 넓이를 측정하는 척도이다. 한 가구나 개인이 여러 번 같은 광고를 봤더라도 계산은 한 번만 된다. 빈도는 측정기간 동안 표적관객인 개인이나 가구에게 광고가 노출된 횟수를 말하며 캠페인의 깊이를 나타낸다. 블록버스터나 광고예산이 많은 영화의 경우, 넓은 그물을 던지는 것이기 때문에 도달률을 강조한다. 반면 틈새시장을 노리는 영화나 예산이 적은 영화의 경우, 도달률보다 빈도를 강조하게 된다. 매체 구매시 중요시되는 기준 중 CPM(Cost Per Mille/Cost for thousand)은 1,000명의 가구나 개인에게 도달하는데 드는 비용을 말하며 매체의 효율성을 보고자 할 때 사용된다[1].

▶ Tip

[1] 예를 들어 특정 프로그램의 시청자가 1,000만 명이고 이들이 영화의 주관객층이라고 산정했을 때, 이 프로그램의 15초 TV 광고가 2,000만원이라고 가정하면 프로그램의 CPM은 2천원(20,000,000원/10,000명)이 되는 것이다. 즉 1,000명에 도달하는 데 2,000원이 필요하다는 것이다. CPM은 광고비와 시청자 특성이 다른 여러 프로그램들을 비교할 때 유용하게 사용된다.

영화배급사들이 광고규모를 결정할 때는 박스오피스 예상관객과 개봉시기의 경쟁상황을 고려한다. 매체 구매 계획은 개봉당일이나 동시기 개봉작들의 광고 캠페인을 예상하며 판단한다. 특히 표적관객층이 유사한 경쟁영화들은 중요한 고려대상이 된다. 광고효과를 평가하기 위해 배급사들은 광고비 증가분 대비 영화수입의 증가분을 추정한다. 광고계획은 계절, 교통 발달 정도, 대학생들의 학사일정 등에 영향을 받기도 한다.

매체기획안은 매체별 광고비가 각 매체 별로 나누어져 하루 단위로 기술되어 있으며, TV광고의 경우는 채널 별, 프로그램 별로 나뉘어서 기술되어 있다. 매체별 일정은 영화에 따라 달라질 수 있지만, 일반적으로 온라인 광고부터 노출을 시작하여 옥외광고, 잡지(월간지, 주간지)광고, 케이블TV, 인쇄매체(주간지/일간지), 지상파 TV광고의 순으로 노출된다.

5.2.1 Online

인터넷 마케팅의 핵심은 영화공식 홈페이지이다. 예전에는 홈페이지 제작에만 수천만원을 지출하기도 하였다. 하지만, 최근에는 영화 공식 홈페이지를 만드는 것에 많은 비용을 들이기보다는 영화 정보 공유를 비롯하여 각종 온라인 이벤트 및 마케팅의 플랫폼(platform)으로서 역할에 더 초점이 맞추어지고 있는 실정이다. 영화 홈페이지에는 보도자료에 있는 요소들과 사진, 예고편 등이 기재되나 영화 홈페이지의 대상은 언론매체보다는 일반인을 대상으로 한다는 면에서 차이점이 있다. 따라서 영화 홈페이지의 내용도 언론매체를 상대로 할 때와는 다른 형식이나 내용으로 기재되어야 한다.

최근 들어서는 SNS(Social Newtwork System)가 활발해지면서 공식 홈페이지보다는 페이스북이나 블로그가 공식 홈페이지의 역할을 하는 경우가 많아졌다.

온라인 광고는 2000년대 이후 비중이 높아져 최근에는 TV광고 다음으로 높은 광고비 비중을 차지하고 있다. 일반적으로 인터넷 광고의 대부분이 포탈 사이트에 집중되지만, 타겟 마케팅을 위해 영화나 특정 엔터테인먼트에 전문화된 사이트(네이버 영화, 맥스무비 등)에 광고를 하기도 한다. 온라인 광고를 집행할 때는 CPC(Cost-per-Click), CPM(Cost-per-Mille), CPA(Cost-per-Action) 중 어떤 것을 기준으로 할지를 결정하고, 매체 집행 계획을 세워야 한다.

05 CPC(Cost-per-Click) : 광고를 클릭한 횟수만큼 과금하는 방식

CPM(Cost-per-Mille) : 노출횟수(1000회 기준)만큼 과금하는 방식

CPA(Cost-per-Action) : 상품판매나 가입자 유치실적에 따라 과금하는 방식

공중파 TV나 인쇄광고에서 제약이 있는 청소년관람불가 영화들의 경우, 심의에서 좀 더 자유로울 수 있는 온라인 마케팅에 집중하기도 한다. 소재 면에서 오프라인 마케팅에 제약이 있는 사회고발 영화들의 경우에도 SNS을 활용한 온라인 마케팅에 집중을 하여 이슈를 만든 사례도 있다.

5.2.2 Offline

오프라인 광고캠페인은 신문, 케이블TV, 라디오, 공중파 TV, 옥외 매체 등으로 나누어진다. 일반적으로 광고비에서 가장 큰 부분을 차지하는 매체는 TV이다. 공중파 TV광고를 선호하긴 하나 매체비가 비싸고, 영화등급심의

를 받아야 광고 노출이 가능하기 때문에 심의 후 개봉일까지 기간이 급박하여 노출효과가 떨어지는 경우에는 TV광고를 포기하고 다른 매체로 비용 안배를 하는 경우가 많다. TV광고는 지상파의 경우, 폭넓은 관객들에게 어필할 수 있으며, 케이블TV 광고의 경우는 채널에 따라 시청자층이 다르므로 타겟 마케팅이 가능하다.

인쇄매체는 광고량 조절이 유연한 편이다. 광고량을 맞추기 위해 발간물의 페이지수를 늘리거나 줄이기가 용이하며 광고 사이즈 조절도 가능하다. 잡지 광고의 매력은 구독자들이 인구통계 특성이 뚜렷하다는 점이다. 따라서 단순히 신문에서 사용한 광고를 그대로 사용하기 보다는 잡지를 위한 광고를 별도로 기획하는 것이 효과적이다. 잡지광고는 대부분 구독률과 가판대의 판매량을 기초로 결정된다. 특히 매체구매자들이 가장 가치가 높다고 보는 잡지 소비자는 정기구독자이다. 이들은 잡지를 꼼꼼히 보고, 높은 관여도를 가지고 있다. 인터넷이 발달하면서 신문 광고의 비중이 매우 줄었으며, 최근에는 메트로 포커스 같은 무가지를 중심으로 신문 광고가 진행되고 있다.

옥외광고는 야외광고(씨티비전 등), 대중교통(버스, 지하철, 지하철역, 버스정류장 등), 상점내 광고, 현수막 등 야외에서 사용되는 다양한 광고들을 말한다. 옥외광고판의 가격은 특정시간 노출 정도에 따라 결정된다. 옥외광고의 경우, 영화 개봉 전에 가장 먼저 노출되는 광고 매체이며 인쇄매체, 동영상, 온라인 광고에 비해 상대적으로 저렴할 수 있으나, 정확한 타겟 노출이라기보다는 폭넓은 대상에게 노출되는 매체이다 보니 상대적으로 관객 도달 속도가 느리다. 최근에는 포스터를 길에 부착하는 옥외광고가 유행하고 있는 데, 다량 노출에 일시적으로 노출이 가능하기 때문에, 이벤트적인 광고로 사용하기 효과적이다. 옥외광고의 문제점인 관객 도달 속도의 문제점을 해결하고 정확한 타겟 마케팅을 하기 위해 최근들어 영화관 내외부 광고가 많이 사용되고 있다. 극장 외부 현수막을 비롯하여 내부의 스탠디(Standee)나 현수막, 동영상 광고 등을 사용하여 영화를 보러오는 표적관객층을 대상으로 하고 있다.

[표 7.5 오프라인 매체별 특성 비교]

매체	관객도달속도	지역	도달범위	인구통계집중도
공중파 TV	빠름	전국	넓음	중간
케이블 TV	빠름	전국(불연속적)	중간	높음
라디오	빠름	전국(불연속적)	중간	높음
신문	중간	전국	중간	중간
무가지	중간	지역	중간	중간
잡지	느림	전국	중간	중간
옥외광고	느림	지역	넓음	낮음

[표7.5]은 오프라인 광고들의 특징을 항목별로 비교분석한 표이다. 표에서 관객도달 속도는 특정 광고 매체를 통해 노출되기 시작하는 시점에서부터 관객들에게 도달하는 시간을 말한다. 예를 들어 공중파 TV광고는 노출되자마자 관객들에게 직접적으로 도달하기 때문에 속도가 매우 빠르다. 하지만, 옥외광고의 경우, 대다수에게 포괄적으로 노출되기 때문에 주관객들에게 도달하는 속도가 느리다. 인구 통계 집중도는 타겟 마케팅이 되는지 여부를 말한다. 그런 면에서 케이블 TV광고와 라디오 광고는 직접적 타겟 마케팅이 가능한 광고 매체라고 할 수 있다.

6.1 타이인 프로모션(Tie-in promotion)

소비재 기업과 영화의 공동 마케팅 프로모션을 타이인 프로모션이라고 한다. 소비재 기업은 자사의 상품을 영화의 캐릭터나 제목과 연관시킴으로써 영화에 자사의 제품이 스며들기를 기대하며 영화제작을 후원한다. 소비재 기업이 영화와 타이인 프로모션을 하는 것은 영화를 보는 표적관객층이 자사의 제품 표적소비층과 일치하는 경우에 적극적이다. 이런 경우, 소비재 기업은 자사의 제품이 영화와 연관되어 노출되면서 자사의 주고객층에게 자연스럽고 긍정적인 후광효과(halo effect)를 노리고자 하는 것이고, 영화는 제한된 마케팅 예산과 광고비용을 분담해줄 수 있는 파트너를 찾음으로써 효과적인 광고 노출을 할 수 있다는 측면에서 서로에게 윈-윈(win-win) 전략이 될 수 있다.

타이인 프로모션을 진행할 때 주의할 점은 출연배우들의 초상권 문제이다. 일반적으로 영화의 주연배우들은 아무리 영화 광고를 위한 것이라고 하더라도 자신의 이름이나 이미지, 목소리가 특정상품을 홍보하는데 사용될 경우 추가적 보상을 요구하거나 사용을 거절한다. 따라서 타이인 프로모션을 할 경우, 배우들의 초상권 문제를 확인하고 진행하는 것이 매우 중요하다.

[표 7.6]는 미국에서 영화와 타이인 프로모션을 많이 하는 소비재 기업들의 리스트이다. 이 표에서도 보면 알 수 있듯이 영화와 타이인 프로모션을 가장 많이 하는 소비재 기업은 패스트푸드이다. 이는 영화를 보는 표적관객층이 10대에서 20대이기 때문에 패스트푸드의 표적고객층과 일치하기 때문이다. 일례로 월트 디즈니의 경우, 맥도날드와 디즈니 애니메이션 개봉시기에 맞추어서 맥도날드 해피밀과 타이인 프로모션으로 디즈니 애니메이션 캐릭터를 이용한 광고 및 캐릭터 인형을 선물로 제공하는 행사를 정기적으로 진행하였다. 최근 한국에서는 영화와 커피전문점의 타이인 프로모션이 많이 진행되는 것도 동일한 소비자층(20대 남녀)을 공략하기 위함이다.

[표 7.6 미국의 영화 프로모션 리스트]

순위	카테고리	Percentage
1	패스트푸드	22.0%
2	백화점, 대형 마트, 편의점	15.8%
3	온라인 서비스	9.7%
4	소프트 드링크/물	6.1%
5	Packaged Goods	6.1%
6	맥주/와인	5.5%
7	가전제품	5.0%
8	사탕/과자	4.6%
9	자동차	4.1%
10	잡지	3.5%

[표 7.7]는 미국에서 사용되는 타이인 프로모션 방법들이다. 가장 일반적인 방식은 크로스 프로모션(Cross-promotion)으로 서로 상대방의 제품을 이용한 프로모션 진행을 하는 것을 뜻하는데, 예를 들어 삼성전자 컴퓨터에서는 영화를 위한 프로모션을 진행하고, 영화에서는 삼성전자 컴퓨터를 이용한 프로모션을 진행하는 방식이다. 크로스 머천다이징(Cross-merchandising) 은 월트 디즈니와 맥도날드 해피밀 행사 프로모션 같은 방식을 뜻한다. 미디어 파트너쉽(media partnership)은 영화의 이미지나 동영상을 소비재 기업의 광고나 미디어에 노출할 수 있게 하는 프로모션을 말한다. 그외의 프로모션 방법은 국내에서 사용되는 것도 있지만, 다이렉트 메일이나 리베이트 등은 국내에서 아직 적용되지 않는 프로모션 방법들도 있기 때문에 참조만 하면 될 듯싶다.

[표 7.7 미국의 타이인 프로모션 방법]

순위	방법	Percentage
1	크로스 프로모션(Cross-Promotions)	46.2%
2	스폰서쉽	19.4%
3	콘테스트	16.0%
4	프리미엄 제공	14.3%
5	여행	14.0%
6	다이렉트 메일(Direct mail)	9.4%
7	가격 discount	7.9%

순위	방법	Percentage
8	크로스 머천다이징(Cross-merchandising)	4.0%
9	Licensed property	6.0%
10	PPL	5.0%
11	샘플링(Sampling)	4.6%
12	독점 제공	4.0%
13	인터렉티브(Interactive)	3.7%
14	미디어 파트너쉽(Media Partnership)	3.3%
15	리베이트(Rebate)	2.0%
16	길거리 마케팅	2.0%

6.2 PPL(product placement)

실제 영화 속에서 특정 브랜드의 상품을 보여주는 것을 PPL이라고 한다. 이러한 간접광고의 대가로 기업들은 자사의 제품광고에서 해당 영화들을 홍보해주거나 현금과 물품을 무상 지원하는 등 영화제작을 돕는다. PPL 상품을 영화 '안에 삽입'한다는 측면에서 상품을 영화 '밖에서' 프로모션하는 타이인 프로모션과는 차이점을 가진다. 국내 TV 드라마의 경우 PPL을 전문으로 진행하는 대행사들이 존재하지만, 영화의 경우 제작부나 마케팅 담당자가 직접 진행하는 경우가 일반적이다. 대신 PPL을 통해 금액 지원을 받을 경우, 투자사에서 금액의 일부를 수수료로서 제작사 수익으로 인정하기도 한다.

PPL은 영화의 내용과 직접적으로 맞물리기 때문에 장기간의 사전계획이 요구된다. 종종 계약이 뒤늦게 이루어지는 경우도 있는데, 이럴 때는 제작진과 합의하에 필요한 장면을 추가 촬영하기도 한다. PPL을 하게 되는 경우, 제작진은 촬영 내내 협찬 기업으로부터 상당한 양의 제품을 제공받게된다. 계약 내용에 따라 PPL과 타이인 프로모션을 결합하는 경우도 있다. PPL에서 주의할 점은 PPL을 노출한 장면이 최종편집에서 삭제되는 경우가 종종 있는데, 이런 경우 계약위반이 될 수 있으므로 주의를 요한다. 연결될 경우, 필히 배우들의 허락을 받아야 한다. PPL의 경우도 배우들의 초상권이 문제가 될 수 있기 때문에 배우들에게 미리 협의해야 되는 경우도 있다. 특히 PPL 제품이 타이인 프로모션으로 가장 좋은 PPL의 경우는 PPL에 사용되는 제품이 영화의 시나리오와 맞아 떨어져야 한다[1].

▶ Tip

[1] JCR(Journal of consumer research)에 게재된 러셀(Russell)의 "Investigating the Effectiveness of Product Placements in Television Shows : The Role of Modality and Plot Connection Congruence on Brand Memory and Attitude(2002)" 에서는 PPL이 가장 효과적으로 사용될 때가 제품의 이미지가 배경으로 사용될 때, 혹은 제품명이 이야기에 노출될 때라고 한다.

PPL이나 타이인 프로모션을 진행하는 경우, 제작부나 마케팅 담당자가 직접 협찬 제안서를 작성해서 기업에 협찬을 요청한다. 협찬제안서에 들어가는 주요 내용은 아래와 같다.

[표 7.8 협찬제안서 주요 내용]

제목	내용
영화소개	감독, 주연배우, 제작사, 개봉시기, 영화내용, 제작 일정
영화 노출 내용	영화 속에서 어떻게 제품이 노출이 되는 지에 대한 자세한 기술(PPL의 경우)
제안 프로모션 내용	타이인 프로모션의 경우, 프로모션 제안 내용 기술
협찬 내용	기업에서 협찬을 받고 싶어하는 내용(제품 및 금액 등) 기술
협찬 효과	협찬을 할 경우, 프로모션을 진행할 경우 예상되는 효과 기술

6.3 이벤트(Event)

이벤트는 다양한 방식으로 진행된다. 개봉 전 시사회를 비롯하여 배우 무대인사, 제작발표회, 쇼케이스, 길거리 홍보, 예매 판촉 이벤트 등이 주요 예이다.

❯❯ 제작보고회

제작보고회는 영화 시사 전 한달이나 2주 전에 언론매체를 대상으로 하는 행사로 영화를 처음으로 소개하는 행사이다. 영화 예고편 프리미어 시사를 비롯하여 출연 배우 및 감독 공식기자회견으로 구성된다.

❯❯ 길거리 홍보

길거리 홍보는 마케팅 부대를 조직하여 전단을 나누어주거나 판촉물을 뿌리는 것 등 공공장소에서 사람들에게 홍보하는 모든 형태를 포함한다.
예매 판촉 이벤트는 극장에서 진행하는 예매 이벤트(온라인 포함), 예매 사이트에서 진행하는 예매관련 행사 등이 있다.

❯❯ 시사회

시사회는 일반대중을 상대로 한 일반 시사회(public screening)와 언론사와 극장을 상대로 하는 언론/배급 시사회, 셀레브리티 등을 상대로 하는 VIP 시사회 등이 있다. 언론/배급 시사회의 경우, 언론 매체들에게 영화를 처음으로 소개하여 좋은 리뷰 및 기사 아이템을 제공받고, 극장 프로그램 담당자들에게 영화를 소개하여 영화상영관 확보를 위한 목적이다. VIP 시사회나 일반시사회는 일반인들에게 좋은 입소문을 내기 위해 진행되는 개봉 전 이벤트라고 할 수 있다. 일반 시사회의 경우, 프로모션이나 각종 이벤트와 연결되어서 당첨된 사람들을 대상으로 하는 경우가 많다. 시사회의 대상은 영화의 주관객층인 오피니언 리더로 영화 리뷰나 입소문을 효과적으로 사람들에게 전달할 수 있는 지를 살펴보고 선정하는 것이 중요하다. 예를 들어 무용 영화의 경우에는 무용인들이나 예술단체를 시사회에 초대하기도 한다. 최근에는 이러한 이유로 온라인의 파워 블로거들이 시사회에 초대되기도 하며 좋은 입소문이나 리뷰를 위해 VIP 시사회나 일반 시사회 때 배우들의 무대인사가 함께 진행되기도 한다.

시사회는 대부분 개봉전에 진행되기 때문에 제작부는 프린트나 파일이 시사회 일정에 맞게 진행될 수 있는 지를 확인해야 한다. 만약 동시다발적으로 다양한 지역에서 시사회가 진행될 경우, 개봉 전 최대한 몇 벌 혹은 몇 개의 프린트가 필요한 지를 확인해야 한다. 또한, 시사회 진행 시 제작부는 화면이나 사운드 등에서 프린트 이상유무를 확인해야 한다. 극장에서 사운드가 전권에서 균형 있게 나오는지 혹은 사운드와 배우들의 립싱크가 잘 맞는지, 색깔이 잘 나오는 지 화면에 어떠한 이상이 있는 지 등을 확인해야 한다. 문제가 생겼을 경우, 즉시 원인을 찾아 해결해야 더 큰 사고를 미연에 막을 수 있다. 또한, 시사회 반응에 따라 편집이 수정되는 경우도 있다. 이런 경우 후반작업 업체들의 일정을 확인하고 일정 조정을 해서 개봉 전에 마무리가 될 수 있도록 해야 한다. 특히 필름의 경우, 현상하는 시간이 필요하기 때문에 마무리 후반 작업 일정을 세심하게 조정해야 한다.

◎ 무대인사

무대인사는 시사회를 비롯하여 개봉주 주말에 각 극장들을 배우들과 감독이 돌아다니며 하는 무대인사를 말한다. 무대인사를 할 경우, 관객들의 호응도가 높기 때문에 입소문에 영향을 미친다. 무대인사는 대체적으로 마케팅팀과 배급팀에서 담당을 하여 일정을 잡게 된다. 무대인사를 다니는 주체로는 마케팅 담당자와 대행사, 감독과 배우들(매니저 포함)이다. 프로듀서가 제작사의 대표로 함께 움직이는 경우도 있다. 지방 무대인사를 갈 경우, 버스로 이동을 하거나 KTX로 이동을 해서 목적지까지 차로 이동하는 경우가 있는데 지방 무대인사용으로 제작된 버스를 이용하며 일별 대여 금액이 정해져 있다.

무대인사 관련 주의 사항은 배우들이 움직이는 것이기 때문에 각 극장의 위치와 주차장에서 무대인사까지의 동선을 미리 담당자가 체크해야 하며, 영화관람 전 무대인사인지 관람 후 무대인사인지도 확인해야 한다. 또한, 만일을 대비하여 각 극장 담당자 연락처를 확보하는 것이 매우 중요하다. 배우들이 보안요원을 요청하는 경우도 있는데 이런 경우, 보안요원들과 무대인사 일정 및 이동 경로를 미리 상의해야 한다. 좌석이 매진되지 않은 경우를 대비하여 미리 극장 매표 현황을 확인하는 것도 필요하다. 또한, 프로듀서나 제작부의 경우, 무대인사 시 영화의 사운드나 화면 등이 제대로 상영되고 있는 지 확인해보고 문제가 있는 경우, 배급팀에 연락하여 바로 조치하도록 한다.

◉ 기타 행사 : 쇼케이스, 콘서트 등

그외의 이벤트로는 쇼케이스와 콘서트 등이 있다. 쇼케이스는 일부 관객들을 초청하여 배우들과 함께 다양한 행사를 함께하는 행사로 여기에 초대된 관객들에게 이러한 경험을 통해 화제를 만들어 입소문이 자연스럽게 유발될 수 있게 만들어 주는 행사이다. 강남이나 홍대 등의 클럽 등을 빌려서 간단한 공연을 보여주거나 출연 배우들과 관객과의 대화 등이 있다.

6.4 머천다이징(Merchandising)

머천다이징이라 함은 '가상 인물의 창작자 또는 실존 인물, 또는 적합한 권한이 있는 제 3자가 다양한 상품 또는 서비스의 제공과 관련하여 소비자와 해당 캐릭터와의 친밀함에 근거하여 관련 소비자에게 구매의욕을 유발시키기 위하여 캐릭터의 중요한 개인적 특성을 가공하거나 이차적으로 이용하는 것'을 말한다. 즉, 영화를 원천 소스로 이용하여 또다른 제품이나 서비스로 가공하여 판매하는 것을 말한다. [표7.9]은 이런 머천다이징의 예를 제시한 표이다. 표에서 보여주듯이 영화의 머천다이징은 소설이나 뮤지컬, 인형, 게임, OST(Original Sound Track), 벨소리 등이 있으며 영화의 흥행과 매우 높은 연관성을 가지는데 영화가 흥행에 성공해야 머천다이징 상품의 매출이 일어날 수 있는 가능성이 높기 때문이다. 머천다이징은 영화의 성격에 따라 달라질 수 있으며, 대표적인 성공 예는 영화 〈접속〉, 〈클래식〉의 OST, 〈가문의 영광〉 의 벨소리, 〈미녀는 괴로워〉 뮤지컬 등이 있다.

[표 7.9 머천다이징 관련 판권 리스트]

판권	내용
OST 음반 판매권	OST 음반 판매권은 음악 감독과의 계약에 따라 음악 감독이 직접 OST 음반 판매권을 집행하고, 영화 저작권자에게 지분 분배를 하거나, 제작사에서 직접 OST 음반 판매권을 행사하고 작사, 작곡, 편곡, 노래를 한 개별 저작권자들에게 음반 판매수익을 배분할 수 있다. 해외 판매의 경우에는 국내 음반판매사의 요구 및 권리행사 가능성 여부에 따라 OST 음반 판매권을 판권 안에 포함시키거나 포함시키지 않을 수 있다. 해외 영화 음악 감독들 또한 음악 감독에게 지급할 비용을 낮추는 대신 OST 음반 판매권을 요구하는 경우들이 있으니, 음악 감독과의 계약 이후에 OST 음반 판매권의 행사 여부를 결정해야 한다.
캐릭터 사용권	영화 속 등장인물을 캐릭터화 하여 캐릭터 관련 사업을 진행할 때는 저작권자에게 캐릭터 사용권이 있다. 캐릭터 사용권은 캐릭터 상품을 만드는 업체와 라이센스 계약을 체결하여 인세 형태로 수익을 배분 받는 것이 일반적이다. 영화 개봉전 홍보용으로 캐릭터 상품을 먼저 출시하게 되는 경우에는 저작권자에게 분배되는 금액을 홍보비로 돌리기도 한다.
출판물 판매권	영화를 이용한 소설이나 영화 속 사진을 이용한 화보 소설, 시나리오집 등 다양한 영화 관련 출판물을 판매할 수 있는데, 이때도 출판사와 라이센스 계약을 체결하여 인세 형태로 수익을 받는 것이 일반적이다. 단, 출판물의 판매에 영향을 미칠 정도로 영화속 배우의 사진이 사용되었을 경우에는 경우에 따라 배우에게 수익 배분의 일정 부분을 초상권료로 지급하기도 한다.
리메이크권	국내외 영화/드라마/뮤지컬 등으로 본 영화의 리메이크권을 판매할 경우, 작가, 감독과의 계약 내용을 확인하여 일정 부분 수익을 배분하기도 한다. 리메이크권의 판매 주체는 제작사가 된다.

머천다이징을 관리하는 회사를 퍼블리싱(Publishing) 회사라고 하는데, 대부분의 퍼블리싱 회사들은 캐릭터나 애니메이션 저작권을 관리하고 판매하는 업무를 한다. 아직 영화의 캐릭터나 영화 장면에 대한 저작권을 관리하고 판매하는 업무를 전문적으로 하는 업체는 따로 없으며 필요에 따라 관련 업체와 접촉하여 진행하고 있다.

07 홍보

전통적인 홍보 캠페인은 언론매체에 영화에 대한 이야기나 사건, 영화평, 그리고, 영화장면을 싣는 것이 일차적 목표이다. 그리고 미디어를 타게 되면 입소문이 시작되는데 입소문을 창조하는 것이 홍보의 궁극적 목표이다.

홍보 담당자의 주요 임무 중 하나는 보도자료집을 만드는 것이다. 프레스킷(press kit)으로도 불리는 보도자료집은 핵심제작진(배우, 감독 등)의 이력, 영화 시놉시스, 프로덕션 정보, 사진자료와 동영상자료 등으로 구성되어있다. 일반적으로 보도자료집은 크랭크인 직전 혹은 본격적으로 홍보가 시작되는 시점에 한번, 그리고 개봉하기 직전(언론/배급 시사회 직전)에 한 번, 총 두 번 정도 배포한다. 오프라인으로는 인쇄물과 동영상을 만들어 배포하고, 온라인으로는 디지털 보도자료집을 만들어 기자들이 웹사이트를 통해 접속하여 다운받을 수 있게 한다. 최근들어 디지털 보도자료집이 많이 활용되는 추세이다.

기자들에게 대량으로 보도자료를 발송하는 것은 기본이며, 일대일 접촉을 통한 독점적 보도자료 제공도 매우 중요한 홍보수단이다. 영화 마케터들은 대량으로 배포하는 것과 함께 언론의 커버리지를 높이기 위해 단독보도나 기획기사 형태로 개별 미디어들과 접촉하기도 한다. 이러한 독점 기사를 통해 특정 미디어 세분시장 공략이 가능하다.

방송을 통한 홍보는 영화소개 프로그램을 통한 영화소개를 비롯하여 연예정보 프로그램, 토크쇼를 비롯한 예능 프로그램, 뉴스 등에 배우가 직접 출연하는 방식이 있다. 이중 시청률이 높은 예능 프로그램에 배우가 출연하는 것은 15초, 20초 광고에 지출되는 수천만원 이상의 효과를 얻을 수 있다. 따라서 개봉 전에 예능 프로그램에 배우가 출연하는 것은 매우 중요하다. 하지만, 일부 배우들의 경우, 영화나 자신의 이미지 관리 차원에서 TV 출연을 꺼리는 경우도 있다. 이럴 때 무조건 설득과 회유를 하는 것이 능사가 아니라 영화의 성격과 배우의 이미지, 예능 프로그램에서 얼마나 잘 할 수 있는지에 대한 전반적인 면들을 고려하여 출연 결정을 해야 한다.

배우 홍보의 수단으로 일반적으로 가장 많이 사용하는 것이 언론사와의 일 대일 인터뷰 형태가 있으며, 프레스 정킷(press junket) 혹은 현장공개 등에 서 하는 단체 기자회견 혹은 일정 수의 기자들이 동시에 진행하는 라운드 테 이블(roundtables) 형태 등이 있다. 프레스 정킷은 제작단계에서 제작현장 을 단체로 방문하여 단체 기자회견을 하거나 국제 영화제에 출품된 경우, 단 체로 국제 영화제에 취재를 가는 것을 말한다. 이런 경우, 기자들의 교통비 나 숙박료 등은 마케팅 비용으로 지출된다. 프레스 정킷을 제외한 제작발표 회나 시사회 후 진행되는 인터뷰의 경우, 직접 언론사를 방문하거나 특정 장 소를 정해서 그 장소에서 로테이션으로 진행된다. 특정 장소로 자주 사용되 는 곳은 언론사가 밀집되어 있는 광화문 근처의 까페나 호텔 등이 주로 선호 된다. 인터뷰시 마케터는 배우들에게 사전에 어떤 질문을 받을 것인지에 대 한 예상 질문지나 답변지를 제공하며, 일부 배우의 경우 피하고 싶은 질문들 에 대해 미리 요구하기도 한다. 이런 경우에는 마케터나 대행사에서는 미리 기자들에게 고지해주는데, 일부 기자들의 경우, 특히 파워있는 언론사의 경 우, 무시하는 경우들이 대부분이다. 이럴 경우에는 배우들과 사전에 대안을 찾는 것이 더 효과적이다[1].

7.1 제작단계에서의 홍보

제작단계에서는 스틸 사진작가와 메이킹 기사가 매회 촬영 현장에 상주하 면서 촬영현장을 기록하고, 필요시 배우와 감독, 스태프들의 인터뷰 등을 기록하여 촬영 현장의 에피소드와 제작에 관련된 홍보를 진행한다. 신문 이나 잡지에 어떤 사진을 보내느냐에 따라 영화가 관심을 받을 수도 있고, 그렇지 않을 수도 있다. 또한, 현장감 있는 스틸 사진이 포스터 이미지로 사용될 때도 있으므로 스틸 작가 선정은 매우 중요하다.

메이킹 필름(Making Films)은 영화 현장을 기록한 미니 다큐멘터리로 영화 홍보용으로 사용되고, 정식 DVD에 수록된다. 메이킹 필름은 본 영화와 별도 의 촬영팀이 조직되어 영화의 본 촬영과 동시에 제작을 한다. 보통 메이킹 필름 촬영 전에 마케팅팀과 메이킹팀이 메이킹 필름의 방향성에 대해 토의 를 하여 촬영의 컨셉이나 내용을 교환하고 확정시킨다.

Tip

[1] 배우와의 계약시 인터뷰를 포함한 홍보, 마케팅 활동에 대해 적극적으로 협조할 것을 계약서에 명시하는데, 이 때 인터뷰 횟수, 방송 출연 횟수까지 명확하게 제시하는 경우도 있다

7.2 후반작업단계에서의 홍보

촬영이 종료된 후, 편집 등의 후반작업이 시작되는 시점에서 개봉까지의 기간 동안에는 촬영기간 동안 준비했던 자료들을 배포하거나 다양한 이벤트(제작보고회, 기자회견 등)를 통해 영화 홍보를 하게 된다. 이때는 영화를 알려서 인지도를 올리는 것뿐 아니라 관객들에게 영화에 호기심을 불러일으키고 영화의 정보를 전달하여 입소문을 일으킬 수 있는 데 초점을 둔다.

후반작업기간동안 배우들은 방송출연과 잡지 화보 촬영, 인터뷰, 이벤트 참여 등의 홍보활동을 활발하게 한다. 따라서 제작부는 배우들의 홍보일정과 후반작업 일정을 마케팅팀과 함께 공유하여 후반작업과 홍보가 서로 방해되지 않도록 해야 한다. 또한, 이때 일부 배우들은 다른 영화나 TV 등의 다른 활동을 하는 경우도 있기 때문에 배우들과 일정 공유 및 협의가 필수적으로 필요하다.

〈출발, 비디오 여행〉이나 〈영화가 좋다〉, 〈접속 무비 월드〉 등의 TV 영화 프로그램의 경우, 개봉 2주나 3주전에 방영을 위해 영화 전편이나 1시간정도의 하이라이트 동영상(디지베타)을 요청하는데, 제작부는 마케팅팀에 자료를 넘겨주어야 한다. 이때 전편을 다 넘길것인지 하이라이트만 편집하여 넘겨줄지를 마케팅팀과 협의하여 결정하여야 한다.

7.3 시사회를 통한 홍보

영화가 완성되면, 기자들을 대상으로 하는 시사회를 통해 어떤 영화가 만들어졌는지를 미리 선보인다. 일반적으로 모든 기자들에게 동시에 시사회를 제공하지만, 미리 마감을 하는 월간지나 주간지의 경우, 미리 그들을 대상으로 하는 시사회를 갖기도 한다. 보통 시사회는 개봉 2주 전후에 개최된다[1].

7.4 온라인을 통한 홍보

온라인을 통한 홍보로는 최근 들어 많은 주목을 받고있는 입소문 마케팅[2]과

▶ Tip

[1] 엠바고(Embargo)는 일정시점까지 보도 자제를 요청하는 것이다. 스릴러나 호러, 미스터리 등 결말에 반전이 있는 영화의 경우, 언론시사회에 온 기자들에게 결말에 대한 발표를 개봉 전까지 연기해달라는 엠바고를 요청하기도 한다.

▶ Tip

[2] 입소문 마케팅은 소비자들이 자발적으로 메시지를 전달하게 하여 상품에 대한 긍정적인 입소문을 내게 하는 마케팅 기법이다. 꿀벌이 윙윙거리는(buzz) 것처럼 소비자들이 상품에 대해 말하는 것을 마케팅으로 삼는 것으로, 구전 마케팅(WOM : Word-Of-Mouth), 버즈(Buzz) 마케팅, 바이럴(Viral) 마케팅이라고도 한다(위키백과 참조). 이중 바이럴 마케팅은 Virus + Oral의 합성어로 바이러스 마케팅과 전통적 입소문 마케팅의 합성어라고 할 수 있다. 전통적 입소문 마케팅은 상품에 대해 소비자가 1:1로 다른 소비자에게 상품의 경험이나 질 등을 전파하는 것을 말한다면, 바이러스 마케팅은 기업이 상업성을 어느 정도 명시하여 이메일이나 까페, 블로그를 이용하여 1:다(多)의 형태로 전파, 확산하는 형태를 말한다. 온라인 상에서 바이러스 마케팅과 입소문 마케팅이 혼재되기 때문에 이를 바이럴 마케팅이라고 부르며, 입소문 마케팅과 동일한 의미로 해석된다.

SNS 마케팅을 들 수 있다. 온라인이 활성화되기 이전에 입소문 마케팅은 개봉 후 영화를 본 관객들을 중심으로 영화평이 입소문 되면서 영화 흥행에 영향을 끼치는 수동적인 방법으로 진행되었다. 하지만 온라인이 활성화되면서 개봉 전, 시사회나 기타 이벤트를 통해 영화평이나 다른 정보들이 관객들에게 온라인으로 공유되어 영화에 대한 관심도를 비롯하여 흥미까지 불러일으켜 구매에 이르게 까지 하는 입소문 마케팅이 활발해지고 있다. 또한, 개봉 후에도 TV 광고나 인쇄 광고 등의 매스 미디어를 활용하는 어보브더라인(Above the line)방식의 마케팅보다 비로우더라인(Below the line) 방식[1]의 입소문 마케팅에 초점을 두고 마케팅을 진행하고 있다. 입소문 마케팅의 방식으로는 파파라치 형식의 제작현장 공개, 인터넷 독점 예고편, 캐릭터 동영상, 뮤직비디오 공개, 영화 평점 및 리뷰 소개, 블로거를 통한 홍보 등이 있는데, 이러한 온라인 홍보는 매스 미디어 방식의 홍보보다는 일반인을 상대로 하는 마케팅이므로 다른 방식과 다른 내용으로 진행되는 것이 더 효과적이다. 처음에는 아주 간단한 메시지에서 시작하여 개봉이 다가오면서 점차 내용의 정도가 구체적으로 높아져 입소문이 나게 만들어야 한다. 입소문 마케팅은 매스 미디어 마케팅이나 홍보의 보완기능으로 활용되기도 한다.

최근 들어서 트위터, 페이스북 등의 SNS가 활발해지면서 SNS를 이용한 영화 마케팅이 입소문 마케팅의 주요 수단으로서 주목받고 있다. 특히 마케팅 예산이 적은 저예산 영화들의 경우, 트위터와 페이스북 등의 SNS를 이용한 입소문 마케팅의 활용도가 매우 높다. 또한, 사회고발성 영화의 경우, 트위터를 이용한 SNS 마케팅이 매우 효과적으로 사용되고 있다. 이러한 예로 가장 대표적인 것이 〈도가니〉와 〈부러진 화살〉로 〈부러진 화살〉의 경우, 실제 사건에 대한 부각 → 영화로서 실제 사건을 어떻게 다루었는지 → 영화의 영화적 재미, 배우들과 감독의 고민 및 노력 → 영화와 실제 사건의 차이를 통한 논란 등의 순으로 SNS 마케팅을 진행하면서 영화에 대한 관심도를 높였고, 영화 흥행에 직접적으로 영향을 끼쳤다고 볼 수 있다.

일반적으로 제품 마케팅에서 입소문 마케팅을 진행할 때 메세지의 전달 순서는 보통 1〉 제품의 소식 → 2〉 개인의 경험 → 3〉충고(advice) 등의 순서로 이루어진다. 이러한 SNS 마케팅에서 주의해야할 점은 영화사가 직접 SNS를 주도하는 경향을 보이기보다는 일반 관객들이 자연스럽게 SNS에 참여할 수 있게 유도해야 한다는 것이다. 더불어, '진실성'이 보여야 한다.

Tip

[1] 마케팅에서 ATL과 BTL은 아래와 같이 개념을 구분한다. 제작 예산서의 ATL/BTL 과는 다른 개념이니 주의하기 바란다.

ATL(Above the line)

4대 매체(신문, 라디오, TV, 잡지) 등의 매스미디어를 위주로 직접적인 광고 활동

BTL(Below the line)

이벤트, 텔레마케팅, 인터넷, CI, PR, PPL, CRM, 입소문 마케팅 등

SNS 마케팅을 효과적으로 활용하기 위해서는 파워 블로거나 파워 트위터 등 오피니언 리더(opinion leader)들을 시사회에 초대하여 영화를 보게 하는 방식이 효과적이다. 또한, 이들에게 계속적으로 화제 거리나 이슈, 이벤트 등을 만들어 주어야 한다. 따라서 자신의 영화가 SNS 마케팅에 효과적인 영화인지 아닌 지에 대한 판단을 해야하며, 만약 SNS 마케팅을 할 경우에는 세밀한 계획을 수립해서 진행해야 한다.

마케팅 일정 08

마케팅 일정은 각 영화마다 영화의 마케팅 전략에 따라 달라질 수 있다. [표 7.10]는 마케팅의 대략적인 일정과 세부내용을 제시한 것이다.

[표 7.10 마케팅 주요 일정표]

영화제작일정	마케팅 일정	세부내용
기획/투자결정	마케팅 컨셉 결정	
캐스팅	마케팅 전략 수립 및 결정	
프리 프로덕션	홍보 실행/티져 준비	보도자료1/티져 포스터 및 예고편 작업
프로덕션	홍보 중심	프레스 정킷, 현장 공개
	티져 on-air	
후반작업	광고 시안 작업 및 실행	포스터 촬영, 예고편, 전단, 인쇄 및 TV 광고 준비
	매체전략 수립 및 결정	
	매체 on-air	옥외/온라인 광고(개봉 4주전) 인쇄매체/케이블 TV 광고 (개봉 2~3주전) TV 광고(개봉 1주전)
	이벤트 실행 : 제작발표회, 쇼케이스, VIP 시사회, 예매 판촉 이벤트, 길거리 행사,	
	홍보 : 미디어 데이 등, 입소문 마케팅, 배우 인터뷰 및 방송 출연	보도자료2 및 EPK
	기자 배급 시사회	개봉 2주전
개봉	무대인사	
	개봉후 입소문 마케팅 실행	
	마케팅 오프 회의	종영후

06 EPK(Electronic Press Kit) : 방송용 보도자료를 말하는 것으로 영화 예고편을 비롯하여, 배우들 인터뷰, 메이킹 필름, 캐릭터 동영상, NG 컷 등으로 구성되며 Beta나 HDCAM 으로 제작되어 배포된다.

CHAPTER 7. FILM MARKETING [영화 홍보와 마케팅하기] 173

마케팅 기획서는 영화의 마케팅을 진행하기 위한 설명서이다. 일반적으로 마케팅 담당자 혹은 마케팅 대행사에서 작성을 하며 마케팅을 어떻게 진행할 지에 대한 개요를 비롯하여 전략 및 일정을 정리하게 된다. 마케팅 기획서를 작성하는 목적은 마케팅을 진행하는 스태프들이 어떤 방향으로 마케팅을 진행해야 하는 지에 대한 설명서로서 역할을 하는 것이다. 따라서 마케팅 기획서가 제대로 작성이 될 경우, 마케팅 스태프들은 일관성을 유지하고 가고자 하는 목적에 수월하게 갈 수 있다.

최근에는 투자사에서 제작 기획서를 작성할 때, 간략한 마케팅 기획서를 요구하는 경우들이 생기고 있다. [표 7.11]은 마케팅 기획서에 들어가는 기본적인 내용을 정리한 것이다.

[표 7.11 마케팅 기획안 주요 내용]

제목	내용
영화 개요	감독, 주연배우, 제작사, 개봉시기, 영화내용 등
시장 분석	개봉 예정 시기의 영화시장 분석(최근3년간 동시기 개봉영화 및 시장상황)
경쟁작 분석	개봉 예정 시기의 경쟁작 분석
동종 영화 분석	이전에 개봉된 동종 영화 분석
작품 분석	감독/배우/장르 등 작품 분석
관객 분석	시장 세분화 작업
타겟팅	주관객층 및 서브관객층 묘사
포지셔닝	영화 및 경쟁작들의 위치 파악
SWOT 분석	강점, 약점, 기회요소, 위협요소 분석
컨셉 및 셀링 포인트	영화의 마케팅 컨셉과 셀링 포인트 작성
전략	광고(포스터, 예고편 등), 홍보, 프로모션, 이벤트, 매체전략 등
마케팅 일정	마케팅의 구체적 수행 일정

마케팅 예산 09

9.1 P&A

일반적으로 영화 마케팅비를 P&A(Print & Advertisements)라고 부르는데, 광고비를 비롯하여 필름 프린트 비용을 포함한다. 영화에서 마케팅 비용이 적용되는 항목은 아래 표와 같다.

[표 7.12 마케팅 예산 항목]

대항목	소항목
광고	인쇄매체
	온라인
	공중파 TV
	케이블 TV
	극장광고
	옥외광고
	라디오
	예고편/동영상 제작
	디자인실
	메이킹 필름
	스틸(현장용)
	온라인 제작(홈페이지 등)
	인쇄비
배급비용	프린트 현상
	프린트 필름
	D-cinema 비용
	심의료
	배급진행비
	기타
	해외 세일즈

9.2 손익분기점(Break-even Points, BEP)

손익분기점이라 함은 영화의 수익이 '0'이 되는 시점을 말한다. 수익이라 함은 영화의 매출에서 총 비용, 즉 총 제작비(순 제작비와 마케팅 비용의 총합)를 제외한 금액을 말한다. 이 수익이 '0'이 되는 시점이라 함은 이 시점 이후부터는 수익이 생긴다는 것을 말한다. 따라서 마케팅의 목표를 잡을 때, 특히 상업 영화의 경우에는 손익분기점이 언제인지를 파악하는 것이 매우 중요하다. 일반적으로 손익분기점 이후를 마케팅의 목표로 잡게 된다.

9.3 영화 시장성 평가

마케팅 목표를 잡을 때, 일반적으로 손익 분기점과 함께 시장 및 작품 분석을 통해 작품의 시장성 평가를 하게 된다. 일반적으로는 유사한 작품 혹은 유사한 장르 영화들의 흥행성적을 비교 분석하여 어느 정도 흥행이 될 것인지를 예상하는 방식을 사용한다. 이때 평균치를 이용하거나, 가장 흥행이 된 경우와 가장 흥행이 안 된 경우 등을 함께 고려하여 영화 흥행을 예상하기도 한다. 이러한 시장성 평가를 통해 영화의 마케팅 비용을 어떻게 사용할 지를 예상하기도 하고, 전체 총 제작비를 어떻게 사용할 지를 예상하기도 한다. 또한, 모니터링 시사회를 통해 나온 결과를 이용하여 추천도와 만족도 점수(scale)를 이용하여 영화의 흥행을 예측하기도 한다. 마지막으로 매주 극장에서 이루어지는 출구조사와 인지도 조사를 통해 흥행 예측이 이루어지기도 한다.

하지만, 이러한 평가 방식은 정확한 신뢰도와 타당도 조사가 이루어진 리서치가 아니기 때문에 참조는 할 수 있어도 신뢰성이 높다고 할 수 없다. 따라서 영화 시장성 평가를 통해 얻은 자료는 참고자료로서 활용되는 것이 정당하다.

10.1 마케팅 대행사

마케팅은 투자사 혹은 배급사에서 주도적으로 진행을 한다. 제작사가 마케팅 및 홍보를 담당하는 실무담당자가 있는 경우를 제외하고는 대부분 실무적인 일은 외부 대행사들을 활용하게 된다. 계약기간은 짧게는 몇주에서 길게는 1년까지 영화제작기간이나 배급일정에 따라 달라지며 그에 따라 인건비가 달라 질 수 있다. [표 7.13]는 주요 마케팅 대행사 리스트를 정리한 것이다. 마케팅 대행사는 여타 영화업체에 비해서 변동이 상대적으로 심한 편이다. 따라서 지속적인 리스트 업데이트가 반드시 필요하다.

[표 7.13 마케팅 대행사 리스트]

홍보사	연락처	대표	대표작
더홀릭 컴퍼니	02)511-6106	최정선	〈돈크라이 마미〉, 〈강철대오 : 구국의 철가방〉 등
딜라이트	02)517-3550	장보경	〈박수건달〉, 〈은교〉 등
레몬트리	02)323-0232	조윤미	〈방가방가〉, 〈째째한 로맨스〉 등
무비앤아이	02)3445-7357	강석출	〈복숭아 나무〉 등
언니네 홍보사	02)512-0211	이근표	〈공모자들〉 등
영화사 하늘	02)516-4020	김광현	〈화차〉 등
영화인	02)515-6242	신유경	〈타워〉, 〈마이 P.S파트너〉 등
올댓시네마	02)723-9331	채윤희	〈호빗〉, 〈26년〉 등
이가영화사	02)3442-4262	윤숙희, 이미주	〈뽀로로 극장판〉, 〈테이큰2〉 등
이노기획	02)543-9183	최원영	〈벼랑위의 포모〉, 〈강철중〉 등
퍼스트룩	02)518-1088 1stlook@1stlook.co.kr	이윤정	〈광해〉, 〈도둑들〉 등
앤드크레딧	02)543-1917	박혜경	〈만추〉, 〈범죄와의 전쟁〉 등
흥미진진	070)4473-7991	이시연	〈7번방의선물〉, 〈늑대소년〉, 〈연가시〉 등

홍보사	연락처	대표	대표작
시네드에피	02)3442-1779	김주희	〈위험한 관계〉, 〈돈의 맛〉 등
필름마케팅 캠프	070)4015-3810~4	손주연	〈음치클리닉〉, 〈이웃사람〉, 〈파파〉 등
아담 스페이스	02)323-0109	김 은	
호호호비치	02)566-7811	이나리	〈피에타〉, 〈남영동 1985〉 등

10.2 광고 대행사

10.2.1 오프라인 광고 대행사

오프라인 매체의 구매 업무는 외부 오프라인 광고 대행사에게 맡긴다. 대행사들은 투자/배급사가 정한 예산 내에서 매체를 구매한다. 광고를 매체별로 안배하는 일은 복잡하고 전문적인 일이기 때문에 매체 구매 전문 대행사를 고용하는 것이 일반적인데, 그들이 효과적인 대안들을 가지고 오면 그것을 보고 어떤 것이 가장 효과적이고 효율적인 대안인지를 판단하고 결정하게 된다. 이때 도달률과 빈도가 판단의 기준이 될 수 있다. 따라서 마케팅 담당자는 정확한 판단을 위해 광고 대행사에게 각 매체별 도달률과 빈도를 요구할 수 있다. 또한, 대행사들은 여러 클라이언트로부터 광고 물량을 받기 때문에 매체와의 협상에서 더 낮은 가격대를 확보할 수 있는 이점이 있다.

지상파 TV광고의 경우, 모든 광고대행사가 광고를 구매할 수 없다. 이는 한국방송광고진흥공사에서 TV광고를 구매할 수 있는 광고대행사에 보증금을 위탁하게 하는 규정이 있기 때문이다. 또한, 지상파 TV광고의 경우 원하는 광고를 사기 위해서는 영화의 구매가 단발성에 그치기 때문에 패키지 구매를 하는 경우가 많다. 따라서 꼭 원하는 목표관객의 CPM을 비교 확인해야 한다. 케이블 TV나 종편의 경우, 대행사가 각 채널 광고 담당자와 직접 구매 협상이 가능하다. 따라서 표적관객에 맞는 채널에 집중해서 구매하도록 한다. 라디오 광고의 경우, 지상파 TV광고의 패키지에 포함되는 경우가 많은데, 타겟이 확실한 라디오 프로그램의 경우를 선별해야 하지만, 인기 라디오 프로그램의 경우는 지상파 TV광고만큼 잡기가 힘들다.

10.2.2 온라인 광고 대행사

온라인 광고대행사는 오프라인 광고 대행사처럼 온라인 상의 매체 광고를 구매하는 것을 대행한다. 오프라인 광고 대행사가 온라인 광고 매체 광고 구매까지 함께 하거나 전문적인 온라인 광고 대행사가 오프라인과 구분되어 진행하기도 한다. 온라인 광고 대행사는 매체 구매를 비롯하여 온라인 마케팅 업무까지 함께 진행하기도 한다.

온라인 광고 대행사의 경우, 매체 구매를 비롯하여 온라인을 통한 시장 반응 측정자료들을 조사하기도 한다. 따라서 이메일에 대한 반응률, 홈페이지 방문자 수 및 광고 클릭수 등을 측정하여 보고한다. [표 7.14]은 주요 광고대행사의 리스트를 정리한 것이다.

[표 7.14 광고 대행사 리스트]

구분	대행사명	연락처
오프라인	아트서비스	02)311-2300
	데이브	02)518-4838
	제일 기획	02)3780-3221
	이노션	02)2016-2552
	대홍기획	02)3671-6315
	HS 애드(온라인 포함)	02)705-2600
온라인	투레빗	02)6238-0504
	웹스프레드	070)8255-8730
	지니스	02)546-7446
	클루시안	02)3447-3535,
	Zne	02)2015-7457

10.3 메이킹 필름팀 및 스틸팀

메이킹 필름팀과 스틸팀은 영화를 준비하는 프리 프로덕션부터 프로덕션, 개봉시기까지 영화 마케팅관련 필요한 기록을 해야하는 시점이 생길 경우, 항상 함께 하게 된다. 예전에는 스틸팀이 마케팅 뿐 아니라 영화의 콘티뉴이티를 유지하기 위해 연출부나 의상팀, 분장팀의 필요에 의해 영화 제작팀에 소속되었다. 하지만, 디지털 카메라가 발달되고 최근들어 스마트폰이 보편화

되면서 누구나 손쉽게 현장에서 사진을 찍어 기록에 남길 수 있기 때문에 굳이 스틸작가가 매 컷을 기록에 남길 필요가 없어졌다. 따라서 최근의 스틸팀은 온전히 마케팅을 위한 스태프로서 역할만을 하고 있다.

스틸팀은 영화의 셀링 포인트에 맞는 장면들을 놓치지 않고 촬영해야만 한다. 이때, 현장에서 촬영된 스틸 장면 중 일부는 포스터 이미지로 활용되는 경우도 있다. 따라서 스틸팀을 어떻게 선정하는지도 매우 중요하다. 물론 메이킹팀도 마찬가지이다.

메이킹팀의 역할은 두 가지가 있다. 하나는 영화의 마케팅 및 홍보를 위한 촬영 및 인터뷰, 편집의 역할이고, 또 다른 하나는 영화의 메이킹 필름이라는 또 다른 작품을 만든다는 것이다. 프란시스 포드 코폴라 감독의 〈지옥의 묵시록〉 은 그의 아내가 만든 메이킹 필름이 작품성을 인정받아 아카데미상을 수상하기도 하였다. 후자의 경우는 메이킹팀에서 독자적으로 준비하는 경우가 많으며, 일반적으로 전자의 경우가 메이킹팀의 주 목적이다.

스틸팀과 메이킹팀은 프로덕션을 위한 특이한 준비(CG나 세트장, 음악 등)가 있거나, 배우들이 액션 장면 혹은 운동, 기술 장면 등을 촬영하기 위해 미리 준비하는 경우가 있을 때, 이들 연습 장면이 영화의 마케팅 및 홍보 활동을 위해 필요한 경우라면, 미리 마케팅팀과 상의하여 프리 프로덕션 단계에서부터 촬영에 임할 수 있도록 협조해주어야 한다. 제작부는 스틸팀과 메이킹팀도 제작 스태프의 일원으로 생각하여 촬영 기간 뿐 아니라 프리 프로덕션 단계, 포스트 프로덕션 단계에서도 필요한 경우에는 미리 연락을 하고, 일정을 공유해야 한다. 특히 촬영기간 동안에는 스틸팀과 메이킹팀도 다른 스태프들과 함께 생활을 해야하기 때문에 일정을 비롯하여, 교통 및 숙식도 함께 고려해야 한다. 단, 이들의 계약은 마케팅팀에서 진행하게 된다.

Distribution
and Sales
영화 배급과 판매하기

영화가 제작 완료되면, 극장이나 다른 상영매체들(IPTV, DVD, 온라인, TV, 케이블 TV, 비행기 등)을 통해 관객들에게 보여지게 된다. 이러한 제반 행동을 위해 활동하는 것을 배급(distribution)이라고 한다.

배급은 지역적으로 구분하였을 때, 국내 배급과 해외 배급으로 나뉘어진다. 국내 배급은 대한민국 내에서 이루어지는 제반의 배급 행위를 말한다. 영화가 제작이 완료되고, 배급을 하게 되면, 가장 먼저 극장에서 상영되는 데, 이를 1 차 시장이라고 하며, 극장에서 종료되고, 이후 온라인 다운로드를 비롯한 TV, DVD, 비행기 등의 다른 상영매체들을 2차 시장으로 하고 하며, 이들 상영매체를 통틀어 윈도우(window)라고 부른다.

해외 배급이라 함은 대한민국 외의 국가에서 영화가 상영되는 제반의 배급을 위해 활동하는 행위를 말하며 일반적으로 '해외 세일즈'로도 불린다. 해외 세일즈는 해외에 배급권을 판매하는 일을 비롯하여 해외 투자 유치, 리메이크권 판매, 해외 국제 영화제 관련 업무 등을 모두 포함한다.

본 장에서는 기본적인 배급 업무를 설명하고, 제작부와 관련된 심의와 개봉시 프린트 관리, 해외 세일즈와 국제 영화제 출품시 필요한 서류 및 주의사항을 설명하고, 마지막으로 수익정산을 어떻게 하는 지를 알려주고자 한다.

01 | 배급이란?

영화가 제작 완료되면, 극장이나 다른 상영매체들(IPTV, DVD, 온라인, TV, 케이블 TV, 비행기 등)을 통해 관객들에게 보여지게 된다. 이러한 제반 행동을 위해 활동하는 것을 배급(distribution)이라고 한다. 배급은 지역적으로 구분하였을 때, 국내 배급과 해외 배급으로 나뉘어진다. 국내 배급은 대한민국 내에서 이루어지는 제반의 배급 행위를 말하며, 해외 배급이라 함은 대한민국 외의 국가에서 영화가 상영되는 제반의 배급을 위해 활동하는 행위를 말한다.

영화가 제작이 완료되고, 배급을 하게 되면, 가장 먼저 극장에서 상영되는데, 이를 1차 시장이라고 하며, 극장에서 종료되고, 이후 온라인 다운로드를 비롯한 TV, DVD, 비행기 등의 다른 상영매체들을 2차 시장으로 하고 하며, 이들 상영매체를 통틀어 윈도우(window)라고 부른다. [그림 8.1]은 배급 윈도우를 홀드백(Holdback)■, 순서에 따른 개략적인 흐름을 나타낸 것이다. 단, 해외수출은 홀드백 순서에 있어 경우에 따라 변동이 가능하다.

▶ Tip

■ Holdback : 각 윈도우에 일정기간을 두어 윈도우간의 시장 잠식을 방지하고 각각의 윈도우에서 최대한 수익을 낼 수 있도록 윈도우간의 일정한 기간을 두고 상영하는 것을 말한다.

[그림 8.1 배급 Window]

[그림 8.2]에서 보여지듯이 홀드백은 한국영화가 외화보다 더 짧으며, 일반적으로 극장에서 종영하기 직전에 IPTV에서 동시에 개봉하거나 종영하자마자 곧바로 IPTV와 온라인으로 다운로드 서비스가 실시된다. 따라서, 홀드백이 각 채널마다 거의 없거나 매우 짧다. 최근 한국영화의 경우, Pay TV에 종영 후 3개월, 케이블 TV에 종영 후 6개월 내에 방영되는 경우도 있다.

참고 : 미국의 배급 시스템

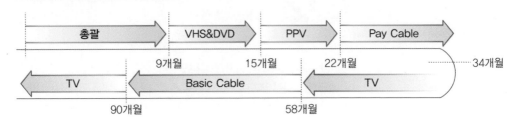

국내 배급 시스템

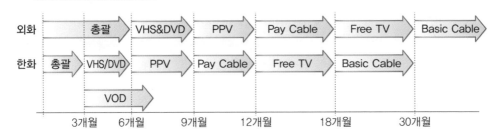

[그림 8.2 미국/국내 배급의 홀드백]

O2 국내 배급

배급사는 크게 미국 메이저 스튜디오에서 직접 국내 배급하는 직배사와 국내 배급사로 구분된다. 미국 메이져 스튜디오에서 만든 직배사는 워너브라더스 코리아(주), 콜롬비아 픽쳐스, 월트 디즈니의 영화를 배급하는 한국 소니 픽쳐스 릴리징 브에나 비스타 영화(주), 이십세기 폭스 코리아(주), 유니버설 픽쳐스 인터내셔널 코리아(유) 등이다. 그리고 CJ의 경우, 파라마운트와 드림웍스의 영화를 직배하고 있다. 국내 배급사로는 CJ E&M(주)(구, CJ 엔터테인먼트(주))과 (주)롯데 엔터테인먼트, 쇼박스가 대기업을 기반으로 하는 메이저 배급사이며, (주)넥스트엔터테인먼트월드(NEW)를 비롯하여 (주)시너지하우스 등의 배급사들이 중소배급사들이다. 국내 배급사들의 경우도 외화와 한국영화를 함께 배급하고 있다. [표 8.1]은 국내 배급사 리스트를 정리한 것이다.

[표 8.1 국내 배급사 리스트]

회사명	연락처
CJ 엔터테인먼트	02)371-6251
롯데엔터테인먼트	02)3470-3533
NEW	02)3490-9300
소니 브에나비스타	02)3458-2261
쇼박스	02)3218-5622
씨너스	02)2267-0578
시너지	02)322-1397
시네마 서비스	02)2001-8804
싸이더스 FNH	02)3393-8508
UPI	02)736-4400
20세기 폭스	02)2188-0100
워너 브라더스	02)3430-2760
화앤담 이엔티	070)7096-8966
인벤트디	02)535-1064

배급사들은 일반적으로 상반기, 하반기에 각자 배급할 영화들의 라인업을 발표한다. 일반적으로 배급사들은 투자사를 겸하기도 하지만, 창투사나 다른 투자사, 수입사, 제작사의 영화를 배급 대행하는 경우도 있다. 이때, 제작사나 수입사, 투자사(자체 투자 영화도 포함)에서는 배급 수수료를 지불해야 하는데, 보통 배급수수료는 극장 매출의 10%내외이다. 배급 수수료의 경우, 일반적으로 영화의 총 수익에서 가장 먼저 공제되고 나머지 금액이 투자사로 입금된다.

O3 심의

3.1 영상물 등급

극장에서 상영하게 되는 본편과 예고편 모두 영상물 등급 위원회를 심의를 받아 등급을 받게 된다. 예고편의 경우, 2012년 8월부터 전체관람가와 청소년관람불가 2개의 등급으로 구분된다. 청소년 관람 불가 등급을 받은 예고편의 경우에는, 청소년 관람 불가 영화 상영 전에만 상영 가능하다. 본편의 경우, 전체관람가, 12세 관람가, 15세이상 관람가, 청소년관람불가, 제한상영가 5개로 구분된다. 등급을 결정할 때는 주제, 선정성, 폭력성, 대사, 공포, 약물, 모방위험 등 7개의 세부요소를 종합적으로 고려하여 결정한다(별첨 자료 참조).

영상물 등급위원회는 영화관련 인사를 비롯해 외부 인사들로 인해 구성되어 있다. 각 영상물 별로 등급분류를 담당하고 있는 소위원회가 있으며, 등급분류 결정은 참석한 위원의 과반수가 결정한 등급으로 결정된다. 소위원회의 임기는 1년이며 영상물 등급위원회 홈페이지에서 위원명을 확인할 수 있다(www.kmrb.or.kr). 2012년부터 전문위원제도가 새로 신설되었는데, 전문위원제도는 본영화 심의가 평균 26일정도 걸리게 되면서 생기게 되는 불편함 등을 해소하기 위해 만든 제도로서 제작사가 심의를 신청할 때, 자가등급평가표를 작성하게 하여 이때 신청사가 원하는 희망등급을 적게 한다. 이것과 전문위원들이 서류 및 영화를 검토하여 개인적으로 작성한 등급분류표가 일치할 경우, 소위원회의 검토가 생략되고, 등급을 결정한다. 따라서 심의기간을 평균 10일로 단축하여 제작사에게 편의를 제공하고자 만든 제도이다. 만약 전문위원들의 개별검토서의 결과와 신청사의 희망등급이 다를 경우, 예전과 동일하게 소위원회에서 처음부터 다시 검토하여 최종 등급을 결정한다.

영상물 등급을 받을 영상물은 필히 극장에서 상영할 예정인 본영화와 예고편이어야 한다. 만약 그렇지 않을 경우, 다시 심의를 받아야 한다. 등급이 결정되었으나, 다시 등급을 받기를 원하는 경우에는 수정하여 등급 신청이 가능하다.

3.2 심의 준비사항

예고편을 디지털 상영 할 경우, 디지털 상영을 하는 사유서를 작성하고, DVD나 CD에 디지털 파일을 저장해서 기존 예고편 서류들을 함께 준비하여 제출한다. 예고편 심의 서류는 다음과 같다.

- 예고편 대본(한글3부)
- 예고편 프린트(필름 또는 디스크 등의 디지털매체) 1벌 : 예고편 내용 자료

예고편은 월,.화, 수, 목 주 4회 심의하고, 신청 편수가 많은 경우에는 심의 횟수를 늘리는 경우도 있다. 심의기간은 일반적으로 일주일정도 소요되지만 경우에 따라 소요기간이 늘거나 줄어들 수 있다. 따라서 심의기간을 충분히 고려하여 상영일정을 결정해야 한다. 등급 분류가 결정되면, 미리 등록한 휴대폰으로 등급 결정 문자가 오며, 서류는 직접 방문 혹은 인터넷으로 출력이 가능하다.

본편 심의 신청도 예고편 심의신청과 비슷한 절차이며 서류는 다음과 같다[1].

 Tip

[1] 본편 심의 신청시 인지료는 10분 당 7만원이며 반올림된다. 100분의 경우, 70만원이며, 106분의 경우, 77 만원을 지불해야 한다.

- 영화대본(줄거리, 스태프 포함)12부 : 영화 전문위원 검토 및 소위원회 등급분류 시 영화내용 및 대사 일치 여부 확인(작품 줄거리는 결말(마무리)까지 구체적(낱낱이)으로 쓰기 바람(명기 요망)
- 수정여부 확인서 1부 : 등급분류 후 재 신청시 수정여부 확인
- 영화 프린트(필름 또는 디스크 등의 디지털 매체) 1벌 : 영화등급분류 실사 자료
- 영화업 신고증 : 영화제작업 신고증 사본 1부
- 자가등급평가표 1부

영상물등급위원회는 등급분류예약제를 실시하고 있다. 등급분류예약제는 후반작업일정과 개봉일정 때문에 시간이 촉박할 경우, 서류로 먼저 심의를 신청하고 통보 받은 등급분류예정일에 상영매체(필름, 디지털 파일)를 제출하

는 제도이다. 제작사는 등급분류예정일 3일전(휴일, 공휴일 제외)까지 상영매체(필름, 디지털 파일)를 제출하면 되므로 심의를 신청하고 받는데 걸렸던 시간을 최대한으로 절약할 수 있다. 만약 등급분류예정일에 상영매체를 제출하지 못할 경우, 등급분류 신청은 반려되기 때문에 후반작업일정을 정확하게 파악하고, 등급분류 예약 신청을 해야 한다. 만약, 상영매체를 제출하지 못해 반려된 영화의 경우, 다시 신청할 때는 신청서류와 상영매체를 동시에 제출해야만 신청이 가능하다.

심의 결과가 나오게 되면, 영상물등급위원회에서는 담당자 휴대전화로 결과를 문자발송한다. 결과를 통보받으면, 직접 위원회에 방문하여 서류를 발급받거나 인터넷으로 출력하면 된다.

극장 상영 **?04**

▶ **Tip**

1 더 자세한 내용을 확인하고자 하면, 영화진흥위원회(www.kofic.or.kr)의 2011년 영화산업 결산 자료를 참고하기 바람.

현재 2011년 전국 극장 수는 292개이고, 스크린 수는 1974개이다**1**. 이중 디지털 상영이 가능한 스크린은 1618개(디지털 전용 상영관 포함)이다. 또한, 3D 상영이 가능한 스크린은 총 766개이다. 이중 멀티플렉스의 스크린 수는 1844개이다. 멀티플렉스 체인은 CJ-CGV(주), 프리머스 시네마(주), 롯데시네마, 메가박스 총 4개이다.

4.1 극장 상영 방식

◎ 디시네마(D-cinema)

아날로그 기술을 사용하는 기계식 영사기를 대체하는 디지털 전자 영사기로 영화를 상영하는 것을 디시네마라고 한다. 디시네마가 주목받고 있는 이유는 먼저 가격 효율성이다. 필름의 경우, 프린트 현상료 및 필름 비용까지 해서 1벌당 수백만원의 비용이 지불되나 디시네마의 경우, 파일이 무제한으로 복제가 가능하기 때문에 저렴한 배급 경비가 이점이 된다. 또한, 최근 들어 제작 경향이 필름 카메라를 사용하기 보다 디지털 카메라를 사용하여 촬영을 하고 있고, CG 등 후반작업이 대부분 디지털로 이루어지기 때문에 파일에서 파일로 데이타를 이동시키는게 용이해져서 효율성 면에서 디시네마가 주목받고 있다.

◎ 3D

2009년도에 개봉한 〈아바타〉이후, 3D 영화 상영이 대중화되었다. 3D 상영편수도 2009년도 이후 꾸준히 증가하고 있다. 3D 영화의 경우, 영화 티켓값이 2D 영화 극장 티켓 값보다 비싸기 때문에 매출에 많은 영향을 끼치고 있다. 2011년도 3D영화를 제작했을 때, 영화 한 편당 3D 영화가 극장 매출에서 차지하는 비율은 평균 52.5%이다. 하지만, 아직까지는 3D 제작과정이 쉽지 않기 때문에 외국영화가 중심이고, 국내영화는 1년에 2, 3편 내외로 제작되고 있는 실정이다.

4.2 영화개봉일

영화 개봉일 선정은 배급 담당자 입장에서 매우 중요한 업무이다. 어떤 개봉일을 선택하느냐에 따라 영화의 흥행 성공여부가 결정된다고 할 수 있다. 따라서 담당자의 직감과 과학적 접근방식을 결합하여 개봉일을 결정해야 한다. 배급 담당자는 담당 영화 분석 및 출구조사와 개봉영화 인지도 호감도 조사 결과, 개봉 예정작 일정들을 다각도로 분석하여 영화의 개봉일을 선정한다.

영화진흥위원회 통계자료인 [그림 8.3]에서도 알 수 있듯이, 영화 개봉의 성수기는 구정, 추석, 성탄절 등의 연휴기간과 학생들의 방학기간이라고 할 수 있다. 최근의 영화 개봉일은 목요일이며, 일부 영화들의 경우, 수요일에 개봉하기도 한다. 혹은 유료 시사회 형식으로 일부 극장에서 한정 개봉을 일주일전에 하기도 한다. 이렇게 미리 개봉하는 이유는 이 영화에 대한 좋은 입소문이 날 것으로 판단될 경우, 배급사가 개봉 주말에 그 입소문 효과가 정점에 달하도록 하려는 경우이다. 또한, 미리 개봉하여 같은 주에 개봉하는 경쟁작들에게서 박스오피스 선점하려는 의도이기도 하다.

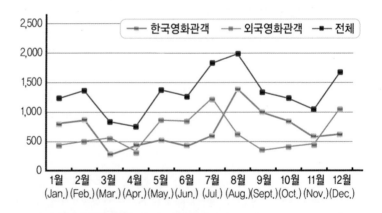

[그림 8.3   2011년 월별 관객수 추이]

4.3 극장 배급방식

극장과 배급사가 직접 거래를 하느냐 아니냐에 따라 직접배급과 간접배급으로 나뉘어진다. 직접배급은 중앙집중적 구조로 배급사가 전국의 극장들과 직접 거래, 계약하여 극장에 상영하는 방식을 말하며, 미국에서 발달된 방식이다.

간접배급은 일본에서 발달된 배급방식으로 지역별 블록 부킹(Block booking)방식의 단매 체제를 말한다. 배급사가 전국 6개 상권(경기도, 강원/부산 경남/대구 경북/광주 호남(제주 포함)/충청/서울변두리)의 배급사들과 거래하며 수익을 예상하여 미리 배급권을 양도하는 방식이다. 한국의 경우, 90년대 후반까지 간접 배급 방식으로 배급이 운영되었다.

1988년에 미국직배사가 들어오면서, 일부 직배사들은 직접 배급방식으로 운영되었으나 그 배급력은 약했다. 하지만, 1998년 국내 최초의 멀티플렉스, 강변 CGV가 생기면서 CJ 엔터테인먼트가 CGV를 중심으로 직접 배급방식으로 배급방식을 바꾸고 현재는 모든 극장들과 배급사의 관계는 직접 배급 방식으로 운영되고 있다[1].

▶ Tip

[1] 직접 배급 방식으로 배급을 하더라도 일부 지방배급은 여전히 간접배급 방식이 남아있어서 P&A 비용 중 "지방배급수수료"가 책정되기도 한다. 국내 극장 배급에 대한 자세한 내용을 알고자 한다면, 영화진흥위원회의 연구보고서(2003년 6월), "한국영화 배급사연구"를 참조하기 바람.

4.4 개봉관 수

미국의 경우, 몇 개의 극장에서 개봉하느냐에 따라 독점상영, 한정개봉, 와이드 릴리즈, 대대적 개봉(saturation), 초대대적 개봉(super saturation), 지역적 개봉 등으로 나뉘어진다. 하지만 국내의 경우, 크게 다음과 같이 나뉘어진다.

- 독점상영(exclusive run) : 한 도시의 한 개의 개봉관, 즉 전국주요도시를 중심으로 몇 개의 개봉관만으로 개봉하는 것을 말한다.
- 한정개봉(limited run) : 도시당 몇 개의 극장에서 개봉하는 것을 말한다.
- 와이드 릴리즈(wide release) : 전국적으로 동시에 100개이상의 극장에서 개봉하는 것을 말한다.

최근에는 저예산 영화들을 제외하고, 대부분의 상업영화들은 와이드 릴리즈 방식으로 개봉한다. 따라서 개봉관수가 늘어남에 따라 필름 프린트 수와 상영될 파일 수들이 늘어나게 되며 마케팅 비용, 즉 P&A 비용이 함께 증가된다. A 프린트 완료까지는 순제작비용에 포함이 되지만, 이후 프린트 현상이나 상영용 파일제작 비용부터는 배급비용으로 마케팅 비용에서 관리하게 된다. 성수기, 즉 구정, 추석, 성탄절 등의 연휴나 여름 방학, 겨울 방학의 경우, 시장 확보를 위해 최대한 많은 극장 수를 확보하고자 하기 때문에 배급비용이 다른 시기에 비해 증가된다. 이는 좌석수가 많으면 많을수록 흥행에 끼치는 영향력이 매우 높아지기 때문이다. 따라서 배급팀은 극장 확보 및 각 극장에서 얼마나 많은 좌석수를 확보하느냐가 매우 중요하다.

4.5 영화수명주기

제품수명주기(product life cycle)라 함은 제품이 생산 판매 시작되는 시점에서부터 판매 종료되는 시점까지의 기간을 말한다. 일반 제품의 경우, 제품 수명 주기가 거꾸로 된 종 모양을 이루는 반면, 영화의 경우, 왼쪽으로 치우친 형태의 제품 수명 주기 형태를 보여주고 있다. 즉 [그림 8.4]의 왼쪽 그래프처럼 개봉 주에 가장 많은 박스오피스를 차지하고 있으며 개봉주 이후부터 급격하게 박스오피스가 하락하는 형태를 보여주고 있다. 이때, 얼마나 영화가 잘 만들어졌는지 혹은 입소문 마케팅이 잘 되었는 지에 따라 박스오피스 하락속도가 [그림 8.4]의 오른쪽 그래프처럼 달라질 수 있다. 이와 같이 입소문으로 인해 개봉주에 비해 다음주 박스오피스가 상승하는 영화를 슬리퍼 무비(sleeper movie)라고 한다. 〈왕의 남자〉, 〈과속 스캔들〉, 〈워낭소리〉의 경우나 외국영화 〈원스〉같은 영화가 전형적인 슬리퍼 무비이다.

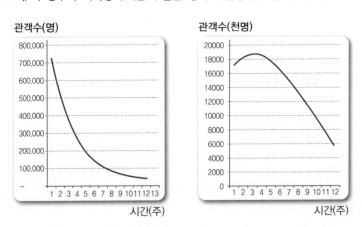

[그림 8.4 영화 제품 수명 주기(일반 영화 vs 슬리퍼 무비)]

4.6 박스오피스 정산

국내는 영화진흥위원회의 통합전산망(www.kobis.or.kr/현재, 스크린 가입율 99%)을 통해 일단위, 주단위로 확인이 가능하다. 통합전산망에 회원으로 가입할 경우, 본인의 영화를 실시간으로 각 극장들의 박스오피스 현황을 확인할 수 있다. 이 박스오피스외에도 배급사가 직접 극장에 직원을 보내어 현장조사하는 일별 집계 현황을 매일 확인해야 하며, 만약 문제점이나 차이점이 발생될 경우, 발견즉시 원인을 확인하고 수정 조치해야 하는데, 대부분 극장의 과소계상(undercounting) 시도를 차단하고자 하는 이유이다. 최근에는 지역별, 영화종류(일반, 3D, IMAX 등)별, 좌석 차별화, 프리미엄 서비스 등으로 인해 영화 가격이 천차만별이기 때문에 인원수뿐 아니라 가격별 인원수도 확인해야 한다.

극장과 배급사의 정산 방식은 영화관람금액을 일정 부율에 따라 정산하는 방식이다. 일반적으로 한국영화의 경우, 극장 : 배급사 = 5 : 5 고정 부율이다. 최근 들어 외국영화의 부율(극장:배급사=4:6) 방식이나 미국의 슬라이딩 방식을 사용하는 경향은 있으나 아직까지 국내는 5:5 고정 부율에서 영화에 따라, 상영시기에 따라 계약조건을 일부 변경하고 있다. 영화 상영 계약은 매주 갱신되는 것으로 생각해야 한다. 그 이유는 영화가 얼마나 오랫동안 상영될지 아무도 알 수 없기 때문이다. 따라서 배급팀은 매 주초 차주에 극장에 영화를 상영하기 위해 계속적으로 극장과 협상을 하게 된다.

01 미국의 슬라이딩 극장 부율제도: 개봉 주차에 따라 배급자와 상영자가 나눠가지는 부율을 달리 적용하는 시스템으로, 보통은 개봉 초기의 수익을 배급자가 많이 가져가고, 개봉 3~4주 이상의 장기상영의 경우 수익의 대부분이 상영자인 극장에 돌아가는 부율 시스템을 말한다.

개봉관 결정 방식

극장에서는 주말 개봉성적(박스 오피스, 좌석 점유율)을 보고 주초 월요일에 다음주 상영 프로그램과 관수 및 좌석수, 상영횟수를 결정한다. 따라서 주말 흥행 성적에서 몇 위를 차지하는 것은 매우 중요하다. 또한 개봉 예정작의 경우, 개봉주의 예매성적이 어떠냐에 개봉관수와 좌석수, 상영횟수가 결정된다. 따라서 각 극장의 예매 사이트나 예매 사이트(맥스무비, yes 24 등)의 예매 성적, 통합전산망의 예매 성적이 개봉관수를 확정하는 데 매우 중요한 바로미터가 된다.

A 프린트를 완성하면 제작부의 일차적인 작업은 완료된다. 하지만, 좋은 질의 영화를 극장에 상영하여 관객들에게 좋은 평가를 받기 위해서 개봉 전 시사회를 비롯하여 개봉초기 극장 상영까지 제작부는 프린트 및 상영 파일의 상태를 계속해서 체크해야 한다. 상영시 프린트에서 문제가 생겼을 경우, 즉각적으로 이유를 확인하여 조치를 취해야 한다. 제작부가 상영시 확인해야 할 것은 다음과 같다.

- 극장 상영시 화면의 색깔은 어떠한가?
- 화면의 밝기는 괜찮은가? 시퀀스간 혹은 내에서 화면의 밝기는 튀지는 않는가?
- 화면이 떨리거나 색이 번지지 않았는가?
- 포커스는 문제없는가?
- 프린트 권 분배는 문제가 없는가?
- 대사가 잘 안들리거나 튀는 부분은 없는가?
- 대사 립싱크는 정확하게 맞는가?
- 사운드가 정확하게 배분되어 잘 들리는가?
- 디지털 파일인 경우, 에러는 없는가?

이러한 일련의 조치가 완료된 후에야 제작부의 역할이 완료됐다고 할 수 있다.

추가적으로 KTX 시네마 열차의 경우, 상영시간이 100분으로 규정(엔딩크레딧 포함)되어 있어 100분이 넘는 영화의 경우, 재편집이 필요하다. 대부분의 영화들은 세방현상소에서 일부장면을 삭제하는 방식으로 재편집하여 상영되고 있으나, 일부 영화는 재편집해서 넘겨주기도 한다. KTX용 영화의 경우, MOV파일로 넘겨주어야 한다.

부가판권 **?05**

부가판권시장에서 부가판권의 규모를 결정하는 것은 영화의 극장 박스오피스 결과이다. 부가판권의 매출은 현재 IPTV와 온라인 VOD가 각각 40%씩 매출 비중을 차지하고 있으며, 나머지 부가판권들이 20%의 비중을 차지하고 있다. 부가판권 판매는 배급사들이 일반적으로 진행하며, IPTV의 경우는 CJ와 쇼박스 등의 메이저 배급사들은 직접 계약을 진행하고 롯데나 중소 배급사들의 경우는 중간 업체를 통해 일괄적으로 판매하는 경우도 있다. 온라인 다운로드의 경우는 CJ의 경우는 담당 부서가 있어 그 부서를 통해 판매가 진행되며 쇼박스는 CJ에 패키지로 대행을 맡기기도 한다. 롯데의 경우는 부가판권 일체를 업체 입찰을 통해 일괄 판매하기도 한다.

최근에는 IPTV와 온라인 다운로드 등의 VOD(Video on demand) 시장이 커지고 있는 실정이다. 이를 보통 '영화 온라인 시장'이라고 지칭한다. 온라인 시장은 IPTV, 온라인 VOD(다운로드, 스트리밍), 모바일 서비스를 중심으로 계속 확대되고 있다. DVD의 경우는 셀스루(sell-through)를 기반으로 시장이 형성되어 있고, 최근에 블루레이(Blue-ray)가 주목 받고 있다. TV 판권(케이블 TV 포함)의 경우, 극장 박스오피스 결과에 따라 판권 구매 여부가 결정된다. 따라서 일부 흥행성적이 좋지 못한 영화들의 경우에는 공중파 TV 판권 판매가 불가능할 수도 있다. 그 외의 부가판권 시장으로는 비행기, 호텔 등의 숙박업소 판매 등이 있다.

부가판권에서 중요한 이슈 중 하나가 보안관리인데 디지털 권리 관리(Digital rights management : DRM)이라 불리운다. DRM을 잘못할 경우, 곧바로 불법 다운로드 시장에 배포가 되기 때문에 부가판권시장에서 최근 가장 중요한 이슈이다. 이러한 이유로 미국의 메이저 스튜디오의 경우, 여전히 온라인 다운로드와 모바일 서비스를 꺼려하고 있다.

02 스트리밍 서비스(Streaming Service) 스트리밍 서비스는 기존의 동화상 파일(mov, avi 등)을 다운로드하기에는 완전히 다운로드가 될 때까지 수 십분을 기다리는 불편함이 있었는데 이런 점을 개선하여 기존 방법과는 달리 일정량의 데이터만을 가지고도 실시간으로 재생이 가능하도록 하는 서비스이다. 최근에는 VOD 스트리밍 서비스가 감소하는 추세이다.

03 디지털 권리 관리(DRM : Digital rights management) : 출판자 또는 저작권자가 그들이 배포한 디지털 자료나 하드웨어의 사용을 제어하고 이를 의도한 용도로만 사용하도록 제한하는데 사용되는 모든 기술들을 지칭하는 용어다. 종종 복사 방지, 기술 보호 장치와 혼동하기도 한다. 앞의 두 용어는 디지털 권한 관리 설계의 일부로, 이런 기술이 설치된 전자장치 상의 디지털 콘텐츠 사용을 제어하는 데 사용되는 기술을 지칭한다.(위키피디아 자료 참조)

5.1.1 IPTV

IPTV는 인터넷을 기반으로 하는 TV 서비스로 ①Internet Protocol TV, ② Interactive Personal TV, ③Intelligent Television TV로 불린다. 2007년 도부터 IPTV는 VOD 서비스를 시작하였다. 2012년 국내 IPTV는 약 850 만명의 가입자를 기반으로 하여 디지털 홈초이스를 비롯하여 KT의 올레 (olleh) TV, SKT의 브로드밴드, LG의 U+ 네 가지가 있다. IPTV는 1회성 판매형식에서 점차 정액제, 할인 이벤트, 포인트 차감 등 다양한 가격서비스가 제공되고 있으며 영화의 제공편수도 점점 늘어나고 국내외 고전영화들과 단편영화 등 거의 대부분의 영화들을 시청할 수 있다. 또한, 극장에서 종영하기 직전이나 동시에 상영하는 영화(10,000원)에서부터 종영직후 영화(3,500원), 종영이 이미 오래 전에 완료된 영화(1,800원)까지 다양한 금액으로 과금하고 있다.

일반적으로 IPTV와 배급사가 직접 상영 계약을 하며 RS(Revenue share) 형식으로 계약을 하는 경우들이 대부분이다.

부가판권 콘텐츠 유통은 플랫폼이 계속 변화하고 있어 판권 사용에 대한 종류와 범위를 정의하기는 어렵다. 2012년 현재 IPTV/다운로드 등 유료 콘텐츠 유통 계약시 일반적으로 정의하는 판권 사용에 따른 종류와 범위는 다음과 같다.

IPTV 판권

전용의 셋탑박스 또는 셋탑박스가 설치된 공간을 통해 TV로 상영하는 방식으로 서비스 할 수 있는 채널 방영 서비스 및 모든 유무선 형태의 PPV(Pay Per View)와 VOD(Video on Demand) 서비스를 말한다.

위성TV 판권

대한민국 내에서 위성파(위성 DMB)를 이용하여 현재 상용화되어 있거나 향후 도입될 수 있는 시스템을 통해 서비스할 수 있는 채널방영 서비스 및 PPV(Pay Per View)와 VOD(Video on Demand) 방식으로 제공하는 서비스 일체를 말한다.

케이블TV 판권

대한민국 내에서 광케이블 또는 동축케이블 등을 통해 서비스할 수 있는 채널방영 서비스 및 PPV(Pay Per View) 또는 VOD(Video On Demand) 방식으로 제고하는 서비스를 말한다.

인터넷 판권

Internet Protocol Address를 이용하여 유선 및 Wibro, LTE, Wi-Fi, 모바일(CDMA, TDMA, WCDMA의 통신 방식 등의 멀티미디어 신호를 전송 방송하는 서비스 포함) 등의 무선으로 멀티미디어 신호를 전송, 방송하는 모든 스트리밍(Streaming)과 다운로드(Download) 형태의 서비스 일체를 말하며, 여기에는 웹하드, P2P, 포털 및 기타 유무선형 미디어 등에서의 PMP, PSP, MP4, 테블릿 PC(아이패드 등), 스마트 TV 서비스를 포함한 현재 서비스 되고 있거나 향후 이와 유사한 방식의 디바이스로 활용 가능한 모든 유무선 서비스 일체를 포함한다. 단, IPTV 판권, 위성TV 판권, 케이블TV 판권, DMB 판권에 속하는 서비스는 제외된다.

인트라넷 판권

IPTV 판권, 위성TV 판권, 케이블TV 판권, 인터넷 판권에 해당하지 않는 형태의 서비스로 서비스 제공자가 운영하는 별도의 서버 또는 영사 장치를 이용하여 한정된 장소 즉 디지털 상영관(PC방, DVD방, 멀티방 등), 숙박시설(모텔, 호텔 등), 단체 관람장(군부대, 구민회관) 등의 장소에서 유/무선으로 제공하는 VOD 기반의 서비스 일체를 말한다.

DMB 판권

지상파 DMB 사업자나 위성 DMB 사업자가 제공하는 채널방영 서비스 및 PPV(Pay Per View) 또는 VOD(Video On Demand) 방식으로 제공하는 서비스를 말한다.

IPTV업체에 제공하는 자료는 일반적으로 HDCAM이다. IPTV의 경우, 서비스 환경이 거실을 중심으로 한 가족들이 함께 보는 경향 등이 많기 때문에 〈써니〉나 〈아저씨〉, 〈트랜스포머〉, 〈해리포터〉등의 가족중심의 영화나 액션 영화들이 인기가 많다.

04 HDCAM : HDCAM은 1997년에 도입된 HD 버전의 디지털 베타캠으로, 8비트 DCT의 압축된 3:1:1 녹화 방식에 1080i 호환 다운샘플링 해상도(1440x1080)를 사용한다. 나중에 나온 모델에는 24p와 23.976 PsF 모드들을 추가하였다. HDCAM 코덱은 정사각형이 아닌 화소들을 사용하며 1440x1080으로 녹화된 콘텐츠는 재생할 때 1920x1080으로 업샘플링한다. 녹화된 비디오 비트속도는 초당 144 메가비트이다. 소리 또한 비슷하게 AES/EBU 20비트/48kHz의 4채널 디지털 오디오이다. 소니의 시네마틱 시네알타 제품에 사용되고 있다.(위키피디아 자료 참조)

[그림 8.5 IPTV 서비스 개념도]

5.1.2 온라인 다운로드

온라인 VOD는 99년 씨네로 닷컴이 두루넷을 통해 스트리밍 VOD서비스를 시작한 것이 최초였다. 합법다운로드 역시 씨네로닷컴이 2006년도에 최초로 시작했다. 같은 해에 워너 홈 비디오의 국내 합법다운로드 시장 진출을 시작으로 해외 직배사들도 국내 합법 다운로드 시장으로 진출했다. 2010년 합법다운로드가 본격적으로 시작되면서 시장이 확대되고 있다. 온라인 다운로드는 스트리밍 서비스와 다운로드 서비스 2개로 나뉘어진다. 최근에는 스트리밍 서비스는 거의 이루어지지 않으며 다운로드 서비스를 중심으로 매출이 일어나고 있다. 온라인 다운로드의 경우, 컴퓨터를 이용한 개인관람이 많기 때문에 신작들을 중심으로 소비하는 것 외에도 18세 이상 관람 등급 영화들을 선호한다. 온라인 다운로드 금액도 IPTV 금액과 일치한다.

일반적으로 온라인 다운로드 계약을 할 때 플랫폼과 직접 계약을 하기보다는 중간에 벤더 업체가 다운로드 판권을 구매하고 그 업체들이 다양한 플랫폼들과 계약을 하는 방식으로 진행된다. 이러한 벤더 업체들로는 TCC, KTH, 씨네21i, 노버스 등이 있다. 이들 벤더들이 일괄적으로 판권을 단매 방식으로 구매하거나 MG(Minimum guarantee)와 RS(Reveune Share)를 혼용하여 구매를 한다. 이들에게 영화는 IPTV와 동일하게 HDCAM으로 제공하면 된다. [표 8.2]는 온라인 콘텐츠 유통업체 리스트를 정리해 놓은 것이다.

[표 8.2 온라인 콘텐츠 유통업체 리스트]

업체명	연락처
다우기술	070)8707-2181
루믹스 미디어	02)585-0346
마노 엔터테인먼트	02)532-8357
세도나아이	070)8267-0027
에스와이코마드	02)6204-7236
인디플러그	070)7016-2390
컨텐츠 로드	070)7507-7178
CJ E&M	02)371-8647
KTH	02)3289-2327
TCC	02)3430-5021

[표 8.3]은 온라인 콘텐츠 유통업체와 직접 콘텐츠 판권 계약을 체결할 경우에 확인해야 할 내용들을 정리해 놓은 것이다.

[표 8.3 콘텐츠 판권 계약서 주요 내용]

항목	내용
계약 기간	계약일로부터 모든 콘텐츠의 판권 기간이 만료될 때까지를 계약 기간으로 한다.
판권 기간	판권 기간은 각 콘텐츠의 최초 서비스 개시일로부터 5년간이 일반적이다.
독점 여부	콘텐츠 판권을 독점적으로 유통하게 할 것인지, 비독점적으로 유통하게 할 것인지 결정한다. 유통사와의 독점 계약이므로 플랫폼업체와의 독점 계약과는 다르다.
서비스 개시일	IPTV, DMB, 모바일 등 각각의 판권의 서비스 개시 일정을 극장 개봉일을 기준으로 혹은 특정 일정을 기준으로 홀드백 기간을 고려하여 정리한다.
정산방법	Minimum Guarnatee 금액, RS(Revenue Share) 정산 부율, 수수료를 결정하고 정산일은 언제로 할 것인지 정한다. 대부분 서비스월의 익월에 정산하고, 수익금은 익익월에 지급한다. RS 정산 부율의 저작권자 지분은 일반적으로 전체 매출의 40% ~ 50%로 결정된다.
판권지역	대개 대한민국 내로 한정한다.

5.1.3 모바일 서비스

2011년부터 스마트폰을 사용하여 영화를 보는 모바일 서비스가 본격적으로 시작되었다. SK 플래닛의 티스토어(T-store)와 SK 호핀(Hoppin)은 모

동일한 콘텐츠를 즐기거나 클라우드
에 내가 가지고 있는 콘텐츠를 보관
해 놓고 n개의 단말기로 보고 싶을
때 꺼내서 보거나 A의 단말기에서
B의 단말기로 쉽게 옮기거나 하는
유형의 서비스를 말한다.

바일을 중심으로 온라인 다운로드까지 포함한 일종의 엔스크린(N-screen) 방식의 서비스이다.

티스토어의 경우, 결재의 편의성, 안전성 등을 기반으로 꾸준히 매출이 상승하고 있는 추세이다. 모바일 서비스는 온라인 다운로드의 벤더 업체들이 모바일 서비스에서는 MCP(Master of contents provider)가 되어 콘텐츠를 텔레콤 업체에 제공하고 텔레콤은 과금된 금액중 일정 금액을 MCP에게 배분한다.

현재, 모바일 서비스는 한국영화가 초강세를 이루고 있다. 직배사의 외화들의 경우, 미국 본사에서 보안문제와 MG문제로 인해 모바일 서비스를 못하게 금지하고 있고, 외국 영화는 모바일의 작은 화면에서 자막 등을 읽기 불편한 점 등이 기인하여 매출이 잘 일어나고 있지 않는 상황이다.

5.2 DVD

DVD의 경우, 대여용과 셀스루용으로 나뉘어진다. 이중 대여용의 매출은 셀스루용의 매출에 비해 미비하다. 셀스루 시장의 경우, 매니아들을 중심으로 해서 유지되고 있으며 DVD 업체와 계약방식은 다음과 같다.

- 수수료 방식 : 판매한 DVD 수량만큼에 대해 수수료를 유통대행업체에 지불하는 방식
- 순이익 비율 방식 : 총매출에서 제작비를 제외한 순이익을 DVD 제작사와 저작권자가 일정비율로 나누는 방식
- 로열티 방식 : DVD 판매 업체에서 판매수량만큼의 금액의 일정부분을 로열티로 배급사 혹은 저작권을 가지고 있는 제작사, 투자사에게 지불하는 방식
- 자체 제작 방식 : 배급사가 직접 DVD를 제작하고, 유통하는 방식

DVD는 본 영화만이 들어가는 것이 아니라 영화에 대한 부수적인 자료들이 함께 들어간다. 그 이유는 IPTV나 다운로드처럼 한 번 상영하고 끝나는 것이 아니라 소장용으로 구매하는 경우도 있기 때문에 DVD 부속자료로 무엇이 들어가냐에 따라 소장가치가 달라질 수 있으므로 어떤 내용을 추가할 것인지에 대해 DVD 업체와 사전 기획 회의가 매우 중요하다. 이중 코멘터리

(commentary)의 경우는 배우들과 감독이 직접 영화의 제작 뒷이야기를 육성으로 남겨야 하므로 믹싱실 일정과 배우들과 감독의 일정 조정이 필요하다. 주로 이러한 일정 조정은 제작사에서 진행하게 된다. 이미 영화 개봉이 완료된 시점이므로 배우들과 감독 일정 섭외가 쉽지 않다. 따라서 영화 계약시 배우들과 감독에게 DVD 코멘터리 녹음의 필요성을 주지시켜야 한다. 하지만 일정 조정이 불가능한 경우를 대비해야 한다. 다른 부속자료로서 메이킹 필름의 경우, 마케팅팀이 보관하거나 혹은 메이킹팀이 보관하는데, 메이킹 필름의 경우, 따로 DVD용으로 편집을 해서 전달하거나 기존 자료를 그대로 전달하게 된다. 이때 배우들의 현장 인터뷰 자료도 함께 전달되기도 한다. 또한, 어떤 경우에는 영화 필름 일부를 잘라서 DVD 선물용으로 사용되기도 한다. 이때는 배급팀과 상의해서 극장에서 사용 불가능한 프린트를 제공하면 된다.

셀스루 판매의 경우, 영화 매니아층을 주 소비자층으로 보고 제작되는 것이기 때문에 어떤 영화들의 경우에는 극장에서 상영하는 영화와 다르게 감독이 새로 편집하거나 편집했던 디렉터스컷으로 제작되는 경우가 있다. 이때의 경우에는 디렉터스컷이 극장에서 상영되지 않았으면, 다시 DVD 작업을 위해 믹싱 작업을 다시 해야되는 경우가 생긴다. 이때 드는 비용을 어떻게 처리할 지에 대해서 DVD 제작업체와 논의해야 한다. 또한, 최근에는 영화 매니아층들을 위해서 블루레이(Blue-ray)로 제작을 하는 경우들이 많아졌다.

블루레이는 고선명 비디오를 위한 디지털 데이터를 저장할 수 있도록 소니가 주도하는 블루레이 디스크 협회에서 정한 광기록방식 저장매체이다. 블루레이 디스크는 저장된 데이터를 읽기 위해 DVD 디스크에 비해 훨씬 짧은 파장을 갖는 레이저를 사용함으로써 DVD와 같은 크기임에도 불구하고, 더 많은 데이터를 담는 것이 가능하다. 블루레이 디스크는 무단복제를 막기위해 강력한 여러 복제 방지 기술이 구현되어 있어 디스크 무단제작과 복제를 방지하는 것이 가능하다. 따라서 일반 DVD에 비해 더 강력한 화질과 저장능력, 복제방지가 가능하기 때문에 차세대 셀스루 시장의 대안으로 기대되고 있으나, 제작비가 비싸고, 아직 시장이 작으며, 일반 DVD 플레이어와의 비호환성 등의 문제로 인해 아직 활성화되고 있지 않다.

[표 8.4]는 한국 영화 DVD/블루레이를 제작하는 제작/유통사 리스트를 정리해 놓은 것이다. DVD/블루레이를 직접 제작하는 CJ E&M, 시네마서비스

와 같은 투자/배급사와 워너브라더스, 디즈니와 같은 직배사는 제외했다.

[표 8.4 DVD/블루레이 제작 유통사 리스트]

업체명	연락처	특징 내용
아트서비스 www.art-service. co.kr	02)311-2300	- VHS/DVD/블루레이 제작, 배급, 　머천다이징 - CJ E&M 계열사로 CJ E&M, 　시네마서비스, DCG플러스, 쇼타임 　등을 중심으로 출시
KDMEDIA www.kdmedia.net	031)955-7171	DVD 제작 및 영화배급 업체로 쇼박스, NEW 작품 중심으로 출시
캔들미디어 www.candlemedia. co.kr	02)3430-5000	- 영상콘텐츠 제작 및 배급 담당 : 　content@candlemedia.co.kr - 홈엔터테인먼트 사업과 함께 IPTV, 　케이블TV, 인터넷, 모바일 등 다양한 　플랫폼에 콘텐츠 유통, 　롯데엔터테인먼트 작품 중심으로 　출시
유이케이 www.uek.co.kr	070)7602-8950 02)2001-8950	소니, 유니버설, 20세기 폭스, MGM과 국내 독점 라이센스 계약을 맺고 SBS 콘텐츠 허브, 유니코리아, 미로비전, 성원아이컴 등의 국내 총판으로 DVD, 블루레이, CD, 화보집, 스타 DVD 등을 출시
플래니스 PLANIS www.planis.kr	02)380-4757 02)511-9612	- 홈엔터테인먼트 사업과 함께 영화 　부가판권 유통 사업 진행 - 출자한 투자 조합에서 투자한 작품을 　중심으로 DVD/블루레이 출시
㈜동성 프로덕션	031)731-3612	
(주)프리지엠	02)3430-5010	주로 롯데 작품을 중심으로 출시
비앰코리아(주)	02)790-9000	
(주)동아수출공사	02)2008-4719	
비디오여행		- 저예산/독립영화, 수입영화 위주로 　출시
미디어허브		- 저예산/독립영화, 수입영화 위주로 　출시

5.3 케이블 TV

케이블 TV는 유료채널(Pay-TV)과 무료채널로 구분된다. 유료채널은 스카이
라이프(olleh TV)와 캐치원(CJ E&M)이 있다. 무료 채널로는 CJ E&M의 채

널 CGV, OCN 등이 있으며, 티캐스트(T-Cast)의 스크린, 씨네프, (주)씨앤엠 등이 있다.

온라인 영화 시장에서 상영되고, DVD가 발매되면 다음 윈도우가 유료 케이블 채널이다. 유료 케이블 채널은 소비자들이 채널을 보기 위해 일정 금액을 더 지불하는 채널들을 말한다. 유료 케이블 채널이 방영된 이후, 공중파 TV, 무료 케이블 채널 순으로 윈도우가 바뀌게 된다. 일반적으로 이러한 채널들은 일정 금액을 지불하고 3~5년 동안 혹은 일정 횟수만큼 방송하도록 계약한다. 그리고 그 기간이 지나면, 다시 재방영권을 판매할 수 있다.

케이블 TV의 경우, 자체 심의가 있어 욕설이 많거나 하는 일부 영화들의 경우 방영이 불가능할 수 있다. 하지만, 공중파 TV만큼 자체 심의가 엄격하지 않다. 종합편성 TV는 케이블 TV와 같은 개념으로 인식되고 있으나, 아직까지 영화판권을 구매하지 않고 있다.

5.4 공중파 TV

공중파 TV의 경우는 KBS, MBC, SBS 외에 OBS, EBS에서도 영화판권을 구매하고 있다. KBS, MBC, SBS의 경우는 신작을 중심으로 구매를 한다면, EBS와 OBS는 구작을 중심으로 구매를 하고 있다. 또한, 케이블 TV와 공중파 TV는 영화의 극장 박스오피스에 매우 민감하다. 따라서 극장에서 흥행이 안되었을 경우에는 구매를 안하는 경우도 있다. 특히 공중파 TV의 경우에는 욕설이 매우 심하거나 성적인 장면이 많은 영화들의 경우에는 아무리 흥행에 성공하더라도 구매하지 않는다. 또한, 공중파 TV도 자체 심의가 있기 때문에 영화의 일부 장면에 대해 임의로 편집하는 경우도 있다. 공중파 TV도 케이블 TV와 마찬가지로 단매로 계약을 하며, 방영기간을 정하여 계약을 하며, 기간이 지나면 재방영권 판매가 가능하다.

5.5 기타판권 : 비행기, 호텔 등

비행기 기내에서 승객들에게 서비스하기 위해 구매되는 비행기 판권은 전 세계 비행기 판권을 전문으로 하는 회사 혹은 대한항공, 아시아나 항공 등

▶ Tip

1 대한항공에서는 VOD 기내판권 외에도 승객들에게 비행시 제공할 DVD를 일괄구매하기도 한다. DVD 일괄 구매도 대한항공 기내판권 에이전시를 통해 협상이 가능하다.

▶ Tip

2 롯데엔터테인먼트에서 운영하는 KTX 영화객실의 경우는 극장 상영과 동일한 시기에 상영하며 극장 요금처럼 부율로 나뉘어지기 때문에 부가판권이라기보다는 KTX 열차에 특화된 극장 스크린으로 생각하면 된다.

국적기 비행기 판권 유통을 전문으로 하는 회사(대한항공 : 유로커뮤니케이션 737-1854/아시아나 : 스카이초이스 016-842-1005)에 판매가 가능하다. 일반적으로 단매 형태로 판매되며, 최신 작품을 선호하기 때문에 극장 개봉 시점에 미리 협상을 하는 것이 좋다. 전세계 기내판권을 한꺼번에 사는 회사로는 EIM 같은 외국 업체가 있다[1].

호텔, PC방 등의 숙박업소에 판매를 하는 경우가 가장 마지막에 이루어지는 윈도우 채널이다. 호텔이나 PC방, 디지털 영화 감상실, 찜질방, 숙박업체 등에 상영하는 것은 중간업체를 통해 일괄 판매하거나 MG/RS 방식으로 진행한다. 중간업체로는 온타운 등이 있다[2].

해외 세일즈 ?06

1999년도 〈쉬리〉이후 한국영화의 해외 수출이 본격적으로 시작되었다. 특히 2000년대 초반 〈엽기적인 그녀〉부터 시작하여 한류붐이 불기 시작하면서 아시아를 시작으로 전세계적으로 한국영화에 대한 관심도가 높아지기 시작했다. 또한, 깐느 영화제를 비롯하여 세계 유수의 영화제에서 한국 영화가 수상을 하게 되면서 더욱 한국 영화에 대한 관심도가 높아졌다.

현재, 한국영화의 해외 세일즈는 첫번째, 영화 전 판권(all rights) 혹은 일부 부가판권 계약과 두번째로 리메이크 판권 계약, 세 번째가 배우나 감독, 스태프 수출, 네 번째가 공동 투자 및 제작의 형태로 이루어지고 있다. 일본, 중국, 홍콩, 태국 등의 아시아를 중심으로 해서 미국, 프랑스, 중국, 영국, 독일 등의 나라가 한국영화 해외 세일즈 주요 국가들이다.

6.1 해외 세일즈 마켓

해외 세일즈를 하는 방식은 공식적으로 개최되는 세일즈 마켓(market)을 이용한 판매가 일반적이며, 일부의 경우는 마켓 외의 지역이나 장소, 기간에서 세일즈가 이루어지기도 한다.

가장 유명한 해외 세일즈 마켓은 5월에 있는 프랑스 깐느(Cannes) 마켓과 10월말, 11월 초에 있는 미국의 AFMA(American Film market)이다. 깐느 마켓은 깐느 국제 영화제와 동시에 개최된다. 그 외의 주요 세일즈 마켓은 [표 8.5]에서 리스트를 정리하였다.[1]

▶ Tip

[1] 마켓의 일정은 매년 변동될 수 있으므로 영화진흥위원회 온라인 비즈니스센터(.www.kobiz.co.kr)에서 확인 바람

[표 8.5 해외 세일즈 마켓 리스트]

개최국가	개최도시	특징	중요도
아르헨티나	부에노스 아이레스	마르델플라타 영화제와 동시 진행되며 깐느 마켓 담당자들이 운영하는 영화제로, 유럽 바이어/셀러 참여도가 높음.	3

개최국가	개최도시	특징	중요도
미국	산타모니카	단독 필름마켓으로는 가장 규모가 크나, 영화제와 함께 진행되지 않아 실무적인 느낌이 강함. B급 헐리우드 작품이 주로 거래됨. 뉴미디어의 등장으로 마켓 고유의 기능이 사라지며 활기찬 모습이 사라짐. 특히 유럽/아시아 바이어들의 저조한 참가율.	5
일본	도쿄	동경영화제와 함께 진행되나 행사장이 오다이바로 옮겨지며 영화제와 너무 동떨어진 느낌. 규모는 부산보다 큼. 일본의 모든 회사들을 만나볼 수 있는 장점.	4
한국	부산	부산영화제의 위상과는 별도로 마켓참가에 대한 열성은 그리 크지 않음. 한국 영화가 아시아 영화중에선 가장 영향력이 있기 때문에 개별 미팅은 많이 진행되나 실질적 거래가 성사되기로는 부족. Pre-AFM이라는 인식이 강함.	4
한국	부천	실질적인 바이어보다는 프로듀서, 감독, 제작사 등 영화제로 참가한 게스트들과 여유로운 미팅이 가능.	3
프랑스	칸	세계 최고의 영화제이자 최고의 필름마켓. 마켓 운영 기간도 가장 길고 가장 성과가 높은 마켓임.	5
홍콩	홍콩	아시아에서 가장 규모가 큰 마켓. 중화권은 물론 아시아의 모든 셀러/바이어들이 참가. 중국 배급사들을 대거 만날 수 있으나 믿을 수 없는 중국 파트너를 만날 가능성도 큼.	5
독일	베를린	점점 규모가 커지고 있고 참여도도 높으나 날씨가 험난하고 아시아에서 중요한 구정 기간에 진행되어 중화권, 동남아시아 바이어 참여 저조. 깐느, AFM과 더불어 가장 중요한 마켓.	5
네덜란드	로테르담	시네마트에 참가하는 프로듀서, 제작자 등 만날 수 있음.	4
아랍에미리트 연합국정부	두바이	중동 바이어를 활발히 만날 수 있으나 영화제 기간이 길어서 집중할 수 없음.	3
인도	고아	인도의 깐느영화제라 불리고 볼리우드 제작자를 모두 만나 볼 수 있음.	3
캐나다	토론토	정식 필름마켓은 없지만 가장 바이어들이 스크리닝을 많이 할 수 있는 영화제/마켓이며 미팅공간으로 주어진 호텔 로비에서 자유로이 미팅이 진행됨. 영화제에서 소개되는 신작들의 거래가 활발하고 AFM의 위상을 위협할 정도로 성장하고 있음.	4

개최국가	개최도시	특징	중요도
이태리	로마	재정 상황이 좋아 바이어 초청인원이 많음. 유럽 회사를 모두 만날 수 있는 마켓	3

마켓에서 해외 판매를 진행할 경우, 바이어들에게 영화의 포스터나 이미지, 예고편(프로모션용 동영상), 전단, 소책자 등을 제공하거나 영화가 완성되었을 경우에 영화 시사회를 개최하거나 스크리너(screener)를 DVD로 만들어서 배포하기도 한다. 다른 나라의 바이어가 영화 구매를 원할 경우, 먼저 딜메모(Deal Memo 사전판매보증 계약)를 작성하게 된다. 일반적으로 마켓에서 이루어지는 계약은 딜메모 수준이 된다. 이후 본 계약을 진행하는데, 본 계약 진행 시 딜메모 내용을 기반으로 하여 세부 내용을 조절한다. 계약이 완료되면, 계약금액의 20%내외를 받게 되며, 나머지 금액은 개봉이 확정되고, 영화의 개봉시 필요한 서류 및 선재, Delivery Schedule[1]들이 해당 국가로 모두 전달됐을 때, 지불 받게 된다. [표 8.6]은 주요 해외 세일즈 회사 리스트를 정리해 놓은 것이다.

▶ Tip

[1] Delivery Schedule은 국내외 배급사에 제공할 리스트를 문서로 정리한 것이다. 대개 본영화의 영상(35mm 필름인 경우에는 인터(듀프)네가티브, 체크프린트 등, 디지털인 경우에는 DCP마스터링 소스 등), 사운드(돌비 디지털 MO디스크, 비압축5.1 프린트 마스터 MO디스크, M&E 등), 비디오(HD Cam, NTST/PAL 디지베타 등), 마케팅용 선재물 등을 포함한다. 배급 국가별로 더빙작업, 자막작업 등을 해야 하기 때문에 작업 가능한 원본 소스들을 요구하는 것이다.

[표 8.6 해외 세일즈 회사 리스트]

회사명	연락처	E-mail
9ers Entertainment	070)4490-4072	teferet@niners.co.kr
CJ E&M Corporation	02)371-6271	kini@cj.net
Daisy & Cinergy Entertainment	02)338-1007	ericanam628@gmail.com
FINECUT Co., Ltd.	02)569-8777	yjsuh@finecut.co.kr
INDIESTORY Inc.	02)722-6051~2	stanley@indiestory.com
Mirovision Inc.	02)3443-2553/2502	jason@mirovision.com
M-Line Distribution	02)518-3818	michelleson@gmail.com
Showbox/Mediaplex, Inc.	02)3218-5513	judy@showbox.co.kr
Sidus FNH Corporation	02)3393-8603	
Activers Entertainment Co., Ltd.	02)3442-5293	medonautics@paran.com
Amuse	02)747-9128	rednjp@hanmail.net
cinemaDAL	02)337-2135	sales@cinemadal.com
Korea National University of Art	02)746-9547	knuadis@gmail.com
Lotte Entertainment	02)3470-3443	juyoung@lotte.net

회사명	연락처	E-mail
MYUNG FILMS	02)2193-2002	woody0704@myungfilm.com
PIC	02)3445-6196	pic@picfilm.co.kr

6.2 준비사항 및 주의사항

해외 판매시 준비 사항은 다음과 같다.

먼저 판매를 진행할 경우에는 해외용 포스터, 전단 및 예고편이 필요하며, 영화가 완성되었을 경우에는 영문자막이 있는 스크리너가 필요하다.

해외 영화제에서 DCP로 출품할 때는 어떤 파일로 출품을 해야 하는 지 확인이 필요하다. 국내 배급과 달리, 해외 영화제의 경우에는 DCP 유출을 막기 위해 암호화를 하는 것이 일반적이기 때문에 영화제로부터 영사시스템의 PEM 파일을 받아 KDM 파일을 제공해야한다.

자막 작업의 경우, 35MM 필름에 자막을 입힐 때는 주로 레이저 자막을 사용[1]한다. 자막작업을 할 때는 담당자가 직접 자막의 등장과 퇴장 타이밍을 확인하는 것이 좋다. DCP와 HDCam은 CG나 자막업체에서 작업한 자막 파일을 얹혀서 마스터링을 한다.

일반적으로 동영상은 DVD로 제작해서 가져가거나 최근에는 파일로 저장해서 타블렛 PC로 보여주는 경우도 있다. 그리고 영화가 판매 계약이 완료되고, 개봉준비를 할 경우에는 극장에 상영하기 위한 본영화 필름이나 파일을 준비해야 한다. 필름이 필요한 경우에는 대규모로 상영할 경우에는 네가 필름을 제공하는데, 일반적으로는 중고 프린트(used print)나 새 프린트를 현상해서 보내준다. 최근에는 디지털 상영이 가능한 나라에는 디지털 파일을 넘겨주는 경우도 있다.

또한, 영문으로 된 선재나 이미지 화일, 부가판권 판매 시에는 사운드 자료, 즉 M&E(Musice & Effect)와 HDCAM도 제공해야 한다.

해외 선재를 준비할 때 주의사항은 다음과 같다.

06 PEM(Privacy Enhanced Mail) 파일 : 영사기 모델명 등 정보를 암호화한 파일이다. DCP를 상영할 상영관의 영사 담당자에게 PEM 파일을 받을 수 있다.

07 KDM(Key Delivery Message) 파일 : 암호화된 PEM 파일에 따라 해당 영사기에서 지정한 기간동안 DCP를 재생시킬 수 있는 암호 인증키 파일이다. DCP 마스터링 업체에서 해당 PEM 파일에 대한 KDM 파일을 받을 수 있다.

▶ Tip

[1] 시네메이트(TEL : 499-5566)와 꿈틀 스튜디오(노재원실장 010-3808-4171)은 자막작업 회사로 해외 영화제용 자막작업은 대부분 이들 회사에서 진행한다. 자막작업을 완료한 후에는 HDCAM이나 DVD로 받을 수 있다.

첫째, 자막 번역시 욕설 등을 번역할 때 주의해야 한다. 한국영화의 경우, 욕설이 많은데, 그것을 그대로 번역을 하여 자막으로 보여질 경우, 바이어들이 부정적인 반응을 보이는 경우들이 있다. 따라서 욕설을 번역할 때는 직역을 하기보다 의역을 하는 편이 낫다. 또한, 자막을 보여주는 공간이 제한이 있기 때문에 일부 번역시에 의역이 생길 수 있다. 이때 영화와 너무 상관없는 의역이 되지 않도록 주의해야 한다.

두번째, 영화 제목을 영어로 만들 경우, 외국인들이 부정적으로 사용하는 단어를 사용하지 말아야 하며, 제목을 수시로 변경하지 말아야 한다. 해외 판매시 바이어들이 영어 제목이 수시로 바뀔 경우, 동일한 영화라고 인식하지 못하는 경우들이 많다.

세번째, 리메이크 판권 판매시에는 꼭 소유권의 역사(chain of title)를 준비해야 한다.

마지막으로 전문배상책임보험(E&O Insurance)[1]를 가입을 요청할 경우, 보험에 가입해야 한다.

6.2 Film festival

해외 국제 영화제에 출품하기 위해서는 먼저 해외 영화제의 일정(별첨 참조)을 확인하고, 출품 마감일정을 확인해야 한다. 예를 들어 깐느 국제 영화제의 경우, 늦어도 3월까지는 제출해야 한다. 각 영화제의 출품 마감일을 확인하고 싶으면 영화진흥위원회 온라인 비즈니스 센타(www.kobiz.or.kr)에서 확인할 수 있다

일반적으로 제출하는 방법은 영화제 담당자에게 완성된 영화의 스크리너(영문 자막 포함)를 제출하면 된다.

> ▶ Tip
>
> [1] 전문배상책임보험(Error and omission insurance : E&O Insurance)은 제품 또는 서비스의 결함, 부족, 불충분으로 인하여 제기되는 재물(데이터, 정보 또는 전산양식 포함)에 대한 물리적인 손상이 없는 상태에서 경제적인 손실을 담보하는 보험이다. 영화 제작 혹은 배급 과정에서 발생할 수 있는 손상(필름 혹은 데이터 등)이나 소송, 저작권 침해로 인한 소송 등을 보장하기 때문에 소송이 빈번한 미국이나 유럽 등지에서 영화를 제작하거나 배급할 때는 E&O 보험이 필수적이다. Producer's E&O와 Distributor's E&O 패키지가 있으며, 이러한 보험에 지출되는 보험료는 제작비용으로 간주되어야 한다. 한국영화를 수출할 때도, 미국이나 유럽의 수입업자가 E&O를 요구하는 것이 일반적이다.

O7 수익 정산

7.1 수익의 정의

영화계에서 통용되는 수익 배분에 있어서의 수익의 정의는 영화가 순이익 (총수익에서 총비용을 제한 금액)이 발생했을 경우, 즉 손익분기점(BEP : Break Even Point)를 넘겨 순이익이 발생했을 경우, 투자 지분 및 제작 지분에 따라 수익을 배분하는 것을 의미한다.

수익 배분과 관련한 배우 혹은 스태프의 계약서 조항은 아래와 같이 쓰기를 권장한다.

> "본 건 시나리오를 원저작물로 하여 제작된 영화의 영화관 상영권(영화관 및 비상설 영화관을 통해 상영할 수 있는 저작권법상의 복제권 및 공연권에 근거한 권리), 홈비디오 판매권(모든 종류의 테이프방식 및 디스크방식 등 기타 영상기록재생방식의 홈비디오로 직접 판매용 (Sell-through)으로 제조 및 판매할 수 있는 저작권법상 복제권에 근거한 권리), TV 방송권(모든 형태의 지상파 방송과 모든 형태의 유선방송, 위성방송, 인터넷 방송(IPTV), DMB 방송 등을 통해 방송할 수 있는 저작권법상 복제권 및 공중 송신권에 근거한 권리), 해외수출권(대한민국을 제외한 세계 전 지역에 영화관 상영권, 홈비디오 판매권, TV 방송권 등을 판매할 수 있는 권리), 인터넷, 모바일 또는 향후 발명될 모든 매체를 통해 판매 또는 방영할 수 있는 권리, 음반과 관련된 제반 권리 등 본 건 시나리오를 원저작물로 하여 제작된 영화로 인하여 발생되는 매출액에서 제작비, 홍보비, 배급비 등 관련 비용을 총망라한 비용을 공제한 후 순이익이 발생할 경우, 갑은 아래와 같은 방식으로 산정된 금액을 법령에 따라 원천징수 되어야 할 세금을 공제한 후 을에게 수익 배분금으로 지급한다."

7.2 투자자 및 제작자의 수익 배분

투자자와 제작자의 수익 배분은 국가별로 제작자의 제작지분을 얼마를 인정해 주느냐에 따라 다르게 배분된다. 기획 보너스(Creative Bonus)로 명명하는 제작지분은 미국처럼 투자지분:제작지분 비율을 50:50으로 인정하는 것이 일반적인 곳이 있는가 하면, 중국이나 일본처럼 제작지분 개념이 없는 곳도 있다. 일본이나 중국의 경우에도 공동제작의 경우에는 50:50으로 제작지분을 처음부터 인정하는 방식으로 구조를 만들어나가는 경우들이 많다. 국내에서는 투자지분 : 제작지분의 비율이 60:40이 일반적이나, 제작자가 프로덕션 서비스(Production Service)개념의 제작자인지, 기획단계에서부터 작품을 개발하여 기획 보너스(Creative Bonus)를 인정하는 것이 맞는 지에 따라 인정되는 제작지분이 조금씩 다르다.

7.3 배우 및 스태프의 수익 배분

배우 및 스태프의 수익 배분은 계약서에 따라 손익분기가 넘은 이후에 해당 비율에 맞춰 지급을 한다. 수익 배분의 일정은 일반적으로 메인 투자사로부터 정산을 받는 정산 일정에 따른다. 배우 및 스태프의 수익 배분은 제작자가 보유한 제작 지분 중 몇 %로 계약을 하는 경우가 국내에서는 일반적이나, 전체 100%의 지분 중 주연배우, 감독 등 주요 스태프의 지분을 몇 %로 계약을 하고, 그를 제외하고 남은 지분에서 투자지분:제작지분을 배분하기도 한다.

배우 및 스태프의 경우, 수익 배분 외에 지불 유예금이 있을 수 있는데, 이는 인건비 중 전부 혹은 일부의 지불을 영화의 완성 이후 혹은 은행권대여금 상환직후, 투자금 상환 직후 등 특정한 시점에 지불하기로 계약한 금액이다. 지불유예금은 순제작비에 포함하지는 않으나, 투자지분, 제작지분과 관련한 수익 배분이 이루어지기 전에 지급되는 금액으로 지불유예금에 따라 손익분기가 변경될 수 있다. 예를 들어, 20억의 순제작비가 소요된 영화 중 5억의 금액을 투자금 상환 직후로 지불유예 계약을 하였다고 하면, 투자사로부터 받아서 사용한 순제작비는 15억이고, 제작사는 15억의 투자금 상환 이후에 5억의 지불유예금을 지급하고, 수익 분배는 순이익이 20억을 넘었을 경우부터 이루어지게 되는 것이다.

7.4 정산 시기 및 기간

영화의 정산 시기는 극장 종영 후 3개월 후에 1차 정산을 하고, 정산금은 익월 30일 이내 배분하는 방식이었으나 최근에는 제작사의 원활한 자금 흐름을 위해 정산 시기가 빨라지고 있는 추세다.

투자원금은 총 매출에서 총 비용을 제하고 남은 금액을 가지고 각 투자사들이 투자한 금액 비율에 맞추어 먼저 상환하고, 이후 손익분기를 넘었을 때는 지분에 따라 수익금을 배분하게 된다. 1차 정산 이후의 정산 시기는 일반적으로 다음과 같다.

① 1차 정산 후 ~ 개봉일 기준 익년까지 : 매 분기별로 분기 말에 정산
② 개봉일 기준 익년 이후 ~ 익익년까지 : 6월과 12월, 년 2회 정산
③ 이후 정산 : 해당 연도 12월, 년 1회 정산

정산 시기에 대한 결정은 투자사와 투자 계약시 조절 가능하다. 대부분 정산 기간을 극장 개봉일부터 5년으로 하는데, 이는 대부분의 부가판권이 5년 이내에 판매되기 때문이다. 이후 추가로 발생되는 부가판권 비용이나 저작권 양도 문제에 대해서는 투자 계약시 논의하여 결정한다.

7.5 정산 분배

정산 분배 방식은 일반적으로 투자 계약시 정하게 된다.

일반적인 순서는 '총비용'은 발생된 '총수익'에서 우선적으로 변제 받기로 하며, 변제 순서는 '총수익'에서 '지방배급수수료', '국내배급수수료', '제작관리수수료', '해외수출비', '해외배급수수료', '기타비용', '순제작비' 예비비, '마케팅비' 예비비, '마케팅비 초과분(발생시), '순제작비' 초과분(발생시), 총제작비(투자원금)를 선공제한다.

이외의 추가 비용에 대한 공제는 투자 계약시에 서로 합의하에 결정하게 된다.

아래 표는 정산 분배를 어떻게 하는 지를 도식화한 표이다. 예를 들어 총제

작비가 50억이고, 총관객수가 300만명인 경우, 극장요금을 9,000원이라고 가정을 한다면, 1> 극장 총수입은 9,000원* 300만명= 270억원이며 이중 2>극장 몫을 제외한 수입은 270억원 * ½= 135억원이다. 3> 배급수수료 (10%)를 공제하면, 135억원-13.5억원=121.5억원이며, 4>메인투자사 관리비(2%)를 제외하면, 121.5억원*2.43억원= 119.07억원이며, 초과비용이 없는 경우, 5>총제 50억원을 제외하면, 119.07억원-50억원= 69.07억원이 극장매출에 대한 순수익이 된다. 6>이 순수익에서 투자사 몫(60%)이 41.4억원이며 나머지 27.6억원이 제작사 몫(40%)이다.

[표 8.7 정산 분배 방식 정리표]

구분	1단계	2단계	3단계	4단계	5단계	6단계	7단계
극장상영 총수입	100						
상영관몫	50						
상영관몫 공제후 수입	50	100					
배급수수료 공제		10					
배급수수료 공제후 잔액		90	100				
메인투자사 관리비			순제*0.02				
초과비용 공제			초과비용				
초과비용/ 메인투자사 관리비 공제후 잔액			100−(순제* 0.02)− (초과비용)	100			
총제작비 공제				총제			
극장상영순 이익				=100− 총제	100		
TV,VHS, 해외판권 순수입					부가판권 수익		

구분	1단계	2단계	3단계	4단계	5단계	6단계	7단계
총순수입					=100+부가 판권수익	100	
제작사몫						*0.4	
투자자 몫						*0.6	100
투자비율 분배							지분

7.6 회계감사

투자 계약시 제작사와 투자사 간에 정산 및 회계 감사에 대한 권리와 의무를 명시되었는지를 꼭 확인해야 한다. 투자사, 즉 제작비를 관리하는 회사는 총 비용에 대한 일체의 자료 및 서류를 보관하도록 계약서에 표시되어야 한다. 또한, 부분 투자사나 제작사에서 비용지출에 대한 항목이나 내역을 요구할 경우, 제작관리를 맡은 메인 투자사에서는 집행 내역의 근거를 제시해야 한다.

이때, 회계감사를 하는 업체에서 총 비용 및 총 매출에 대한 집행 근거는 영수증과 세금계산서를 근거로 해야 한다. 그 외의 내역서 및 자료는 제외해야 하며 회계감사가 필요한 경우에는 회계사를 고용할 수 있다.

감사의 글

책을 읽고 추천멘트를 써주신 박찬욱 감독님과 원동연 대표님, 이유진 대표님에게 진심어린 감사의 마음을 전합니다. 그리고 내용에 대한 모니터링까지 해준 참 좋은 동료 장원석 PD와 윤창업 PD에게 고맙다는 말을 전하고 싶습니다.

전화번호 하나까지 확인하며 내용의 오탈을 점검해준 박아형 PD, 강지연 PD, 윤창숙 PD, 모일영 실장. 작품준비로 바쁜 와중에도 내용에 대한 조언을 아끼지 않은 노은희 PD, 박은영 PD, 박준호 PD, 신철 PD. NEW의 송아름 과장. 롯데엔터테인먼트 진영재 대리. CJ E&M 이영석 님. 아시아인베스트먼트 김요환 PD. PGK 창의인재 박수빈님. 그리고, 훌륭한 자료를 제공해준 덱스터 워크샵의 채수응 PD. 스토리보드 자료 사용을 기꺼이 허락해준 수필름과 유비유필름의 도움에도 깊은 감사드립니다.

여러 번의 회의를 통해 목차와 내용을 함께 고민한 영화진흥위원회의 김보연 센터장, 윤하 팀장, 양정철 주무님은 책의 출판에 많은 도움을 주셨습니다.

무엇보다 책의 처음을 기획하고 집필의 방향과 내용에 관심과 지도를 아끼지 않으신 영화진흥위원회 김인수 국장님께 특별한 감사의 마음을 전합니다.

마지막으로 원고의 교정과 부족한 책을 근사하게 만들어주신 디앤디자인커뮤니케이션의 유광선대표님 외 직원여러분께 고마움을 전합니다.

영화
프로듀서
매뉴얼
Film Producer Manual

참고문헌

단순히 이 책을 쓰기위해 참고하고 인용한 책들만 나열한 것이 아니라 프로듀서 업무를 이해하기 위해 읽기를 권하는 책들까지도 포함해서 정리했다. 외국서적은 아직 한국에 번역되지 않은 책들이다.

〈디지털 시네마의 이해〉 (2006) Charles S. Swartz/김창유 역. 책과길.

〈디지털필름 메이킹〉 (2001) Thomas A. Ohanian & Michael E. Phillips/이승무 역. 책과길.

〈법률실무 100문 100답 : 영화, 드라마, 뉴스 만들기〉 (2007) 박경신. 한국방송영상산업진흥원.

〈세상에서 가장 쉬운 디지털시네마〉 (2007) 박성현. 커뮤니케이션북스.

〈연출부·제작부가 꼭 알아야 할 영화 후반작업〉 (2004) 최익환. 커뮤니케이션북스.

〈영화마케팅바이블 : 할리우드가 당신을 붙잡는 법〉 (2009) Robert Marich/김상훈, 안성아 역. 북코리아.

〈영화사전〉 (2004) 김광철 외. MEDIA 2.0.

〈영화연출론〉 (2007) Steven D. Katz/김학순 외 역. 시공사.

〈영화연출부 매뉴얼〉 (2007) 송낙원. 커뮤니케이션북스.

〈영화인을 위한 법률가이드〉 (2003) 조광희 외. 시각과 언어.

〈영화제작 매스터북〉 (2005) 박지훈. 책과길.

〈필름 프로덕션 매니지먼트 핸드북〉 (2006) 박대희. 시오필름.

〈하이 컨셉 : 할리우드 영화 마케팅〉 (2004) Justin Wyatt/조윤장, 홍 경우 역. 아침이슬.

〈한국영화는 이렇게 만든다 1〉 (2007) 박지훈. 커뮤니케이션북스.

〈한국영화는 이렇게 만든다 2〉 (2007) 박지훈. 커뮤니케이션북스.

〈한국영화제작 매뉴얼〉 (2007) 안영진 외. 커뮤니케이션북스.

〈3D 입체영화 제작기술〉 (2009) Bernard Mendiburu/이승현 역. 진샘미디어.

〈3D 입체영상제작 워크북〉 (2010) 최양현 외. 한국콘텐츠진흥원.

The Biz (2007) Schuyler M. Moore. Silman-James Press.

The Complete Film Production Handbook (2001) Eve Light Honthaner. Focal Press.

Film Budgeting (1996) Ralph S. Singleton. Lone Eagle.

Film Finance & Distribution : a dictionary of terms (2007) John W. Cones. Silman-James Press.

Film Production Management (2006) Bastian Cleve. Focal Press.

Film Scheduling (1997) Ralph S. Singleton. Lone Eagle.

Guide to Postproduction for TV and Film (2002) Barbara Clark & Susan J. Spohr. Focal Press.

The Independent Film Producers's Survival Guide (2010) Gunnar Erickson *et al.* Schirmer Trade Books.

Movie Marketing : Opening the Picture and Giving It Legs (1997) Tiiu Lukk. Silman-James Press.

Raindance Producers' Lab Lo-To-No Budget Filmmaking (2004) Elliot Grove. Focal Press.

[영화진흥위원회 도서 및 문서]

〈영화산업 전문인력 구조분석과 정책지원 방향〉 (2005) 김미현 외.

〈영화 제작의 이해과정〉 (2004) 한국영화아카데미.

〈영화 창작자 저작권 보호를 위한 기초 연구〉 (2011) 김미현 외.

〈한국영화산업의 디지털화 : 프로세스별 진단〉 (2009) 최수영.

〈한국영화 시나리오 표준계약서 주석서〉 (2012) 영화진흥위원회.

〈한국영화 해외진출 사례 분석 및 배급 전략 연구〉 (2009) 배경민 외.

〈현장영화인을 위한 한국영화아카데미 재교육프로그램 연출과정〉 (2003) 영화진흥위원회, 한국영화아카데미.

〈현장영화인을 위한 한국영화아카데미 재교육프로그램 제작과정〉 (2003) 영화진흥위원회, 한국영화아카데미.

'대만 영화산업의 현황과 과제' KOFIC Issue Paper 2011 Vol.8

'독일(FFA) 영화진흥사업' KOFIC Issue Paper 2011 Vol.10

'영국(UKFC) 영화진흥사업' KOFIC Issue Paper 2011 Vol.11

'프랑스(CNC) 영화진흥사업' KOFIC Issue Paper 2011 Vol.9

'영화산업 금융지원 사업 현황과 과제' KOFIC Issue Paper 2011 Vol.16

'영화산업 표준투자계약서(안)' (2010) 영화진흥위원회.

'영화음악 저작권문제 어떻게 해결할 것인가?' KOFIC Issue Paper 2012 Vol.1

'음저협, 영화음악 공연료 별도징수 방침을 둘러싼 쟁점' KOFIC Issue Paper 2011 Vol.7

Sample Book

별첨

1. 시나리오 표준 계약서 (영화화 허락)
2. 시나리오 표준 계약서 (각본_원저작물)
3. 시나리오 표준 계약서 (각본_작가 아이템)
4. 시나리오 표준 계약서 (각본_제작사 아이템)
5. 시나리오 표준 계약서 (각색)
6. 영화 제작 및 투자 표준 계약서
7. 영화심의등급표
8. 국제 영화제 리스트

영화화 허락 계약서

___ 소재 주식회사____ (이하 '갑'이라 한다)와 ___에 거주하는 ___(이하 '을'이라 한다)는 영화화 허락에 관한 계약을 아래와 같이 체결한다.

제 1 조 (계약의 목적)
본 계약은 제3조에 명시된 시나리오(이하 '본 건 시나리오'라 한다)의 영화화 허락과 관련한 갑, 을 사이의 권리와 의무를 명확히 하기 위한 것이다.

제 2 조 (계약기간)
(1) 이 계약은 이 계약 체결일로부터 효력을 발생하여 5년 간 유효하다.

(2) 갑은 (1)항의 기간이 만료되기 1개월 이전에 적절한 기간을 정하여 을에게 계약기간의 연장을 요청할 수 있다. 이 경우, 을은 갑에게 본 건 시나리오를 영화화할 수 있는 기회를 최우선적으로 제공하여야 한다. 연장되는 기간이나 기간 연장의 대가는 갑과 을이 별도로 합의하여 정한다.

제 3 조 (계약의 대상)
이 계약의 대상이 되는 시나리오의 제목과 내용은 다음과 같다.
제목 :
작가 :
내용 : 별도붙임

제 4 조 (을의 의무)
(1) 을은 갑에 대하여 본 건 시나리오의 독점적 영화화를 허락한다. 을은 본 건 시나리오가 영화화되는 과정에서 제목, 스토리, 캐릭터 등 본 건 시나리오의 모든 요소가 변형, 각색될 수 있다는 것을 알고 있으며 이를 허락한다.

(2) 을은 계약기간 중 본 건 시나리오의 영화화를 갑 이외의 제3자에게 허락하여서는 아니 된다.

(3) 을은 본 건 시나리오의 정당한 저작권자이며, 본 건 시나리오가 타인의 저작권 기타 지적 재산권, 명예, 프라이버시를 침해하지 않는 것을 포함하여 대한민국의 어떠한 법령에도 위배되지 않는다는 것을 보증한다.

제 5 조 (갑의 의무)

(1) 갑은 본 건 계약 체결일로부터 10일 이내에 본 건 시나리오의 영화화 허락의 대가로 금 ▨▨▨▨▨ 원을 법령에 따라 원천 징수되어야 할 세금을 공제한 후 을에게 지급한다.

(2) 수익의 배분

① 본 건 시나리오를 원저작물로 하여 제작된 영화의 영화관 상영권(영화관 및 비상설 영화관을 통해 상영할 수 있는 저작권법상의 복제권 및 공연권에 근거한 권리), 홈비디오 판매권(모든 종류의 테이프방식 및 디스크방식 등 기타 영상기록재생방식의 홈비디오로 직접 판매용(Sell-throuth)으로 제조 및 판매할 수 있는 저작권법상 복제권에 근거한 권리), TV 방송권(모든 형태의 지상파 방송과 모든 형태의 유선방송, 위성방송, 인터넷 방송(IPTV), DMB 방송 등을 통해 방송할 수 있는 저작권법상 복제권 및 공중 송신권에 근거한 권리), 해외수출권(대한민국을 제외한 세계 전 지역에 영화관 상영권, 홈비디오 판매권, TV방송권 등을 판매할 수 있는 권리), 인터넷, 모바일 또는 향후 발명될 모든 매체를 통해 판매 또는 방영할 수 있는 권리, 음반과 관련된 제반 권리 등 본 건 시나리오를 원저작물로 하여 제작된 영화로 인하여 발생되는 매출액에서 제작비, 홍보비, 배급비 등 관련 비용을 총망라한 비용을 공제한 후 순이익이 발생할 경우, 갑은 아래와 같은 방식으로 산정된 금액을 법령에 따라 원천징수 되어야 할 세금을 공제한 후 을에게 수익배분금으로 지급한다.

     i) 갑의 최종적인 순이익의 ▨▨▨ %.
     ii) 손익분기점을 기준 전국관객 50만 명 당, 금 ▨▨▨▨▨▨ 원.
     iii) 기준( )시점에 약정 금액, 금 ▨▨▨▨▨▨ 원.

② 갑은 투자사와 사이에 1차 정산을 완료하는 즉시 투자사로부터 교부받은 정산서를 을에게 제공하기로 하고, 추가 정산이 있는 경우에도 정산이 완료되는 즉시 투자사로부터 교부받은 정산서를 을에게 제공하기로 한다. 이 과정에서 을은 회계자료의 열람권

과 자료 요청권을 가진다.

(3) 갑이 을에게 지급할 금원은 다음의 계좌로 입금한다.

① 은행 :

② 예금주 :

③ 계좌번호 :

(4) 본 건 계약으로 인하여 갑이 본 건 시나리오를 영화화하여야 하는 의무를 부담하는 것은 아니다.

제 6 조(권리의 귀속 등)

(1) 을은 계약기간 중에도 "본 건 시나리오"에 대한 타매체권을 행사할 수 있다. 단, 을이 계약기간 중에 "본 건 시나리오"에 대한 타매체권을 행사할 때에는 갑과의 협의를 거쳐야 하고, 타매체권 행사로 인한 출판, 영상물의 방영, 공연 등의 순서는 영화 보다 우선할 수 없다.

"타매체권리"는 도서, 만화 등의 온라인 또는 오프라인 출판권, TV드라마, 애니메이션, 게임 등 향후 발생 가능한 타 매체 영상권, 뮤지컬, 연극, 오페라, 마당극, 라디오 등의 공연권, 현재 개발되거나 장래 개발될 모든 시청각 방법 또는 매체를 이용한 권리를 말한다.

(2) 갑은 본 건 시나리오를 원저작물로 하여 제작된 영화로부터 파생하는 1차적 지적재산 권의 유일하고, 독점적인 권리자가 된다.

"1차적 지적재산권"이란 국내외를 포함하여 본 건 시나리오를 원저작물로 하여 제작된 영화의 영화관 상영권, 홈비디오 판매권, TV 방송권, 해외수출권, 인터넷, 모바일 또는 향후 발명될 모든 매체를 통해 판매 또는 방영할 수 있는 권리, 음반과 관련된 제반 권리 등을 말한다.

(3) 갑은 "본 건 영화"의 등장인물 또는 캐릭터의 사용, 속편(Sequel), 전편(Prequel) 리메이크(Remake) 등 2차적 저작물의 작성권을 행사함에 있어서는 을과 협의를 거쳐야 하며, 을에게 별도의 대가를 지불하여야 한다. 대가의 정도나 지급방식은 갑과 을이 합의하여 정한다.

(4) 갑은 "본 건 영화"의 일부나 전부, "본 건 영화"에 있는 캐릭터에 관하여 타매체권을 행사함에 있어서는 을과 협의를 거쳐야 하며, 을에게 별도의 대가를 지불하여야 한다.

대가의 정도나 지급방식은 갑과 을이 합의하여 정한다.

(5) '본 건 영화'가 '원작 시나리오'의 내용과 완전히 다른 '새로운 창작물'이라고 갑이 입증하는 경우에는 갑 단독으로 2차적 저작물의 작성권과 타매체권을 행사할 수 있고 을에게 별도의 대가를 지불할 의무는 없다.

(6) 갑은 본 건 시나리오를 원저작물로 하여 제작된 영화의 배급, 개봉, 방송, 홍보 등을 위하여 을의 이름, 초상, 자전적 자료 등을 사용할 수 있다. 단, 을의 요구에 따라 "본 건 영화"에서 을에 관한 크레디트를 삭제하는 경우에는 을의 이름, 초상, 자전적 자료 등을 "본 건 영화"의 홍보자료로 사용할 수 없다.

제 7 조 (크레디트)
(1) 을은 본 건 시나리오를 원저작물로 하여 제작된 영화에 "각본 ○○○"라는 크레디트를 명기할 권리를 가진다. 크레디트의 크기, 위치, 표시방법은 갑과 을 상호간의 합의에 따른다.

(2) 크레디트의 병기가 문제되는 경우, 병기 여부나 그 순서는 갑과 을이 상호 협의하여 결정하되, 상호간에 이견이 있는 경우에는 갑이 최종적인 결정권을 가진다. 다만, 갑의 요청에 따라 "각본" 크레디트를 병기하는 경우에 을의 실명(또는 예명이나 필명)을 최전단에 명기한다.

(3) 크레디트 병기와 관련하여, 을의 요청이 있을 경우에는 갑은 병기대상자와 정식으로 각본계약을 체결한 사실을 입증하기로 한다.

(4) 제3자에 의해 수정된 시나리오가 본 건 시나리오 또는 을의 당초의 집필 의도와 상당히 다른 것으로 판단되는 경우, 을은 "본 건 영화"에서 을에 관한 크레디트를 삭제해 줄 것을 갑에게 서면으로 요구할 수 있으며, 갑은 가급적 이를 수용하여야 한다. 을에 의한 크레디트의 삭제 요구는 본 계약에 따른 을에 대한 보상에 영향을 미치지 아니한다.

제 8 조 (양도의 금지)

갑은 을의 사전 동의 없이 임의로 제3자에게 본 건 계약상의 권리와 의무를 양도할 수 없다.

제 9 조 (비밀 유지 의무)

갑과 을은 상대방의 동의 없이는 본 계약의 체결 및 이행 과정에서 알게 된 상대방의 영업비밀 등 상대방에 대한 일체의 정보를 제3자에게 공개하여서는 아니 되며, 언론 기타 매체에 제공하거나 쟁점화하거나 기타 용도로 사용할 수 없다.

제 10 조 (계약의 해제)

(1) 갑은 본 건 시나리오가 타인의 저작권 기타 지적 재산권, 명예, 프라이버시를 침해하여 법적 분쟁이 발생할 경우, 기타 을이 본 계약을 위반한 경우 계약을 해제할 수 있다.

(2) 을은 갑이 본 계약에 따른 보수를 지급하지 아니하는 경우에는 갑에게 계약의 해제를 서면으로 최고할 수 있다. 계약 해제의 최고 후 2주일이 경과하여도 갑이 보수를 지급하지 아니하는 경우에 을은 계약을 해제할 수 있다.

제 11 조 (손해배상)

(1) 갑은 본 건 시나리오가 타인의 저작권 기타 지적 재산권, 명예, 프라이버시를 침해하여 법적 분쟁이 발생할 경우, 기타 을이 본 계약을 위반한 경우에 변호사 비용을 포함하여 그로 인하여 갑이 입은 모든 손해의 배상을 을에게 청구할 수 있다.

(2) 을은 갑이 영화화 허락의 대가를 지급하지 아니하거나 기타 본 계약상의 의무를 이행하지 아니하는 경우에 변호사 비용을 포함하여 그로 인하여 을이 입은 모든 손해의 배상을 갑에게 청구할 수 있다.

제 12 조 (관할법원)

갑과 을 사이에 분쟁이 발생하는 경우에 ○○○지방법원을 관할 법원으로 한다.

제 13 조 (미기재 사항)

이 계약서에 명시되지 아니한 사항에 대해서는 저작권법 등 관련법령 및 기타 상관례에 따른다.

이 계약의 내용을 증명하기 위하여 계약서를 2부 작성하여 갑과 을이 서명 날인한 후 1부씩 보관한다.

년   월   일

갑 : 영 화 사 명 :
　　사업자등록번호 :
　　주　　　　소 :
　　대　표　자 :

을 : 작　　　가 :
　　주민등록번호 :
　　주　　　　소 :

각본 계약서

-원저작물(출판물, 공연물, 영상물)의 각본-

----------------소재   영화사 _____(이하 '갑'이라 한다)와 ------------에 거주하는 작가 _____ (이하 '을'이라 한다)은 다음과 같이 계약을 체결한다.

제 1 조 (계약의 목적)
본 계약은 제2조에 명시된 원저작물을 기초로 하여 극장용 장편영화의 각본(이하 '본 건 시나리오'라 한다)을 집필하는 것과 관련하여 갑, 을 사이의 권리와 의무를 명확히 하기 위한 것이다.

제 2 조 (시나리오 집필의 기초)
시나리오 집필의 기초가 되는 원저작물의 제목과 내용은 다음과 같다.

제 목 :
작 가 :
형 태 : 예) 소설, 만화, 드라마, 웹툰, 연극 등

제 3 조 (시나리오의 집필)
(1) 갑과 을은 전체 시나리오 집필 기간에 대해 다음과 같이 합의한다.

  시나리오 집필 기간 : 20 년 월 일 - 20 년 월 일 까지.
(2) 을은 갑의 요구에 부응하여 "본 건 영화"의 예산과 규모에 적합한 형태로 (1)항에서 정한 전체 집필 기간 내에서 합의한 다음 일정에 맞추어 각 단계별로 집필을 완료하고, 각 단계별 "집필 결과물"을 서면 또는 컴퓨터 파일 형태로 갑에게 제출한다.

  ① 트리트먼트   : 20 년   월   일 까지로 한다.
  ② 시나리오 초고   : 20 년   월   일 까지로 한다.
  ③ 시나리오 2고   : 20 년   월   일 까지로 한다.
  ④ 시나리오 3고   : 20 년   월   일 까지로 한다.

(3) 트리트먼트는 주요한 등장인물과 모든 중심적 사건, 인물묘사와 플롯의 전개가 분명하게 드러나 있고, 적절한 배경이나 장소가 담겨 있는 최소 원고지 80매 이상 또는 A4용지(10포인트) 10매 이상의 개요를 말한다.

(4) 갑은 을로부터 각 단계별 "집필 결과물"을 수령한 후 21일 이내에 을이 다음 집필에 착수할 것인지 여부, 진행하여야 할 집필 작업의 종류, 집필의 방향에 대한 의견을 서면 또는 이메일로 을에게 통보하여야 한다.

(5) (4)항에서 정한 기간 내에 갑이 을에게 집필 중단을 통보하면 그 단계에서 본 계약은 종료된다. 갑의 을에 대한 집필 중단 통보로 본 계약이 종료되는 경우, 을은 그때까지 갑으로부터 지급받은 집필료 등의 금원을 반환할 의무가 없고, 을이 그때까지 갑에게 제출한 집필 결과물에 대한 저작권은 갑에게 귀속된다.

(6) 을은 각 단계별 "집필 결과물"이 타인의 저작권 및 기타 지적재산권, 명예, 프라이버시를 침해하지 않는 것을 포함하여 대한민국의 어떠한 법령에도 위배되지 않는다는 것을 보증한다.

(7) 을은 본 계약에서 정한 작가로서의 용역 제공이 완결될 때까지 갑의 동의 없이는 제3자에게 작가 용역을 제공하지 않는다.

제 4 조 (시나리오 집필의 대가 지급)

(1) 갑은 을에게 시나리오 집필의 대가로서 전체 총액을 다음과 같이 지급한다.

　　금　　　　　원 (₩　　　　　원정)

(2) 갑은 (1)항에서 정한 시나리오 집필의 대가 전체 총액을 다음과 같이 각 단계별로 나누어, 단계별로 정해진 금액(트리트먼트 단계의 집필 대가는 전체 시나리오 집필 대가의 20% 이상으로 한다.)을 관계법령에 따라 원천징수 되어야 할 세금을 공제한 후 을에게 지급한다. 단, 작업이 지연되어 각 단계별 작업기간이 연장되더라도 갑은 을에게 추가적인 보수를 지급하지 아니한다.
　① 트리트먼트　：금　　　　　　원 (계약 후 10일 이내에 지급한다)
　② 시나리오 초고：금　　　　　　원 (결정 후 10일 이내에 지급한다)

③ 시나리오 2고 : 금 ▩▩▩▩▩▩ 원 (결정 후 10일 이내에 지급한다)

④ 시나리오 3고 : 금 ▩▩▩▩▩▩ 원 (결정 후 10일 이내에 지급한다)

(3) 갑이 을에게 지급할 금원은 다음의 계좌로 입금한다.

① 은   행 :

② 예 금 주 :

③ 계좌번호 :

(4) 갑이 시나리오 초고 또는 2고에서 시나리오 집필이 완성되었다고 판단하게 될 경우 갑은 을에게 잔금을 지급하고 본 계약을 종료시킬 수 있다.

(5) 갑은 시나리오 집필을 위하여 을에게 한국영화계에서 관례적으로 제공하는 인적, 물적 자원을 제공하여야 한다.

제 5 조 (시나리오 수정 및 작가의 고용)

(1) 수정의 권한

① 갑은 을이 집필하여 제출한 각 단계별 "집필 결과물" 및 최종 시나리오에 대하여 수정의 권한을 가진다. 을은 갑의 요청에 따라 "본 건 시나리오"의 제목을 비롯하여 주제, 플롯, 스토리, 캐릭터의 설정 등을 수정하기 위하여 갑과 협의하여야 한다. 갑의 요청이 있을 경우, 을은 감독, 다른 작가 등 제3자와 상호 협의하여 수정작업을 해야 할 의무가 있다.

② 갑과 을 간에 본 계약에 따른 "본 건 시나리오"의 방향 및 기타 관련사항에 대하여 의견이 불일치할 경우 최종 결정권은 갑에게 있으며, 을은 갑의 요구에 따라야 한다. 다만, 갑은 을과 사전에 서면으로 합의한 시놉시스 또는 트리트먼트의 범위를 크게 벗어나는 분량이나 내용의 수정을 을에게 요구할 수 없다.

(2) 작가의 고용 : 갑은 을이 갑에게 제출한 각 단계별 "집필 결과물" 및 최종 시나리오에 대한 수정권한과 관련하여, 집필기간 동안은 물론 집필기간 종료 후라도 을에게 서면으로 통지한 후, 을 이외의 작가를 고용하여 각 단계별 "집필 결과물" 및 최종 시나리오를 수정할 수 있다.

제 6 조 (영화 제작 여부에 관한 결정권 등)

(1) "본 건 영화"에 관한 제작 여부, 예산의 확정 및 변경, 예산 집행, 감독, 스텝, 출연배우의 결정 등을 포함한 제작 진행에 관한 제반 의사결정 권한은 갑에게 있다.

(2) 갑은 제3조 (1)항에서 정한 시나리오의 집필기간 내에 "본 건 영화"에 대한 개발 중단을 결정할 수 있다.

(3) 갑이 "본 건 영화"에 대한 기획개발을 중단하기로 결정한 경우, 갑은 을에게 그 사실을 통지하여야 하며, 을이 갑의 통지를 수령한 날에 본 계약은 종료된다.

(4) (3)항의 사유로 본 계약이 종료된 경우 을은 계약 종료일까지 지급받은 금원을 반환할 의무가 없으며, 을이 갑에게 제공한 모든 용역(아이디어, 제안, 주제, 플롯, 스토리, 캐릭터의 설정, 스크립트, 제목 기타 모든 용역)의 결과물은 갑에게 귀속된다.

제 7 조 (인센티브)

(1) 인센티브는 본 계약에 따른 집필 의무의 이행이 완료되었을 경우, 즉 3고까지 작업이 완료된 경우에 지급하는 것을 원칙으로 한다. 계약이 중도 해지된 경우에는 인센티브 조항이 적용되지 않는다.

(2) 인센티브

① 본 건 시나리오를 원저작물로 하여 제작된 영화의 영화관 상영권(영화관 및 비상설 영화관을 통해 상영할 수 있는 저작권법상의 복제권 및 공연권에 근거한 권리), 홈비디오 판매권(모든 종류의 테이프방식 및 디스크방식 등 기타 영상기록재생방식의 홈비디오로 직접 판매용(Sell-throuth)으로 제조 및 판매할 수 있는 저작권법상 복제권에 근거한 권리), TV 방송권(모든 형태의 지상파 방송과 모든 형태의 유선방송, 위성방송, 인터넷 방송(IPTV), DMB 방송 등을 통해 방송할 수 있는 저작권법상 복제권 및 공중 송신권에 근거한 권리), 해외수출권(대한민국을 제외한 세계 전 지역에 영화관 상영권, 홈비디오 판매권, TV방송권 등을 판매할 수 있는 권리), 인터넷, 모바일 또는 향후 발명될 모든 매체를 통해 판매 또는 방영할 수 있는 권리, 음반과 관련된 제반 권리 등 본 건 시나리오를 원저작물로 하여 제작된 영화로 인하여 발생되는 매출액에서 제작비, 홍보비, 배급비 등 관련 비용을 총망라한 비용을 공제한 후 순이익이 발생할 경우, 갑은 아래와 같은 방식으로 산정된 금액을 법령에 따라 원천징수 되어

야 할 세금을 공제한 후 을에게 인센티브로 지급한다.

    ⅰ) 갑의 최종적인 순이익의 　　　 %.
    ⅱ) 손익분기점을 기준 전국관객 50만 명 당, 금 　　　　　　 원.
    ⅲ) 기준(　　　　)시점에 약정 금액, 금 　　　　　　 원.

② 갑은 투자사와 사이에 1차 정산을 완료하는 즉시 투자사로부터 교부받은 정산서를 을에게 제공하기로 하고, 추가 정산이 있는 경우에도 정산이 완료되는 즉시 투자사로부터 교부받은 정산서를 을에게 제공하기로 한다. 이 과정에서 을은 회계자료의 열람권과 자료 요청권을 가진다.

제 8 조 (권리의 귀속 등)

(1) 갑은 본 건 시나리오를 원저작물로 하여 제작된 영화로부터 파생하는 1차적 지적재산권의 유일하고, 독점적인 권리자가 된다.
    "1차적 지적재산권"이란 국내외를 포함하여 본 건 시나리오를 원저작물로 하여 제작된 영화의 영화관 상영권, 홈비디오 판매권, TV 방송권, 해외수출권, 인터넷, 모바일 또는 향후 발명될 모든 매체를 통해 판매 또는 방영할 수 있는 권리, 음반과 관련된 제반 권리 등을 말한다.

(2) 갑은 등장인물 또는 캐릭터의 사용, 속편(Sequel), 전편(Prequel), 리메이크(Remake) 등 2차적 저작물 작성권의 유일하고 독점적인 권리자가 된다.

(3) 갑은 '본 건 시나리오'와 '본 건 시나리오를 원저작물로 제작된 영화'로부터 발생하는 타매체권의 유일하고 독점적인 권리자가 된다.
    "타매체권리"는 도서, 만화 등의 온라인 또는 오프라인 출판권, TV드라마, 애니메이션, 게임 등 향후 발생 가능한 타 매체 영상권, 뮤지컬, 연극, 오페라, 마당극, 라디오 등의 공연권, 현재 개발되거나 장래 개발될 모든 시청각 방법 또는 매체를 이용한 권리를 말한다.

(4) 갑은 본 건 시나리오를 원저작물로 하여 제작된 영화의 배급, 개봉, 방송, 홍보 등을 위하여 을의 이름, 초상, 자전적 자료 등을 사용할 수 있다. 단, 을의 요구에 따라 "본 건 영화"에서 을에 관한 크레디트를 삭제하는 경우에는 을의 이름, 초상, 자전적 자료

등을 "본 건 영화"의 홍보자료로 사용할 수 없다.

제 9 조 (크레디트)

(1) 을은 을의 최종 집필 결과물을 바탕으로 영화의 제작이 완료된 경우, 해당 영화에 "각본 ○○○"라는 크레디트를 명기할 권리를 가진다. 크레디트의 크기, 위치, 표시방법은 갑과 을 상호간의 합의에 따른다.

(2) 크레디트의 병기가 문제되는 경우, 병기 여부나 그 순서는 갑과 을이 상호 협의하여 결정하되, 상호간에 이견이 있는 경우에는 갑이 최종적인 결정권을 가진다. 다만, 갑의 요청에 따라 "각본" 크레디트를 병기하는 경우에 을의 실명(또는 예명이나 필명)을 최전단에 명기한다.

(3) 크레디트 병기와 관련하여, 을의 요청이 있을 경우에는 갑은 병기대상자와 정식으로 각본계약을 체결한 사실을 입증하기로 한다.

(4) 제3자에 의해 수정된 시나리오가 을의 최종 집필 결과물 또는 을의 당초의 집필 의도와 상당히 다른 것으로 판단되는 경우, 을은 "본 건 영화"에서 을에 관한 크레디트를 삭제해 줄 것을 갑에게 서면으로 요구할 수 있으며, 갑은 가급적 이를 수용하여야 한다. 을에 의한 크레디트의 삭제 요구는 본 계약에 따른 을에 대한 보상에 영향을 미치지 아니한다.

제 10 조 (위임 및 양도 등의 금지)

(1) 을은 자신의 작가로서의 고유한 용역을 대신 제공하기 위하여 "본건 시나리오"의 창작과정에서 제3자를 고용하지 않는다. 또한 을은 갑의 사전 동의 없이 임의로 본 계약상 의무인 용역의 제공을 제3자에게 위임하거나 도급을 시킬 수 없다.

(2) 갑은 을의 사전 동의 없이 임의로 제3자에게 본 건 계약상의 권리와 의무를 양도할 수 없다.

제 11 조 (비밀 유지 의무)

갑과 을은 상대방의 동의 없이는 본 계약의 체결 및 이행 과정에서 알게 된 상대방의 영업비밀 등 상대방에 대한 일체의 정보를 제3자에게 공개하여서는 아니 되며, 언론 기타

매체에 제공하거나 쟁점화하거나 기타 용도로 사용할 수 없다.

제 12 조 (계약의 해지)

(1) 을은 갑이 시나리오 집필의 대가를 지급하지 아니하거나 기타 본 계약상의 의무를 이행하지 아니하는 경우에 갑에게 계약의 해지를 서면으로 최고할 수 있다. 계약 해지의 최고 후 2주일이 경과하여도 갑이 시나리오 집필의 대가를 지급하지 아니하거나 기타 본 계약상의 의무를 이행하지 아니하는 경우, 을은 본 계약을 해지할 수 있다. 이 경우에 을은 그때까지 이미 지급받은 각 단계별 집필 대가를 반환하지 아니하며, 그동안 갑에게 제출했던 집필 결과물에 대한 저작권을 단독으로 보유할 수 있다.

(2) 갑은 을이 시나리오 집필 용역 제공을 거부하거나 기타 본 계약상의 의무를 이행하지 아니하는 경우 을에게 계약의 해지를 서면으로 최고할 수 있다. 계약 해지의 최고 후 2주일이 경과하여도 을이 시나리오 집필 용역 제공을 거부하거나 기타 본 계약상의 의무를 이행하지 아니하는 경우, 갑은 본 계약을 해지할 수 있다. 이 경우에 갑은 이미 제출된 집필 결과물에 대한 저작권을 단독으로 보유한다. 을은 해지 시점 이후에는 이미 갑에게 제출했던 집필 결과물을 사용해서는 아니 되며, 갑의 요구가 있을 경우 갑으로부터 지급 받았던 각 단계별 집필 대가의 2배를 갑에게 반환해야 한다.

제 13 조 (손해배상)

(1) 갑은 을이 본 계약에 따른 용역을 제공하지 않거나 태만히 하여 제작일정과 예산에 손해를 입혔을 경우, 타인의 저작권 기타 지적재산권, 명예, 프라이버시를 침해하여 법적 분쟁이 발생할 경우 기타 본 계약을 위반한 경우 변호사비용을 포함하여 그로 인하여 갑이 입은 모든 손해의 배상을 을에게 청구할 수 있다.

(2) 을은 갑이 집필 대가를 지급하지 아니하거나 기타 본 계약상의 의무를 이행하지 아니하는 경우에 변호사 비용을 포함하여 그로 인하여 을이 입은 모든 손해의 배상을 갑에게 청구할 수 있다.

제 14 조 (불가항력)

갑과 을은 당사자의 귀책사유 없이 관련 법령, 제3자와의 법률적 분쟁, 화재 기타 천재지변, 전쟁, 파업, 기타 불가항력적인 여건으로 인하여 "본건 영화"의 제작이 더 이상 불가능하게 되었을 때 상대방에 대한 서면 통지에 의해 계약을 해지할 수 있다. 이 경우에 을은 이미 지급받은 집필 대가를 반환하지 않으며, 집필 결과물에 대한 저작권은 모두 갑에게 귀속된다.

제 15 조 (관할법원)
갑과 을 사이에 분쟁이 발생하는 경우에 ○○○지방법원을 관할 법원으로 한다.

제 16 조 (미기재 사항)
이 계약서에 명시되지 아니한 사항에 대해서는 저작권법 등 관련법령 및 기타 상관례에 따른다.

이 계약의 내용을 증명하기 위하여 계약서를 2부 작성하여 갑과 을이 서명, 날인한 후 1부씩 보관 한다

년   월   일

갑 : 영 화 사 명 :
　　사업자등록번호 :
　　주　　　　소 :
　　대　　표　　자 :

을 : 작　　　가 :
　　주민등록번호 :
　　주　　　　소 :

각본 계약서

-작가의 컨셉, 시놉시스, 트리트먼트의 각본-

----------------소재　영화사 _____(이하 '갑'이라 한다)와 -----------에 거주하는 작가 _____ (이하 '을'이라 한다)은 다음과 같이 계약을 체결한다.

제 1 조 (계약의 목적)
본 계약은 제2조에 명시된 작가의 컨셉, 시놉시스, 트리트먼트를 기초로 하여 극장용 장편 영화의 각본(이하 '본 건 시나리오'라 한다)을 집필하는 것과 관련하여 갑, 을 사이의 권리 와 의무를 명확히 하기 위한 것이다.

제 2 조 (시나리오 집필의 기초)
시나리오 집필의 기초가 되는 것은 작가의 컨셉, 시놉시스, 트리트먼트로 그 제목과 내용 은 다음과 같다. 본 계약서에 시나리오 집필의 기초가 되는 작가의 컨셉(시놉시스, 트리트 먼트)을 첨부하기로 한다.

　　제　　목 :
　　원안 (자) :
　　형　　태 : 예) 컨셉, 시놉시스, 트리트먼트 등

제 3 조 (시나리오의 집필)
(1) 갑과 을은 전체 시나리오 집필 기간에 대해 다음과 같이 합의한다.

　　시나리오 집필 기간 : 20　 년　 월　 일 - 20　 년　 월　 일 까지.

(2) 을은 갑의 요구에 부응하여 "본 건 영화"의 예산과 규모에 적합한 형태로 (1)항에서 정한 전 체 집필기간 내에서 합의한 다음 일정에 맞추어 각 단계별로 집필을 완료하고, 각 단계별 " 집필 결과물"을 서면 또는 컴퓨터 파일 형태로 갑에게 제출한다.

① 트리트먼트   : 20 년   월   일 까지로 한다.

② 시나리오 초고   : 20 년   월   일 까지로 한다.

③ 시나리오 2고   : 20 년   월   일 까지로 한다.

④ 시나리오 3고   : 20 년   월   일 까지로 한다.

(3) 트리트먼트는 주요한 등장인물과 모든 중심적 사건, 인물묘사와 플롯의 전개가 분명하게 드러나 있고, 적절한 배경이나 장소가 담겨 있는 최소 원고지 80매 이상 또는 A4용지(10포인트) 10매 이상의 개요를 말한다.

(4) 갑은 을로부터 각 단계별 "집필 결과물"을 수령한 후 21일 이내에 을이 다음 집필에 착수할 것인지 여부, 진행하여야 할 집필 작업의 종류, 집필의 방향에 대한 의견을 서면 또는 이메일로 을에게 통보하여야 한다.

(5) (4)항에서 정한 기간 내에 갑이 "을"에게 집필 중단을 통보하면 그 단계에서 본 계약은 종료된다.

① 갑이 트리트먼트를 수령한 후 을에게 집필 중단 통보를 하여 본 계약이 종료된 경우에는, 갑은 을에게 그 동안 지급했던 집필료 등 금원의 반환을 구하지 못하고, 그 동안의 집필 결과물에 대한 저작권도 을에게 귀속된다.

② 갑이 시나리오 초고까지 수령한 후 을에게 집필 중단 통보를 하여 본 계약이 종료된 경우에는, 갑은 그 동안의 집필 결과물에 대한 저작권을 보유하되, 을에게 그 동안 지급했던 집필료 등 금원의 반환을 구하지 못할 뿐만 아니라, 을에게 '크레디트'과 '수익지분'까지 제공하여야 한다. 이 때 을이 갑으로부터 제공받는 수익지분의 크기는 본 계약에 따른 집필 의무 이행의 완료를 전제로 약정했던 수익지분의 크기를 넘지 못한다.

③ 갑이 시나리오 2고까지 수령한 후 을에게 집필 중단 통보를 하여 본 계약이 종료된 경우에는, 갑은 그 동안의 집필 결과물에 대한 저작권을 보유하되, 을에게 그 동안 지급했던 집필료 등 금원의 반환을 구하지 못할 뿐만 아니라, 을에게 약정된 잔금, 크레디트, 수익지분까지 모두 제공하여야 한다.

(6) 을은 각 단계별 "집필 결과물"이 타인의 저작권 및 기타 지적재산권, 명예, 프라이버시를 침해하지 않는 것을 포함하여 대한민국의 어떠한 법령에도 위배되지 않는다는 것을 보증한다.

(7) 을은 본 계약에서 정한 작가로서의 용역 제공이 완결될 때까지 갑의 동의 없이는 제3자에게 작가 용역을 제공하지 않는다.

제 4 조 (시나리오 집필의 대가 지급)

(1) 갑은 을에게 시나리오 집필의 대가로서 전체 총액을 다음과 같이 지급한다.

　　금　　　　　　원 (₩　　　　　　원정)

(2) 갑은 (1)항에서 정한 시나리오 집필의 대가 전체 총액을 다음과 같이 각 단계별로 나누어, 단계별로 정해진 금액(트리트먼트 단계의 집필 대가는 전체 시나리오 집필 대가의 20% 이상으로 한다.)을 관계법령에 따라 원천징수 되어야 할 세금을 공제한 후 을에게 지급한다. 단, 작업이 지연되어 각 단계별 작업기간이 연장되더라도 갑은 을에게 추가적인 보수를 지급하지 아니한다.

　　① 트리트먼트　　: 금 ▨▨▨▨ 원 (계약 후 10일 이내에 지급한다)
　　② 시나리오 초고 : 금 ▨▨▨▨ 원 (결정 후 10일 이내에 지급한다)
　　③ 시나리오 2고　: 금 ▨▨▨▨ 원 (결정 후 10일 이내에 지급한다)
　　④ 시나리오 3고　: 금 ▨▨▨▨ 원 (결정 후 10일 이내에 지급한다)

(3) 갑이 을에게 지급할 금원은 다음의 계좌로 입금한다.
　　① 은　　행 :
　　② 예 금 주 :
　　③ 계좌번호 :

(4) 갑이 시나리오 초고 또는 2고에서 시나리오 집필이 완성되었다고 판단하게 될 경우 갑은 을에게 잔금을 지급하고 본 계약을 종료시킬 수 있다.

(5) 갑은 시나리오 집필을 위하여 을에게 한국영화계에서 관례적으로 제공하는 인적, 물적 자원을 제공하여야 한다.

제 5 조 (시나리오 수정 및 작가의 고용)

(1) 수정의 권한

① 을이 집필하여 갑에게 제출한 각 단계별 "집필 결과물" 및 최종 시나리오에 대한 수정의 권한은 갑과 을이 공동으로 가지며, 갑과 을은 상호 협의하에 수정 권한을 행사한다.

② 갑은 을과 사전에 서면으로 합의한 시놉시스 또는 트리트먼트의 범위를 크게 벗어나는 분량이나 내용의 수정을 을에게 요구할 수 없다.

③ 갑과 을 간에 본 계약에 따른 "본 건 시나리오"의 방향 및 기타 관련사항에 대하여 의견이 불일치할 경우, 갑과 을은 다음과 같은 원칙에 따르기로 합의한다.

㉮ 초고의 집필이 완료되기 전이면, 갑, 을 모두 본 계약을 해지할 수 있는 권리를 가진다. 을이 본 계약을 해지하는 경우, 을은 갑이 그 동안 투입한 금액의 2배를 갑에게 지급하여야 하고, 갑이 본 계약을 해지하는 경우, 갑은 그 동안 을에게 지급했던 집필료 등의 금원을 반환받지 못한다. 갑 또는 을의 해지권 행사로 본 계약이 종료되는 경우 그 동안의 집필 결과물에 대한 저작권은 을에게 귀속된다.

㉯ 초고의 집필이 완료된 시점부터 을이 갑에게 초고를 제출한 때로부터 21일이 되는 시점까지는, 갑, 을 모두 그 동안의 집필 결과물에 대한 저작권 보유를 전제로 본 계약을 해지할 수 있는 권리를 가지고, 을이 갑에게 초고를 제출한 때로부터 21일이 경과한 이후에는, 갑만이 그 동안의 집필 결과물에 대한 저작권 보유를 전제로 본 계약을 해지할 수 있는 권리를 가진다.
을이 본 계약을 해지하는 경우, 을은 그 동안의 집필 결과물에 대한 저작권을 보유하는 대신, 초고의 집필 완료시까지 갑이 투입한 금액의 2배를 갑에게 지급하여야 한다. 갑이 본 계약을 해지하는 경우, 갑은 그 동안의 집필 결과물에 대한 저작권을 보유하는 대신, 그 동안 을에게 지급했던 집필료 등의 금원을 반환받지 못하는 것은 물론이고, 을에게 '크레디트'과 '수익지분'까지 제공하여야 한다. 이 때 을이 갑으로부터 제공받는 수익지분의 크기는 본 계약에 따른 집필 의무 이행의 완료를 전제로 약정했던 수익지분의 크기를 넘지 못한다.

㉰ 갑이 2고의 집필이 완료된 이후에 본 계약을 해지하는 경우에는 그 동안의 집필 결과물에 대한 저작권을 보유하는 대신, 그 동안 을에게 지급했던 집필료 등의 금원을 반환받지 못하는 것은 물론이고, 을에게 약정된 잔금, 크레디트, 수익지분까지 모두 제공하여야 한다.

(2) 작가의 고용 : 갑은 을이 갑에게 제출한 "본 건 시나리오"에 대한 수정과 관련하여 집 필기간 종료 후라도 을에게 서면으로 통지한 후, 을 이외의 작가를 고용하여 "본 건 시나리오"를 수정할 수 있다.

제 6 조 (영화 제작 여부에 관한 결정권 등)

(1) "본 건 영화"에 관한 제작 여부, 예산의 확정 및 변경, 예산 집행, 감독, 스텝, 출연배우의 결정 등을 포함한 제작 진행에 관한 제반 의사결정 권한은 갑에게 있다.

(2) 갑은 제3조 (1)항에서 정한 시나리오의 집필기간 내에 "본 건 영화"에 대한 개발 중단을 결정 할 수 있다.

(3) 갑이 "본 건 영화"에 대한 기획개발을 중단하기로 결정한 경우, 갑은 을에게 그 사실을 통지 하여야 하며, 을이 갑의 통지를 수령한 날에 본 계약은 종료된다.

(4) (3)항의 사유로 본 계약이 종료된 경우 을은 계약 종료일까지 지급받은 금원을 반환할 의무 가 없으며, 을이 갑에게 제공한 모든 용역(아이디어, 제안, 주제, 플롯, 스토리, 캐릭터의 설정, 스크립트, 제목 기타 모든 용역)의 결과물은 갑에게 귀속된다.

제 7 조 (수익의 배분)

(1) 수익의 배분은 본 계약에 따른 집필 의무 이행이 완료되었을 경우, 즉 3고까지 작업이 완료된 경우에 하는 것을 원칙으로 한다. 계약이 중도 해지된 경우에는 수익의 배분 조항이 적용되지 않는다.

(2) 수익의 배분
① 본 건 시나리오를 원저작물로 하여 제작된 영화의 영화관 상영권(영화관 및 비상설 영화관을 통해 상영할 수 있는 저작권법상의 복제권 및 공연권에 근거한 권리), 홈비 디오 판매권(모든 종류의 테이프방식 및 디스크방식 등 기타 영상기록재생방식의 홈 비디오로 직접 판매용(Sell-throuth)으로 제조 및 판매할 수 있는 저작권법상 복제권에 근거한 권리), TV 방송권(모든 형태의 지상파 방송과 모든 형태의 유선방송, 위성방 송, 인터넷 방송(IPTV), DMB 방송 등을 통해 방송할 수 있는 저작권법상 복제권 및 공중 송신권에 근거한 권리), 해외수출권(대한민국을 제외한 세계 전 지역에 영화관 상영권, 홈비디오 판매권, TV방송권 등을 판매할 수 있는 권리), 인터넷, 모바일 또는

향후 발명될 모든 매체를 통해 판매 또는 방영할 수 있는 권리, 음반과 관련된 제반
권리 등 본 건 시나리오를 원저작물로 하여 제작된 영화로 인하여 발생되는 매출액
에서 제작비, 홍보비, 배급비 등 관련 비용을 총망라한 비용을 공제한 후 순이익이
발생할 경우, 갑은 아래와 같은 방식으로 산정된 금액을 법령에 따라 원천징수 되어
야 할 세금을 공제한 후 을에게 수익배분금으로 지급한다.

    ⅰ) 갑의 최종적인 순이익의   %.
    ⅱ) 손익분기점을 기준 전국관객 50만 명 당, 금   원.
    ⅲ) 기준(   )시점에 약정 금액, 금   원.

② 갑은 투자사와 사이에 1차 정산을 완료하는 즉시 투자사로부터 교부받은 정산서를 을
에게 제공하기로 하고, 추가 정산이 있는 경우에도 정산이 완료되는 즉시 투자사로부
터 교부받은 정산서를 을에게 제공하기로 한다. 이 과정에서 을은 회계자료의 열람권
과 자료 요청권을 가진다.

제 8 조 (권리의 귀속 등)

(1) 갑은 본 건 시나리오를 원저작물로 하여 제작된 영화로부터 파생하는 1차적 지적재산
권의 유일하고, 독점적인 권리자가 된다.
"1차적 지적재산권"이란 국내외를 포함하여 본 건 시나리오를 원저작물로 하여 제작
된 영화의 영화관 상영권, 홈비디오 판매권, TV 방송권, 해외수출권, 인터넷, 모바일
또는 향후 발명될 모든 매체를 통해 판매 또는 방영할 수 있는 권리, 음반과 관련된
제반 권리 등을 말한다.

(2) 갑은 등장인물 또는 캐릭터의 사용, 속편(Sequel), 전편(Prequel) 리메이크(Remake) 등
2차적 저작물의 작성권을 행사함에 있어서는 을과 협의를 거쳐야 하며, 을에게 별도의
대가를 지불하여야 한다. 대가의 정도나 지급방식은 갑과 을이 합의하여 정한다.

(3) 갑은 "본 건 시나리오의 전부나 일부", "본 건 영화"의 전부나 일부, "본 건 영화"에 있
는 캐릭터에 관하여 타매체권을 행사함에 있어서는 을과 협의를 거쳐야 하며, 을에게
별도의 대가를 지불하여야 한다. 대가의 정도나 지급방식은 갑과 을이 합의하여 정한다.
"타매체권리"는 도서, 만화 등의 온라인 또는 오프라인 출판권, TV드라마, 애니메이션,
게임 등 향후 발생 가능한 타 매체 영상권, 뮤지컬, 연극, 오페라, 마당극, 라디오 등의

공연권, 현재 개발되거나 장래 개발될 모든 시청각 방법 또는 매체를 이용한 권리를 말한다.

(4) '본 건 영화'가 '원작 시나리오'의 내용과 완전히 다른 '새로운 창작물'이라고 갑이 입증하는 경우에는 갑 단독으로 2차적 저작물의 작성권과 타매체권을 행사할 수 있고 을에게 별도의 대가를 지불할 의무는 없다.

(5) 갑은 본 건 시나리오를 원저작물로 하여 제작된 영화의 배급, 개봉, 방송, 홍보 등을 위하여 을의 이름, 초상, 자전적 자료 등을 사용할 수 있다. 단, 을의 요구에 따라 "본 건 영화"에서 을에 관한 크레디트를 삭제하는 경우에는 을의 이름, 초상, 자전적 자료 등을 "본 건 영화"의 홍보자료로 사용할 수 없다.

(5) (2)항과 (3)항에 규정된 을의 권리는 본 계약에 따른 집필 의무의 이행이 완료되었을 경우, 즉 3고까지 작업이 완료된 경우를 전제로 한다. 본 계약이 중도 해지된 경우에는 (2)항과 (3)항에 규정된 권리가 인정되지 않는다.

제 9 조 (권리의 귀속 기간)

(1) 갑이 본 건 시나리오의 저작권자가 되는 것은 본 건 시나리오의 영화화를 전제로 하는 것으로, 갑이 본 계약 체결일로부터 기산하여 5년이 되는 시점까지 본 건 시나리오의 영화화를 진행하지 못하는 경우에는 을이 본 건 시나리오의 저작권자가 된다.

(2) 갑은 (1)항의 기간이 만료되기 1개월 이전에 적절한 기간을 정하여 을에게 기간의 연장을 요청할 수 있다. 이 경우, 을은 갑에게 본 건 시나리오를 영화화할 수 있는 기회를 최우선적으로 제공하여야 한다. 연장되는 기간이나 기간 연장의 대가는 갑과 을이 별도로 합의하여 정한다.

제 10 조 (크레디트)

(1) 을은 을의 최종 집필 결과물을 바탕으로 영화의 제작이 완료된 경우, 해당 영화에 "각본 ○○○"라는 크레디트를 명기할 권리를 가진다. 크레디트의 크기, 위치, 표시방법은 갑과 을 상호간의 합의에 따른다.

(2) 크레디트의 병기가 문제되는 경우, 병기 여부나 그 순서는 갑과 을이 상호 협의하여

결정하되, 상호간에 이견이 있는 경우에는 갑이 최종적인 결정권을 가진다. 다만, 갑의 요청에 따라 "각본" 크레디트를 병기하는 경우에 을의 실명(또는 예명이나 필명)을 최전단에 명기한다.

(3) 크레디트 병기와 관련하여, 을의 요청이 있을 경우에는 갑은 병기대상자와 정식으로 각본계약을 체결한 사실을 입증하기로 한다.

(4) 제3자에 의해 수정된 시나리오가 을의 최종 집필 결과물 또는 을의 당초의 집필 의도와 상당히 다른 것으로 판단되는 경우, 을은 "본 건 영화"에서 을에 관한 크레디트를 삭제해 줄 것을 갑에게 서면으로 요구할 수 있으며, 갑은 가급적 이를 수용하여야 한다. 을에 의한 크레디트의 삭제 요구는 본 계약에 따른 을에 대한 보상에 영향을 미치지 아니한다.

제 11 조 (위임 및 양도 등의 금지)

(1) 을은 자신의 작가로서의 고유한 용역을 대신 제공하기 위하여 "본건 시나리오"의 창작과정에서 제3자를 고용하지 않는다. 또한 을은 갑의 사전 동의 없이 임의로 본 계약상 의무인 용역의 제공을 제3자에게 위임하거나 도급을 시킬 수 없다.

(2) 갑은 을의 사전 동의 없이 임의로 제3자에게 본 건 계약상의 권리와 의무를 양도할 수 없다.

제 12 조 (비밀 유지 의무)

갑과 을은 상대방의 동의 없이는 본 계약의 체결 및 이행 과정에서 알게 된 상대방의 영업비밀 등 상대방에 대한 일체의 정보를 제3자에게 공개하여서는 아니 되며, 언론 기타 매체에 제공하거나 쟁점화하거나 기타 용도로 사용할 수 없다.

제 13 조 (계약의 해지)

(1) 을은 갑이 시나리오 집필의 대가를 지급하지 아니하거나 기타 본 계약상의 의무를 이행하지 아니하는 경우에 갑에게 계약의 해지를 서면으로 최고할 수 있다. 계약 해지의 최고 후 2주일이 경과하여도 갑이 시나리오 집필의 대가를 지급하지 아니하거나 기타 본 계약상의 의무를 이행하지 아니하는 경우, 을은 본 계약을 해지할 수 있다. 이 경우에 을은 그때까지 이미 지급받은 각 단계별 집필 대가를 반환하지 아니하며, 그동안

갑에게 제출했던 집필 결과물에 대한 저작권을 단독으로 보유할 수 있다.

(2) 갑은 을이 시나리오 집필 용역 제공을 거부하거나 기타 본 계약상의 의무를 이행하지 아니하는 경우 을에게 계약의 해지를 서면으로 최고할 수 있다. 계약 해지의 최고 후 2주일이 경과하여도 을이 시나리오 집필 용역 제공을 거부하거나 기타 본 계약상의 의무를 이행하지 아니하는 경우, 갑은 본 계약을 해지할 수 있다. 이 경우에 갑은 이미 제출된 집필 결과물에 대한 저작권을 단독으로 보유한다. 을은 해지 시점 이후에는 이미 갑에게 제출했던 집필 결과물을 사용해서는 아니 되며, 갑의 요구가 있을 경우 갑으로부터 지급 받았던 각 단계별 집필 대가의 2배를 갑에게 반환해야 한다.

제 14 조 (손해배상)

(1) 갑은 을이 본 계약에 따른 용역을 제공하지 않거나 태만히 하여 제작일정과 예산에 손해를 입혔을 경우, 타인의 저작권 기타 지적재산권, 명예, 프라이버시를 침해하여 법적 분쟁이 발생할 경우 기타 본 계약을 위반한 경우 변호사비용을 포함하여 그로 인하여 갑이 입은 모든 손해의 배상을 을에게 청구할 수 있다.

(2) 을은 갑이 집필 대가를 지급하지 아니하거나 기타 본 계약상의 의무를 이행하지 아니하는 경우에 변호사 비용을 포함하여 그로 인하여 을이 입은 모든 손해의 배상을 갑에게 청구할 수 있다

제 15 조 (불가항력)

갑과 을은 당사자의 귀책사유 없이 관련 법령, 제3자와의 법률적 분쟁, 화재 기타 천재지변, 전쟁, 파업, 기타 불가항력적인 여건으로 인하여 "본건 영화"의 제작이 더 이상 불가능하게 되었을 때 상대방에 대한 서면 통지에 의해 계약을 해지할 수 있다. 이 경우에 을은 이미 지급받은 집필 대가를 반환하지 않으며, 집필 결과물에 대한 저작권은 모두 갑에게 귀속된다.

제 16 조 (관할법원)

갑과 을 사이에 분쟁이 발생하는 경우에 ○○○지방법원을 관할 법원으로 한다.

제 17 조 (미기재 사항)

이 계약서에 명시되지 아니한 사항에 대해서는 저작권법 등 관련법령 및 기타 상관례에

따른다.

　이 계약의 내용을 증명하기 위하여 계약서를 2부 작성하여 갑과 을이 서명, 날인한 후 1부씩 보관 한다

년　　　월　　　일

갑 : 영 화 사 명 :
　　사업자등록번호 :
　　주　　　　소 :
　　대　표　자 :

을 : 작　　　가 :
　　주민등록번호 :
　　주　　　소 :

┌─────────────────────┐
│   **각본 계약서**   │
└─────────────────────┘

-제작사의 컨셉, 시놉시스, 트리트먼트의 각본-

-----------------소재　영화사 _____(이하 '갑'이라 한다)와 -----------에 거주하는 작가 _____ (이하 '을'이라 한다)은 다음과 같이 계약을 체결한다.

제 1 조 (계약의 목적)

본 계약은 제2조에 명시된 제작사의 컨셉, 시놉시스, 트리트먼트를 기초로 하여 극장용 장편영화의 각본(이하 '본 건 시나리오'라 한다)을 집필하는 것과 관련하여 갑, 을 사이의 권리와 의무를 명확히 하기 위한 것이다.

제 2 조 (시나리오 집필의 기초)

시나리오 집필의 기초가 되는 것은 제작사의 컨셉, 시놉시스, 트리트먼트로 그 제목과 내용은 다음과 같다. 본 계약서에 시나리오 집필의 기초가 되는 제작사의 컨셉(시놉시스, 트리트먼트)을 첨부하기로 한다.

　　제　　목 :
　　원안 (자) :
　　형　　태 : 예) 기획안, 컨셉, 시놉시스, 트리트먼트 등

제 3 조 (시나리오의 집필)

(1) 갑과 을은 전체 시나리오 집필 기간에 대해 다음과 같이 합의한다.

　　시나리오 집필 기간 :　20　년　월　일 - 20　년　월　일 까지.

(2) 을은 갑의 요구에 부응하여 "본 건 영화"의 예산과 규모에 적합한 형태로 (1)항에서 정한 전체 집필기간 내에서 합의한 다음 일정에 맞추어 각 단계별로 집필을 완료하고, 각 단계별 "집필 결과물"을 서면 또는 컴퓨터 파일 형태로 갑에게 제출한다.

　　① 트리트먼트　　　: 20　년　월　일 까지로 한다.

244

② 시나리오 초고   : 20 년   월   일 까지로 한다.

③ 시나리오 2고   : 20 년   월   일 까지로 한다.

④ 시나리오 3고   : 20 년   월   일 까지로 한다.

(3) 트리트먼트는 주요한 등장인물과 모든 중심적 사건, 인물묘사와 플롯의 전개가 분명하게 드러나 있고, 적절한 배경이나 장소가 담겨 있는 최소 원고지 80매 이상 또는 A4용지(10포인트) 10매 이상의 개요를 말한다.

(4) 갑은 을로부터 각 단계별 "집필 결과물"을 수령한 후 21일 이내에 을이 다음 집필에 착수할 것인지 여부, 진행하여야 할 집필 작업의 종류, 집필의 방향에 대한 의견을 서면 또는 이메일로 을에게 통보하여야 한다.

(5) (4)항에서 정한 기간 내에 갑이 을에게 집필 중단을 통보하면 그 단계에서 본 계약은 종료된다. 갑의 을에 대한 집필 중단 통보로 본 계약이 종료되는 경우, 을은 그때까지 갑으로부터 지급받은 집필료 등의 금원을 반환할 의무가 없고, 을이 그때까지 갑에게 제출한 집필 결과물에 대한 저작권은 갑에게 귀속된다.

(6) 을은 각 단계별 "집필 결과물"이 타인의 저작권 및 기타 지적재산권, 명예, 프라이버시를 침해하지 않는 것을 포함하여 대한민국의 어떠한 법령에도 위배되지 않는다는 것을 보증한다.

(7) 을은 본 계약에서 정한 작가로서의 용역 제공이 완결될 때까지 갑의 동의 없이는 제3자에게 작가 용역을 제공하지 않는다.

제 4 조 (시나리오 집필의 대가 지급)

(1) 갑은 을에게 시나리오 집필의 대가로서 전체 총액을 다음과 같이 지급한다.

금   원 (₩   원정)

(2) 갑은 (1)항에서 정한 시나리오 집필의 대가 전체 총액을 다음과 같이 각 단계별로 나누어, 단계별로 정해진 금액(트리트먼트 단계의 집필 대가는 전체 시나리오 집필 대가의 20% 이상으로 한다.)을 관계법령에 따라 원천징수 되어야 할 세금을 공제한 후 을

에게 지급한다. 단, 작업이 지연되어 각 단계별 작업기간이 연장되더라도 갑은 을에게 추가적인 보수를 지급하지 아니한다.

① 트리트먼트　　: 금 ▨▨▨▨ 원 (계약 후 10일 이내에 지급한다)
② 시나리오 초고 : 금 ▨▨▨▨ 원 (결정 후 10일 이내에 지급한다)
③ 시나리오 2고　: 금 ▨▨▨▨ 원 (결정 후 10일 이내에 지급한다)
④ 시나리오 3고　: 금 ▨▨▨▨ 원 (결정 후 10일 이내에 지급한다)

(3) 갑이 을에게 지급할 금원은 다음의 계좌로 입금한다.
① 은행 :
② 예금주 :
③ 계좌번호 :

(4) 갑이 시나리오 초고 또는 2고에서 시나리오 집필이 완성되었다고 판단하게 될 경우 갑은 을에게 잔금을 지급하고 본 계약을 종료시킬 수 있다.

(5) 갑은 시나리오 집필을 위하여 을에게 한국영화계에서 관례적으로 제공하는 인적, 물적 자원을 제공하여야 한다.

제 5 조 (시나리오 수정 및 작가의 고용)

(1) 수정의 권한
① 갑은 을이 집필하여 제출한 각 단계별 "집필 결과물" 및 최종 시나리오에 대하여 수정의 권한을 가진다. 을은 갑의 요청에 따라 "본 건 시나리오"의 제목을 비롯하여 주제, 플롯, 스토리, 캐릭터의 설정 등을 수정하기 위하여 갑과 협의하여야 한다. 갑의 요청이 있을 경우, 을은 감독, 다른 작가 등 제3자와 상호 협의하여 수정작업을 해야 할 의무가 있다.

② 갑과 을 간에 본 계약에 따른 "본 건 시나리오"의 방향 및 기타 관련사항에 대하여 의견이 불일치할 경우 최종 결정권은 갑에게 있으며, 을은 갑의 요구에 따라야 한다. 다만, 갑은 을과 사전에 서면으로 합의한 시놉시스 또는 트리트먼트의 범위를 크게 벗어나는 분량이나 내용의 수정을 을에게 요구할 수 없다.

(2) 작가의 고용 : 갑은 을이 갑에게 제출한 각 단계별 "집필 결과물" 및 최종 시나리오에 대

한 수정권한과 관련하여, 집필기간 동안은 물론 집필기간 종료 후라도 을에게 서면으로 통지한 후, 을 이외의 작가를 고용하여 각 단계별 "집필 결과물" 및 최종 시나리오를 수정할 수 있다.

제 6 조 (영화 제작 여부에 관한 결정권 등)

(1) "본 건 영화"에 관한 제작 여부, 예산의 확정 및 변경, 예산 집행, 감독, 스텝, 출연배우의 결정 등을 포함한 제작 진행에 관한 제반 의사결정 권한은 갑에게 있다.

(2) 갑은 제3조 (1)항에서 정한 시나리오의 집필기간 내에 "본 건 영화"에 대한 개발 중단을 결정할 수 있다.

(3) 갑이 "본 건 영화"에 대한 기획개발을 중단하기로 결정한 경우, 갑은 을에게 그 사실을 통지하여야 하며, 을이 갑의 통지를 수령한 날에 본 계약은 종료된다.

(4) (3)항의 사유로 본 계약이 종료된 경우 을은 계약 종료일까지 지급받은 금원을 반환할 의무가 없으며, 을이 갑에게 제공한 모든 용역(아이디어, 제안, 주제, 플롯, 스토리, 캐릭터의 설정, 스크립트, 제목 기타 모든 용역)의 결과물은 갑에게 귀속된다.

제 7 조 (수익의 배분)

(1) 수익의 배분은 본 계약에 따른 집필 의무 이행이 완료되었을 경우, 즉 3고까지 작업이 완료된 경우에 하는 것을 원칙으로 한다. 계약이 중도 해지된 경우에는 수익의 배분 조항이 적용되지 않는다.

(2) 수익의 배분

① 본 건 시나리오를 원저작물로 하여 제작된 영화의 영화관 상영권(영화관 및 비상설 영화관을 통해 상영할 수 있는 저작권법상의 복제권 및 공연권에 근거한 권리), 홈비디오 판매권(모든 종류의 테이프방식 및 디스크방식 등 기타 영상기록재생방식의 홈비디오로 직접 판매용(Sell-throuth)으로 제조 및 판매할 수 있는 저작권법상 복제권에 근거한 권리), TV 방송권(모든 형태의 지상파 방송과 모든 형태의 유선방송, 위성방송, 인터넷 방송(IPTV), DMB 방송 등을 통해 방송할 수 있는 저작권법상 복제권 및 공중 송신권에 근거한 권리), 해외수출권(대한민국을 제외한 세계 전 지역에 영화관 상영권, 홈비디오 판매권, TV방송권 등을 판매할 수 있는 권리), 인터넷, 모바일 또는 향후 발명될 모든 매체를 통해 판매 또는 방영할 수 있는 권리, 음반과 관련된 제반

권리 등 본 건 시나리오를 원저작물로 하여 제작된 영화로 인하여 발생되는 매출액에서 제작비, 홍보비, 배급비 등 관련 비용을 총망라한 비용을 공제한 후 순이익이 발생할 경우, 갑은 아래와 같은 방식으로 산정된 금액을 법령에 따라 원천징수 되어야 할 세금을 공제한 후 을에게 수익배분금으로 지급한다.

    ⅰ) 갑의 최종적인 순이익의   %.
    ⅱ) 손익분기점을 기준 전국관객 50만 명 당, 금   원.
    ⅲ) 기준(   )시점에 약정 금액, 금   원.

② 갑은 투자사와 사이에 1차 정산을 완료하는 즉시 투자사로부터 교부받은 정산서를 을에게 제공하기로 하고, 추가 정산이 있는 경우에도 정산이 완료되는 즉시 투자사로부터 교부받은 정산서를 을에게 제공하기로 한다. 이 과정에서 을은 회계자료의 열람권과 자료 요청권을 가진다.

제 8 조 (권리의 귀속 등)

(1) 갑은 본 건 시나리오를 원저작물로 하여 제작된 영화로부터 파생하는 1차적 지적재산권의 유일하고, 독점적인 권리자가 된다.
"1차적 지적재산권"이란 국내외를 포함하여 본 건 시나리오를 원저작물로 하여 제작된 영화의 영화관 상영권, 홈비디오 판매권, TV 방송권, 해외수출권, 인터넷, 모바일 또는 향후 발명될 모든 매체를 통해 판매 또는 방영할 수 있는 권리, 음반과 관련된 제반 권리 등을 말한다.

(2) 갑은 등장인물 또는 캐릭터의 사용, 속편(Sequel), 전편(Prequel) 리메이크(Remake) 등 2차적 저작물의 작성권을 가진다. 갑이 위 권리를 행사함에 있어서는 을과 협의를 거쳐야 하며, 을에게 별도의 대가를 지불하여야 한다. 대가의 정도나 지급방식은 갑과 을이 합의하여 정한다.

(3) 갑은 "본 건 시나리오의 전부나 일부", "본 건 영화"의 전부나 일부, "본 건 영화"에 있는 캐릭터에 관하여 타매체권을 행사함에 있어서는 을과 협의를 거쳐야 하며, 을에게 별도의 대가를 지불하여야 한다. 대가의 정도나 지급방식은 갑과 을이 합의하여 정한다. "타매체권리"는 도서, 만화 등의 온라인 또는 오프라인 출판권, TV드라마, 애니메이션, 게임 등 향후 발생 가능한 타 매체 영상권, 뮤지컬, 연극, 오페라, 마당극, 라디오 등의 공연권, 현재 개발되거나 장래 개발될 모든 시청각 방법 또는 매체를 이용한 권리를

248

말한다.

(4) 갑은 본 건 시나리오를 원저작물로 하여 제작된 영화의 배급, 개봉, 방송, 홍보 등을
위하여 을의 이름, 초상, 자전적 자료 등을 사용할 수 있다. 단, 을의 요구에 따라 "본
건 영화"에서 을에 관한 크레디트를 삭제하는 경우에는 을의 이름, 초상, 자전적 자료
등을 "본 건 영화"의 홍보자료로 사용할 수 없다.

(5) (2)항과 (3)항에 규정된 을의 권리는 본 계약에 따른 집필 의무의 이행이 완료되었을
경우, 즉 3고까지 작업이 완료된 경우를 전제로 한다. 본 계약이 중도 해지된 경우에
는 (2)항과 (3)항에 규정된 권리가 인정되지 않는다.

제 9 조 (크레디트)

(1) 을은 을의 최종 집필 결과물을 바탕으로 영화의 제작이 완료된 경우, 해당 영화에 "각
본 ○○○"라는 크레디트를 명기할 권리를 가진다. 크레디트의 크기, 위치, 표시방법은
갑과 을 상호간의 합의에 따른다.

(2) 크레디트의 병기가 문제되는 경우, 병기 여부나 그 순서는 갑과 을이 상호 협의하여
결정하되, 상호간에 이견이 있는 경우에는 갑이 최종적인 결정권을 가진다. 다만, 갑의
요청에 따라 "각본" 크레디트를 병기하는 경우에 을의 실명(또는 예명이나 필명)을 최
전단에 명기한다.

(3) 크레디트 병기와 관련하여, 을의 요청이 있을 경우에는 갑은 병기대상자와 정식으로
각본계약을 체결한 사실을 입증하기로 한다.

(4) 제3자에 의해 수정된 시나리오가 을의 최종 집필 결과물 또는 을의 당초의 집필 의도
와 상당히 다른 것으로 판단되는 경우, 을은 "본 건 영화"에서 을에 관한 크레디트를
삭제해 줄 것을 갑에게 서면으로 요구할 수 있으며, 갑은 가급적 이를 수용하여야 한
다. 을에 의한 크레디트의 삭제 요구는 본 계약에 따른 을에 대한 보상에 영향을 미치
지 아니한다.

제 10 조 (위임 및 양도 등의 금지)

(1) 을은 자신의 작가로서의 고유한 용역을 대신 제공하기 위하여 "본건 시나리오"의 창

작과정에서 제3자를 고용하지 않는다. 또한 을은 갑의 사전 동의 없이 임의로 본 계약상 의무인 용역의 제공을 제3자에게 위임하거나 도급을 시킬 수 없다.

(2) 갑은 을의 사전 동의 없이 임의로 제3자에게 본 건 계약상의 권리와 의무를 양도할 수 없다.

제 11 조 (비밀 유지 의무)

갑과 을은 상대방의 동의 없이는 본 계약의 체결 및 이행 과정에서 알게 된 상대방의 영업비밀 등 상대방에 대한 일체의 정보를 제3자에게 공개하여서는 아니 되며, 언론 기타 매체에 제공하거나 쟁점화하거나 기타 용도로 사용할 수 없다.

제 12 조 (계약의 해지)

(1) 을은 갑이 시나리오 집필의 대가를 지급하지 아니하거나 기타 본 계약상의 의무를 이행하지 아니하는 경우에 갑에게 계약의 해지를 서면으로 최고할 수 있다. 계약 해지의 최고 후 2주일이 경과하여도 갑이 시나리오 집필의 대가를 지급하지 아니하거나 기타 본 계약상의 의무를 이행하지 아니하는 경우, 을은 본 계약을 해지할 수 있다. 이 경우에 을은 그때까지 이미 지급받은 각 단계별 집필 대가를 반환하지 아니하며, 그동안 갑에게 제출했던 집필 결과물에 대한 저작권을 단독으로 보유할 수 있다.

(2) 갑은 을이 시나리오 집필 용역 제공을 거부하거나 기타 본 계약상의 의무를 이행하지 아니하는 경우 을에게 계약의 해지를 서면으로 최고할 수 있다. 계약 해지의 최고 후 2주일이 경과하여도 을이 시나리오 집필 용역 제공을 거부하거나 기타 본 계약상의 의무를 이행하지 아니하는 경우, 갑은 본 계약을 해지할 수 있다. 이 경우에 갑은 이미 제출된 집필 결과물에 대한 저작권을 단독으로 보유한다. 을은 해지 시점 이후에는 이미 갑에게 제출했던 집필 결과물을 사용해서는 아니 되며, 갑의 요구가 있을 경우 갑으로부터 지급 받았던 각 단계별 집필 대가의 2배를 갑에게 반환해야 한다.

제 13 조 (손해배상)

(1) 갑은 을이 본 계약에 따른 용역을 제공하지 않거나 태만히 하여 제작일정과 예산에 손해를 입혔을 경우, 타인의 저작권 기타 지적재산권, 명예, 프라이버시를 침해하여 법적 분쟁이 발생할 경우 기타 본 계약을 위반한 경우 변호사비용을 포함하여 그로 인하여 갑이 입은 모든 손해의 배상을 을에게 청구할 수 있다.

(2) 을은 갑이 집필 대가를 지급하지 아니하거나 기타 본 계약상의 의무를 이행하지 아니하는 경우에 변호사 비용을 포함하여 그로 인하여 을이 입은 모든 손해의 배상을 갑에게 청구할 수 있다.

제 14 조 (불가항력)

갑과 을은 당사자의 귀책사유 없이 관련 법령, 제3자와의 법률적 분쟁, 화재 기타 천재지변, 전쟁, 파업, 기타 불가항력적인 여건으로 인하여 "본건 영화"의 제작이 더 이상 불가능하게 되었을 때 상대방에 대한 서면 통지에 의해 계약을 해지할 수 있다. 이 경우에 을은 이미 지급받은 집필 대가를 반환하지 않으며, 집필 결과물에 대한 저작권은 모두 갑에게 귀속된다.

제 15 조 (관할법원)

갑과 을 사이에 분쟁이 발생하는 경우에 ㅇㅇㅇ지방법원을 관할 법원으로 한다.

제 16 조 (미기재 사항)

이 계약서에 명시되지 아니한 사항에 대해서는 저작권법 등 관련법령 및 기타 상관례에 따른다.

이 계약의 내용을 증명하기 위하여 계약서를 2부 작성하여 갑과 을이 서명, 날인한 후 1부씩 보관 한다

년   월   일

갑 : 영 화 사 명 :
　　사업자등록번호 :
　　주　　　　소 :
　　대 　표 　자 :

을 : 작　　　가 :
　　주민등록번호 :
　　주　　　　소 :

각색 계약서

--------------소재   영화사 _____(이하 '갑'이라 한다)와 -----------에 거주하는 작가
_____ (이하 '을'이라 한다)은 다음과 같이 계약을 체결한다.

제 1 조 (계약의 목적)
본 계약은 극장용 장편영화의 제작을 위해 제2조에 명시된 시나리오를 대상으로 하여 각
색 작업을 하는 것과 관련하여 갑, 을 사이의 권리와 의무를 명확히 하기 위한 것이다.

제 2 조 (각색 작업의 대상)
각색 작업의 대상은 갑이 저작권을 보유한 시나리오로 그 제목과 내용은 다음과 같다. 본
계약서에 각색 작업의 대상물을 첨부하기로 한다.
　　제 　 목 :
　　작 　 가 :
　　형 　 태 : 시나리오

제 3 조 (시나리오 각색 작업의 기간)
(1) 갑과 을은 전체 시나리오 각색 작업 기간에 대해 다음과 같이 합의한다.

　　시나리오 각색 작업 기간 : 20 년   월   일 - 20   년   월   일 까지.

(2) 을은 갑의 요구에 부응하여 "본 건 영화"의 예산과 규모에 적합한 형태로 (1)항에서 정한 전체
　　작업 기간 내에서 합의한 다음 일정에 맞추어 각 단계별로 집필을 완료하고, 각 단계별 "집
　　필 결과물"을 서면 또는 컴퓨터 파일 형태로 갑에게 제출한다.
　　① 시나리오 각색 1고 : 20 년 　월 　일 까지로 한다.
　　② 시나리오 각색 2고 : 20 년 　월 　일 까지로 한다.
　　③ 시나리오 각색 3고 : 20 년 　월 　일 까지로 한다.

(3) 갑은 을로부터 각색 단계별 "집필 결과물"을 수령한 후 21일 이내에 을이 다음 집필에 착수
　　할 것인지 여부, 진행하여야 할 집필 작업의 종류, 집필의 방향에 대한 의견을 서면 또는 이

252

메일로 을에게 통보하여야 한다.

(4) (3)항에서 정한 기간 내에 갑이 을에게 집필 중단을 통보하면 그 단계에서 본 계약은 종료된다. 갑의 을에 대한 집필 중단 통보로 본 계약이 종료되는 경우, 을은 그때까지 갑으로부터 지급받은 집필료 등의 금원을 반환할 의무가 없고, 을이 그때까지 갑에게 제출한 집필 결과물에 대한 저작권은 갑에게 귀속된다.

(5) 을은 각 단계별 "집필 결과물"이 타인의 저작권 및 기타 지적재산권, 명예, 프라이버시를 침해하지 않는 것을 포함하여 대한민국의 어떠한 법령에도 위배되지 않는다는 것을 보증한다.

(6) 을은 본 계약에서 정한 작가로서의 용역 제공이 완결될 때까지 갑의 동의 없이는 제3자에게 작가 용역을 제공하지 않는다.

제 4 조 (시나리오 각색 작업의 대가 지급)

(1) 갑은 을에게 시나리오 각색 작업의 대가로서 전체 총액을 다음과 같이 지급한다.
　　　　금　　　　　원 (₩　　　　　원정)

(2) 갑은 (1)항에서 정한 시나리오 각색 작업의 대가 전체 총액을 다음과 같이 각 단계별로 나누어, 단계별로 정해진 금액(각색 1고의 각색 작업 대가는 전체 각색 작업 대가의 30% 이상으로 한다)을 관계법령에 따라 원천징수 되어야 할 세금을 공제한 후 을에게 지급한다. 단, 작업이 지연되어 각 단계별 작업기간이 연장되더라도 갑은 을에게 추가적인 보수를 지급하지 아니한다.
　① 각색 1고 :　　금 　　　　　원 (계약 후 10일 이내에 지급한다)
　② 각색 2고 :　　금 　　　　　원 (결정 후 10일 이내에 지급한다)
　③ 각색 3고 :　　금 　　　　　원 (결정 후 10일 이내에 지급한다)

(3) 갑이 을에게 지급할 금원은 다음의 계좌로 입금한다.
　① 은　　행 :
　② 예 금 주 :
　③ 계좌번호 :

(4) 시나리오 각색 1고 또는 2고에서 갑이 시나리오의 각색이 완성되었다고 판단하게 될

경우 갑은 을에게 잔금을 지급하고 본 계약을 종료시킬 수 있다.

(5) 갑은 각색 작업을 위하여 을에게 한국영화계에서 관례적으로 제공하는 인적, 물적 자원을 제공하여야 한다.

제 5 조 (시나리오의 수정 및 작가의 고용)

(1) 수정의 권한

① 갑은 을이 집필하여 제출한 각 단계별 "집필 결과물" 및 최종 시나리오에 대하여 수정의 권한을 가진다. 을은 갑의 요청에 따라 "본 건 시나리오"의 제목을 비롯하여 주제, 플롯, 스토리, 캐릭터의 설정 등을 수정하기 위하여 갑과 협의하여야 한다. 갑의 요청이 있을 경우, 을은 감독, 다른 작가 등 제3자와 상호 협의하여 수정작업을 해야 할 의무가 있다.

② 갑과 을 간에 본 계약에 따른 "본 건 시나리오"의 방향 및 기타 관련사항에 대하여 의견이 불일치할 경우 최종 결정권은 갑에게 있으며, 을은 갑의 요구에 따라야 한다. 다만, 갑은 을과 사전에 서면으로 합의한 시놉시스 또는 트리트먼트의 범위를 크게 벗어나는 분량이나 내용의 수정을 을에게 요구할 수 없다.

(2) 작가의 고용 : 갑은 을이 갑에게 제출한 각 단계별 "집필 결과물" 및 최종 시나리오에 대한 수정권한과 관련하여, 각색 작업 기간 동안은 물론 각색 작업 기간 종료 후라도 을에게 서면으로 통지한 후, 을 이외의 작가를 고용하여 각 단계별 "집필 결과물" 및 최종 시나리오를 수정할 수 있다.

제 6 조 (영화 제작 여부에 관한 결정권 등)

(1) "본 건 영화"에 관한 제작 여부, 예산의 확정 및 변경, 예산 집행, 감독, 스텝, 출연배우의 결정 등을 포함한 제작 진행에 관한 제반 의사결정 권한은 갑에게 있다.

(2) 갑은 제3조 (1)항에서 정한 각색 작업 기간 내에 "본 건 영화"에 대한 개발 중단을 결정할 수 있다.

(3) 갑이 "본 건 영화"에 대한 기획개발을 중단하기로 결정한 경우, 갑은 을에게 그 사실을 통지하여야 하며, 을이 갑의 통지를 수령한 날에 본 계약은 종료된다.

(4) (3)항의 사유로 본 계약이 종료된 경우 을은 계약 종료일까지 지급받은 금원을 반환할 의무가 없으며, 을이 갑에게 제공한 모든 용역(아이디어, 제안, 주제, 플롯, 스토리, 캐릭터의 설정, 스크립트, 제목 기타 모든 용역)의 결과물은 갑에게 귀속된다.

제 7 조 (인센티브)

(1) 인센티브는 본 계약에 따른 집필 의무의 이행이 완료되었을 경우, 즉 각색 3고까지 작업이 완료된 경우에 지급하는 것을 원칙으로 한다. 계약이 중도 해지된 경우에는 인센티브 조항이 적용되지 않는다.

(2) 인센티브

① 본 건 시나리오를 원저작물로 하여 제작된 영화의 영화관 상영권(영화관 및 비상설 영화관을 통해 상영할 수 있는 저작권법상의 복제권 및 공연권에 근거한 권리), 홈비디오 판매권(모든 종류의 테이프방식 및 디스크방식 등 기타 영상기록재생방식의 홈비디오로 직접 판매용(Sell-throuth)으로 제조 및 판매할 수 있는 저작권법상 복제권에 근거한 권리), TV 방송권(모든 형태의 지상파 방송과 모든 형태의 유선방송, 위성방송, 인터넷 방송(IPTV), DMB 방송 등을 통해 방송할 수 있는 저작권법상 복제권 및 공중 송신권에 근거한 권리), 해외수출권(대한민국을 제외한 세계 전 지역에 영화관 상영권, 홈비디오 판매권, TV방송권 등을 판매할 수 있는 권리), 인터넷, 모바일 또는 향후 발명될 모든 매체를 통해 판매 또는 방영할 수 있는 권리, 음반과 관련된 제반 권리 등 본 건 시나리오를 원저작물로 하여 제작된 영화로 인하여 발생되는 매출액에서 제작비, 홍보비, 배급비 등 관련 비용을 총망라한 비용을 공제한 후 순이익이 발생할 경우, 갑은 아래와 같은 방식으로 산정된 금액을 법령에 따라 원천징수 되어야 할 세금을 공제한 후 을에게 인센티브로 지급한다.

    i) 갑의 최종적인 순이익의   %.
    ii) 손익분기점을 기준 전국관객 50만 명 당, 금   원.
    iii) 기준(   )시점에 약정 금액, 금   원.

② 갑은 투자사와 사이에 1차 정산을 완료하는 즉시 투자사로부터 교부받은 정산서를 을에게 제공하기로 하고, 추가 정산이 있는 경우에도 정산이 완료되는 즉시 투자사로부터 교부받은 정산서를 을에게 제공하기로 한다. 이 과정에서 을은 회계자료의 열람권

과 자료 요청권을 가진다.

제 8 조 (권리의 귀속 등)

(1) 갑은 본 건 시나리오를 원저작물로 하여 제작된 영화로부터 파생하는 1차적 지적재산권의 유일하고, 독점적인 권리자가 된다.
"1차적 지적재산권"이란 국내외를 포함하여 본 건 시나리오를 원저작물로 하여 제작된 영화의 영화관 상영권, 홈비디오 판매권, TV 방송권, 해외수출권, 인터넷, 모바일 또는 향후 발명될 모든 매체를 통해 판매 또는 방영할 수 있는 권리, 음반과 관련된 제반 권리 등이다.

(2) 갑은 등장인물 또는 캐릭터의 사용, 속편(Sequel), 전편(Prequel), 리메이크(Remake) 등 2차적 저작물 작성권의 유일하고 독점적인 권리자가 된다.

(3) 갑은 '본 건 시나리오'와 '본 건 시나리오를 원저작물로 제작된 영화'로부터 발생하는 타매체권의 유일하고 독점적인 권리자가 된다.
"타매체권리"는 도서, 만화 등의 온라인 또는 오프라인 출판권, TV드라마, 애니메이션, 게임 등 향후 발생 가능한 타 매체 영상권, 뮤지컬, 연극, 오페라, 마당극, 라디오 등의 공연권, 현재 개발되거나 장래 개발될 모든 시청각 방법 또는 매체를 이용한 권리를 말한다.

(4) 갑은 본 건 시나리오를 원저작물로 하여 제작된 영화의 배급, 개봉, 방송, 홍보 등을 위하여 을의 이름, 초상, 자전적 자료 등을 사용할 수 있다. 단, 을의 요구에 따라 "본 건 영화"에서 을에 관한 크레디트를 삭제하는 경우에는 을의 이름, 초상, 자전적 자료 등을 "본 건 영화"의 홍보자료로 사용할 수 없다.

제 9 조 (크레디트)

(1) 을은 을의 최종 집필 결과물을 바탕으로 영화의 제작이 완료된 경우, 해당 영화에 "각색 ○○○"라는 크레디트를 명기할 권리를 가진다. 크레디트의 크기, 위치, 표시방법은 갑과 을 상호간의 합의에 따른다.

(2) 크레디트의 병기가 문제되는 경우, 병기 여부나 그 순서는 갑과 을이 상호 협의하여 결정하되, 상호간에 이견이 있는 경우에는 갑이 최종적인 결정권을 가진다. 다만, 갑의

요청에 따라 "각본" 크레디트를 병기하는 경우에 을의 실명(또는 예명이나 필명)을 최전단에 명기한다.

(3) 크레디트 병기와 관련하여, 을의 요청이 있을 경우에는 갑은 병기대상자와 정식으로 각색계약을 체결한 사실을 입증하기로 한다.

(4) 제3자에 의해 수정된 시나리오가 을의 최종 집필 결과물 또는 을의 당초의 집필 의도와 상당히 다른 것으로 판단되는 경우, 을은 "본 건 영화"에서 을에 관한 크레디트를 삭제해 줄 것을 갑에게 서면으로 요구할 수 있으며, 갑은 가급적 이를 수용하여야 한다. 을에 의한 크레디트의 삭제 요구는 본 계약에 따른 을에 대한 보상에 영향을 미치지 아니한다.

제 10 조 (위임 및 양도 등의 금지)
(1) 을은 자신의 작가로서의 고유한 용역을 대신 제공하기 위하여 "본건 시나리오"의 창작과정에서 제3자를 고용하지 않는다. 또한 을은 갑의 사전 동의 없이 임의로 본 계약상 의무인 용역의 제공을 제3자에게 위임하거나 도급을 시킬 수 없다.

(2) 갑은 을의 사전 동의 없이 임의로 제3자에게 본 건 계약상의 권리와 의무를 양도할 수 없다.

제 11 조 (비밀 유지 의무)
갑과 을은 상대방의 동의 없이는 본 계약의 체결 및 이행 과정에서 알게 된 상대방의 영업비밀 등 상대방에 대한 일체의 정보를 제3자에게 공개하여서는 아니 되며, 언론 기타 매체에 제공하거나 쟁점화하거나 기타 용도로 사용할 수 없다.

제 12 조 (계약의 해지)
(1) 을은 갑이 시나리오 각색 작업의 대가를 지급하지 아니하거나 기타 본 계약상의 의무를 이행하지 아니하는 경우에 갑에게 계약의 해지를 서면으로 최고할 수 있다. 계약 해지의 최고 후 2주일이 경과하여도 갑이 시나리오 각색 작업의 대가를 지급하지 아니하거나 기타 본 계약상의 의무를 이행하지 아니하는 경우, 을은 본 계약을 해지할 수 있다. 이 경우에 을은 그때까지 이미 지급받은 각 단계별 집필 대가를 반환하지 아니하며, 그동안 갑에게 제출했던 집필 결과물에 대한 저작권을 단독으로 보유할 수 있다.

(2) 갑은 을이 시나리오 각색 용역 제공을 거부하거나 기타 본 계약상의 의무를 이행하지 아니하는 경우 을에게 계약의 해지를 서면으로 최고할 수 있다. 계약 해지의 최고 후 2주일이 경과하여도 을이 시나리오 각색 용역 제공을 거부하거나 기타 본 계약상의 의무를 이행하지 아니하는 경우, 갑은 본 계약을 해지할 수 있다. 이 경우에 갑은 이미 제출된 집필 결과물에 대한 저작권을 단독으로 보유한다. 을은 해지 시점 이후에는 이미 갑에게 제출했던 집필 결과물을 사용해서는 아니 되며, 갑의 요구가 있을 경우 갑으로부터 지급 받았던 각 단계별 각색 작업 대가의 2배를 갑에게 반환해야 한다.

제 13 조 (손해배상)
(1) 갑은 을이 본 계약에 따른 용역을 제공하지 않거나 태만히 하여 영화 제작 일정과 예산에 손해를 입혔을 경우, 타인의 저작권 기타 지적재산권, 명예, 프라이버시를 침해하여 법적 분쟁이 발생할 경우 기타 본 계약을 위반한 경우 변호사비용을 포함하여 그로 인하여 갑이 입은 모든 손해의 배상을 을에게 청구할 수 있다.

(2) 을은 갑이 각색 작업 대가를 지급하지 아니하거나 기타 본 계약상의 의무를 이행하지 아니하는 경우에 변호사 비용을 포함하여 그로 인하여 을이 입은 모든 손해의 배상을 갑에게 청구할 수 있다

제 14 조 (불가항력)
갑과 을은 당사자의 귀책사유 없이 관련 법령, 제3자와의 법률적 분쟁, 화재 기타 천재지변, 전쟁, 파업, 기타 불가항력적인 여건으로 인하여 "본건 영화"의 제작이 더 이상 불가능하게 되었을 때 상대방에 대한 서면 통지에 의해 계약을 해지할 수 있다. 이 경우에 을은 이미 지급받은 작업 대가를 반환하지 않으며, 집필 결과물에 대한 저작권은 모두 갑에게 귀속된다.

제 15 조 (관할법원)
갑과 을 사이에 분쟁이 발생하는 경우에 ○○○지방법원을 관할 법원으로 한다.

제 16 조 (미기재 사항)
이 계약서에 명시되지 아니한 사항에 대해서는 저작권법 등 관련법령 및 기타 상관례에 따른다.

이 계약의 내용을 증명하기 위하여 계약서를 2부 작성하여 갑과 을이 서명, 날인한 후 1부씩 보관 한다

년   월   일

갑 : 영 화 사 명 :
　　　사업자등록번호 :
　　　주　　　　소 :
　　　대　표　자 :

을 : 작　　　가 :
　　　주민등록번호 :

　　　주　　　　소 :

영화산업 표준투자계약서(안)

_____(투자사) _____ (이하 "투자사")와 _____ (제작사)_____ (이하 "제작사")는 다음과 같이 영화 제작 및 투자·배급계약서를 체결한다.

다 음

제 1조 (계약의 목적)
본 계약은 "투자사"와 "제작사"가 서로의 이익과 발전을 위하여 적극적으로 협력하는 것을 전제로, 영화관용 영화 "○○○"(이하 "본건 영화"라 한다)에 대하여 "제작사"는 최선의 노력을 통해 양질의 영화를 제작하고, "투자사"는 본건 영화의 제작비 투자 및 배급, 판매와 수익배분을 함에 있어 계약 당사자의 권리와 의무 및 제작비의 정산기준과 수익에 따른 분배기준을 명확히 함으로써 상호 이익을 도모함에 그 목적이 있다.

제 2조 (계약의 대상물)
본 계약의 대상물인 "본건영화"의 개요는 다음과 같다.

        작 품 명 :
        제 작 사 :
        규   격 :
        감   독 :
        주   연 :
        개봉시기 : 20 년 예정
        순제작비 : 일금   원(\   원, 부가가치세 별도)
        마케팅비 : 일금   원(\   원, 부가가치세 별도)
        총제작비 : 일금   원(\   원, 부가가치세 별도)

제 3조 (용어의 정의)

1. 권리관련용어
 ⑴ 영화관 상영권 : "본건 영화"를 영화관을 통해(Theatrical), 비상설 영화관을 통해

(Non-Theatrical) 상영할 수 있는 저작권법상의 복제권 및 공연권에 근거한 권리를 말한다.

(2) 홈비디오 판매권 : "본건 영화"를 홈비디오로[Home Video(H/Video)], 직접판매용(Sell-through)으로 제조 및 판매할 수 있는 저작권법상 복제권에 근거한 권리를 말한다. 비디오에는 모든 종류의 테이프 방식(VHS, Beta등)과 디스크 방식(VCD, DVD, CD-ROM, LD 등) 및 기타 영상기록재생방식을 포함한다.

(3) TV 방송권 : "본건 영화"를 모든 형태의 지상파 방송과 모든 형태의 유선방송(호텔의 유료 시청 TV, 선박 및 비행기 등의 방송을 포함), 위성방송(pay & free), 인터넷방송(IPTV), DMB방송(지상파, 위성) 및 Pay-per-view(non-residential & residential), Video-on-demand을 통하여 방송할 수 있는 저작권법상 복제권 및 공중송신권에 근거한 권리를 말한다.

(4) 기타 부가권리 : "본건 영화"에 대한 영화관 상영권 및 홈비디오 판매권, TV 방송권을 제외한 모든 저작권법상의 권리를 말하며 "본건 영화"를 인터넷, 모바일 또는 향후 발명될 모든 매체를 통해 판매 또는 방영할 수 있는 권리, 음반과 관련된 제반 권리, 캐릭터 사용권, 서적 및 기타 출판물 판매권, 국내외 리메이크 권리를 포함한 본건 영화로부터 발생 가능한 모든 저작재산권을 사용 허락하는 권리를 말한다.

(5) 해외수출권 : "본건 영화"를 대한민국 내(이하 "국내"라 한다)를 제외한 세계 전 지역에 영화관 상영권, 홈비디오 판매권, TV방송권 및 기타 부가권리 등을 판매할 수 있는 권리를 말한다.

2. 비용관련 용어

가. 총제작비

아래 각 조의 순제작비, 마케팅비를 합한 금액을 말한다.

(1) 순제작비 : 연기자 출연료, 스태프의 인건비, 장비사용료, 촬영진행비, 보험료 등 본건 영화의 기획 및 제작과 관련하여 직접적으로 소요되는 비용의 총계(부가가치세 별도)를 말한다.

(2) 마케팅비 : 본건 영화에 대한 "광고홍보비"와 "배급비"를 합한 금액을 말한다.

(i) 광고홍보비 : 국내에서 영화관 개봉을 위해 광고 및 홍보하는데 발생하는 비용을 말한다.

(ii) 배급비 : 국내에서 본건 영화의 영화관 개봉 및 배급을 위하여 발생하는 비용으로 프린트 제작비용, 입회비, 배급진행 경비, 발송비, 영화관 디지털 배급을 위한 비용 등을 포함한다.

나. 총비용 : 본조의 총제작비에 아래 각 조의 저작권판매비, 배급수수료, 관리수수료, 해외수출비, 금융비용, 인센티브, 기타비용을 합한 금액을 말한다.

(1) 저작권판매비 : 국내에서 영화관 개봉 이외 본건 영화와 관련된 권리를 판매하기 위하여 발생하는 직접비로 각종 제작비, 광고 및 홍보비, 기타 부대비용을 포함한다.

(2) 배급수수료 : 영화관배급수수료, TV방송권 판매수수료, 부가권리 판매수수료, 해외수출 배급수수료 등 "본건 영화"의 저작권 판매를 "투자사" 또는 "투자사"가 의뢰한 대행사를 통해 수행함에 따라 발생하는 수수료를 의미한다.

(3) 관리수수료 : "본건 영화"의 총제작비 관리, 수익 창출과 관련한 업무에 대한 용역수수료를 의미한다.

(4) 해외수출비 : "본건 영화"의 해외수출을 위하여 발생하는 모든 비용으로 번역료, 프린트비, 자막 작업비, 홍보물 제작비 및 해외 광고, 홍보비와 마켓, 영화제 참가 등 진행성 경비를 포함한다.

(5) 금융비용 : "본건 영화"의 투자지분과 관계없이 제3자에게 조달한 채무금액에서 발생되는 이자를 의미한다.

(6) 인센티브 : 배우 , 감독, 스태프 기타 사람들에게 본건 영화가 일정 이상 흥행할 경우 지급하기로 약속한 상여금을 의미한다.

(7) 기타비용 : 회계감사보수, 송금수수료 등 "본건 영화"와 관련된 기타 직접비용을 의미한다.

3. 수익관련 용어

가. 총수익 : 아래 각 항의 영화관상영 수익, 홈비디오 판매수익, TV 방송권 수익, 기타 부가 수익, 해외수출 수익, 협찬금 수익 등 본건영화의 매출로 산출된 모든 매출액을

합한 금액을 의미한다.

(1) 영화관상영 수익 : "본건 영화"를 국내의 영화관에서 상영한 후 발생한 매출액으로 영화관에서 발행한 부금계산서의 금액으로 한다.

(2) 홈비디오 판매수익 : 국내에서 홈비디오 판매권의 양도 또는 사용허락을 통하여 발생하는 매출액을 의미하며, 대행 판매의 경우 대행사의 정산매출액을 의미한다.

(3) TV방송권 수익 : 국내에서 TV방송권을 양도 또는 사용 허락함을 통해 발생한 매출액을 의미한다.

(4) 기타 부가 수익 : 국내에서 기타 부가권리를 이용하여 발생한 매출액을 말한다.

(5) 해외수출 수익 : 해외수출권을 이용하여 발생한 매출액을 말한다.

(6) 협찬금 수익 : "본건 영화"의 제작 및 배급 등의 과정에서 제3자가 광고목적이나 지원목적으로 "투자사"이나 "제작사"에게 지불하는 협찬금 또는 지원금, PPL(Product Placement)대금 등으로 그 명칭을 불문한다.

나. 순이익 : 총수익에서 총비용을 차감한 금액을 말한다.

4. 기타 용어

가. 지불유예금 : 계약에 의거하여 감독, 배우, 작가, 기타 스태프의 인건비 중 전부 혹은 일부의 지불을 본건영화의 제작완성 이후로 유예한 금액으로 순제작비에 포함하지 않은 금액을 말한다.

제 4 조 ("투자사"의 권리)

(1) "투자사"는 "본건 영화"에 대한 영화관 상영권, 홈비디오 판매권, TV방송권, 기타 부가권리, 해외수출권, 국내외 영화제 출품권한 등 "본건 영화"의 지적재산권을 이용하여 수익을 창출할 수 있는 독점적인 권리를 "본건 영화"의 개봉일로부터 (5년, 10년 중 택일) 동안 가지되 상호합의 하에 기간은 연장할 수 있으며, 이러한 권리를 이용하

여 국내 및 해외에서의 "본건 영화"의 수익 창출에 필요한 제반 홍보 및 판매 전략을 결정하고 적절한 수익창출방법을 결정할 권리를 갖는다.

(2) "투자사"는 "본건 영화"의 총비용 및 총수익에 대한 관리, 정산 및 분배의 업무를 담당하며, 해당 업무에 대한 대가로 계약시점 예산기준 총제작비의 2%이내에 해당하는 금액을 관리수수료로 지급 받는다.

(3) "투자사"는 제3조에서 명시한 영화관 상영권을 포함한 권리의 판매(배급)를 직접 수행하거나 "제작사"와 협의하여 대행사를 지정할 수 있다. 배급수수료는 영화관상영수익 (전국 영화관으로부터 지방배급수수료를 공제한 후 수취한 수익)의 10% 이내로 하되, 해외배급(영화제 출품 포함)의 경우는 해외수출 수익총액의 20% 이내로 할 수 있다.

(4) "투자사"는 "본건 영화"의 시작부분에 "투자사"의 로고 동영상을 붙일 수 있으며, 영화의 광고, 홍보와 관련한 매체에 "투자사"와 제3의 투자자의 이름 및 로고를 사용할 수 있다.

(5) "본건 영화"의 감독이 감독으로서 그 능력에 대해 불충분하다고 객관적으로 판단될 경우, "투자사"는 "제작사"에게 감독의 교체를 서면으로 요구할 수 있으며 "제작사"는 이에 대한 대안과 해결책을 "투자사"의 요청이 있는 시점으로부터 10영업일 이내에 제시하여야 하며, 그럼에도 불구하고 한국영화 관례상 더 이상 감독의 직을 수행함에 있어 문제가 있다고 판단할 경우, "투자사"가 감독의 교체를 서면으로 요구할 수 있으며, 이에 대해 "투자사"와 "제작사"는 합의하여 감독을 교체한다. 다만, 이로 인한 제작지연 및 비용증가에 대하여는 공동으로 책임을 진다.

(6) "본건 영화"의 마케팅은 "투자사"가 "투자사"의 책임 하에 진행하는 것을 원칙으로 하되 마케팅 진행의 주요 사항들(마케팅 기획, 포스터, 예고편)에 대해서는 "제작사"와 상호 공유하기로 한다. 다만, 주요 사항들에 대한 계약 당사자 간의 이견이 있을 경우에는 '투자사'의 결정에 따르기로 한다.

제 5조 ("제작사"의 권리)

(1) "제작사"는 "본건 영화"의 기획과 제작에 있어 최종적인 결정권한을 가진다.

(2) "제작사"는 "본건 영화"에서 발생한 총수익에 대하여 제10조에 따라 일정액의 수익분배금을 분배 받을 권리를 갖는다.

(3) "제작사"는 "본건 영화"의 속편을 제작할 독점적인 권리를 가진다. 다만, "제작사"가 속편을 제작하거나 속편제작권을 제3자에게 양도할 경우 "투자사"에게 본건 영화 이후 제작되는 최초의 속편에 한해 이를 우선적으로 협상할 권리를 부여하여야 한다.

(4) "제작사"는 "본건 영화"의 제작자로서 자신이 창작자임을 알릴 수 있는 크레딧권을 갖는다.

제 6조 ("투자사"의 의무)

(1) "투자사"는 총제작비의 (   )%[또는 (   )억 원]의 투자유치를 책임지고, 손익에 영향을 미치는 계약의 경우 관련된 정보를 수시로 "제작사"에게 제공하여야 한다.

(2) "투자사"는 "제작사"의 제작과정에서 발생하는 순제작비를, 영화제작일정 및 진행률에 따라, "제작사"의 지급요청일로부터 7영업일 이내에 지급하여야 한다.

(3) "투자사"는 "본건 영화"를 이용한 수익창출을 극대화하기 위하여 정기적으로 "제작사"와 협의하여야 하며, "제작사"의 수익창출과 관련된 의사를 적극적으로 반영하여야 한다.

(4) "투자사"는 별도 관리계좌를 개설하여 "본건 영화"의 수익금 및 비용을 성실히 관리, 보관하며 그 내역을 "제작사"의 요청을 받은 날로부터 14영업일 이내에 제공해야 한다.

(5) "투자사"는 본 계약 제 11조의 1차 수익 지급 시점의 60일전까지 총제작비 정산 내역을 "제작사"에게 제공하여야 하며, 정산지연에 따른 이자비용 등의 모든 책임은 "투자사"가 부담한다.

(6) "투자사"는 저작권판매비, 해외수출비, 기타 비용에 대한 예산 규모를 정하여 "제작사"와 협의하여야 하며, 특히 해외수출배급수수료와 해외수출비의 합계금액이 해외수출 수익을 초과하지 않도록 한다.

제 7조 ("제작사"의 의무)

(1) "제작사"는 총제작비의 (   )%[또는 (   )억 원]의 투자유치를 책임지고, 손익에 영향을 미치는 계약의 경우 관련된 정보를 수시로 "투자사"에게 제공하여야 한다.

(2) "제작사"는 "본건 영화"의 제작과정에 있어서의 시나리오, 캐스팅, 스태프계약, 기술협력업체의 선정, 영화제작의 중요 결정을 함에 있어 "투자사"와 협의하여야 한다.

(3) "제작사"는 촬영중간 러쉬 필름 혹은 현장 편집본을 매 10회 차 촬영이 끝날 때마다 "투자사"에게 성실히 제공하여야 하며, "본건 영화"의 편집을 개봉예정일로부터 최소 2달 이전까지 "투자사"에게 제출하도록 한다. "투자사"는 "제작사"가 제출한 편집본 시사 후 "제작사"에게 수정을 요구할 수 있으며 이 수정요구에 "제작사"는 최대한 협조하여 상호 합의하에 편집을 완료하기로 한다.

(4) "제작사"는 "본건 영화"를 20__년 __월말까지 완성할 책임이 있다. 단, 개봉일은 "투자사"가 "제작사"와 협의하여 결정하며, 개봉일정에 따라 제작일정을 "투자사", "제작사"의 협의에 따라 조정할 수 있다.

(5) "제작사"는 "본건 영화"의 제작에 참가하는 모든 개별적 저작물의 저작권자 및 관계인으로부터 저작권 양도 및 사용허락을 득하여야 한다.

(6) "제작사"는 "투자사"의 사전 서면 동의 없이는 "본건 영화"와 관련되어 발생하는 수익을 직접 수령할 수 없다.

(7) "제작사"는 본건 영화 개봉일로부터 30일 이내에 "제작사"가 증빙해야 할 순제작비 정산 내역을 "투자사"에게 제공하여야 하고, 정산지연에 따른 이자비용 등의 모든 책임은 "제작사"가 부담한다.

(8) "제작사"는 "투자사" 및 투자자의 투자금을 본건 영화의 총제작비로만 사용하여야 하고, 본 계약 제8조 1항에 따라 관리하여야 한다.

제 8 조 (총제작비의 지급 및 정산)
(1) "제작사"는 본 계약 체결과 동시에 "본건 영화"의 총제작비를 관리할 통장을 "제작사"의 명의로 별도 개설하여 향후 총제작비의 지출 및 관리는 이 계좌를 통하여서만 이루어지도록 한다.

(2) "제작사"는 "본건 영화"의 제작진행에 따라 7일전에 "투자사"에게 서면으로 예상 집

행액을 청구하고 "투자사"는 "제작사"의 지정계좌로 청구금액을 입금한다. "제작사"는 비용의 집행일로부터 최소 10일 이전에 비용의 용도 및 명세, 피지급인, 지급일, 지급방법, 총제작비 누계 집행실적을 증빙과 함께 "투자사"에게 통보하기로 한다.

(3) "제작사"는 "본건 영화"의 순제작비에 대하여 일체의 증빙서류 및 회계기록을 유지 보관해야 하며, "투자사"가 위 자료의 제출 및 열람을 요청할 경우 정당한 이유가 없는 한 이에 응해야 한다.

(4) "투자사"는 영화제작 전 과정에 "투자사"의 인력을 "투자사"의 비용으로 파견하여 자금의 운영을 공동 관리할 수 있다.

(5) "제작사"가 "본건 영화"의 제작과 관련하여 구입한 자산성 비품(컴퓨터, 차량, TV 등)은 판매하여 회수하는 것을 원칙으로 하며, "제작사"가 소유하고자 할 경우에는 해당 자산성 비품의 대여비용 수준만 순제작비로 인정하고 나머지 금액은 정산·회수하도록 한다.

제 9 조 (총제작비의 예산)

(1) "제작사"는 "본건 영화"의 제작에 있어서 순제작비 예산인 _____원 (_____)을 초과하여서는 아니 된다. 예비비는 "투자사"가 동의한 경우에 한해서 사용 가능하며, "투자사"의 동의 없이 예비비를 사용하거나 "제작사"의 귀책사유로 인해 순제작비 예산을 초과할 경우 이에 대한 조달은 "제작사"가 책임지고, 초과된 금액은 본 계약에서 인정하는 총비용에 포함하지 아니 한다.

(2) "본건 영화"의 흥행에 따라 마케팅비가 증가할 경우 사전합의에 따라 추가되는 마케팅 비를 결정하고 추가 비용을 총비용에 포함한다.

(3) "제작사"가 본 계약 체결 이전에 "본건 영화"의 제작을 위하여 기지출한 '순제작비'가 있을 경우, 기 지출된 제작비의 집행내역과 증빙서류를 "투자사"에게 제출하고, 실사 후 '순제작비'로 인정된 금액에 한하여 "본건영화"의 '순제작비'에 포함한다.

(4) "투자사"는 "제작사"의 서면 요청에 의해 총제작비 예산 범위 내에서 항목별 제작비 예산의 변경 및 추가를 허용할 수 있다.

제 10 조 (수익의 정산 및 배분)

⑴ 총비용은 발생된 총수익에서 우선적으로 변제 받으며, 변제순서는 총수익에서 배급수수료, 관리수수료, 저작권판매비용, 해외수출비, 기타비용, 지불유예금, 차입금 및 금융비용, 추가된 마케팅비나 순제작비(투자지분에 포함되지 않음, 사전 합의 전제), 총투자금, 인센티브 순으로 한다.

⑵ 총제작비는 본건 영화 개봉 1주일 전까지 확정하며, 이때 총제작비가 예산에 미달할 경우, '투자사'는 이를 정산하여 1차 정산 시 투자지분율만큼 투자자들에게 반환한다.

⑶ 순이익이 발생할 경우, "투자사"는 "제작사"에게 총비용 대비 순이익의 ○○%를 수익분배금으로 지급한다. 상호 합의에 의하여 수익분배 방식과 비율은 조정할 수 있으며, 순이익의 40%를 기준으로 분배한다.

⑷ 순이익은 전항에서 정한 "제작사"의 수익분배금을 공제한 후, "본건 영화"의 투자자들에게 그 투자지분율에 따라 수익금을 배분한다.

⑸ 총수익이 총비용에 미달할 경우 "투자사" 및 투자자들은 그 투자지분율에 따라 그 손해를 감수한다.

제 11 조 (수익의 정산 시기와 수익분배금의 지급 일정)

⑴ "투자사"는 서울 시내 (   )영화관 상영종료 후 90일부터 1차 수익에 대한 정산을 실시하여 익월 말일까지 "투자사"는 투자자 및 "제작사"에게 투자원금 또는 수익분배금을 지급한다.

⑵ "투자사"는 전항의 1차 정산 이후 발생하는 수익분배금을 매분기별로 정산하여 익월 말에 지급하며, 1차 정산 후 추가로 지출된 비용은 총비용으로 산입하여 공제 후 정산한다.

⑶ 각종 영화제 및 기타 행사를 통한 수상으로 인하여 발생한 상금은 "제작사" 및 수상자에게 귀속된다.

⑷ "본건 영화"와 관련하여 분배된 수입에 대하여 각 당사자에게 부과되는 제반 세금은 각자의 부담으로 한다.

(5) "투자사"는 본조에서 정한 정산기일을 준수하지 아니할 경우 이에 따른 지연손해금을 부담하여야 한다.

(6) "투자사"와 "제작사"는 협의하여 감사인을 선임하고, 1차 정산금 지급이전에 회계감사를 실시하기로 한다.

제 12 조 (지적재산권의 확보 및 귀속)

(1) "제작사"는 "본건 영화"의 제작완료시까지 사실상 및 법률상 하자가 없는 지적재산권을 취득하여야 한다.

(2) "제작사"가 직접 취득하는 지적재산권 외에 영화제작에 관여한 개별 저작권자(연기자나 스태프, 음악관련 저작권자 등)가 취득하는 지적재산권에 대하여는 해당 개별 저작권자로부터 양도 받아야 하며(2차적 저작물 작성권 포함), 법률상 양도 받는 것이 불가능할 경우에는 그 사용권한을 확보하여야 한다. 단, 메이킹 필름, 스틸사진 등을 상업적 용도로 사용할 경우 발생하는 초상권 및 음원에 대한 저작권은 사후에 해당 권리자와 별도 합의하기로 하되, "제작사"는 위 협의에 적극 협조하기로 한다.

(3) "제작사"가 취득하여야 할 제반 권리에 대하여 저작권 침해이나 기타 법규위반으로 인하여 제작된 영화에 상당한 손해가 있거나 정상적인 상영이 어려워진 경우, "제작사"의 책임과 비용으로 해결한다.

(4) "본건 영화"에 관련하여 제작, 제공된 자료, 정보, 산물에 대한 저작재산권을 포함한 지적재산권은 "제작사"에게 귀속된다. 단, 위 지적재산권을 이용하여 수익을 창출할 수 있는 권리는 "투자사"가 제4조 제1항의 기간 동안 독점적으로 가진다.

제 13 조 (계약의 해제)

(1) 양 당사자는 상대방에 대하여 다음 각 호 중 하나의 사실이 발생할 경우 최고 없이 계약을 해제할 수 있다. 단, 계약의 해제는 손해배상청구에 영향을 미치지 않는다.
   (가) 스스로 또는 제 3자로부터 회사정리, 화의, 파산이나 청산절차의 신청이 있는 경우
   (나) 가압류, 가처분, 압류, 경매신청, 조세경과의 체납처분 등을 받아 본 계약의 내용을 이행하지 못하거나 못할 우려가 명백할 경우
   (다) 일방이 이유 없이 계약을 이행하지 않을 의사를 명백히 한 경우

(라) 투자금을 본건 영화 이외의 목적으로 사용한 경우

(2) 일방이 본 계약의 의무를 이행하지 않은 경우 상대방은 14일 이내에 의무를 이행할 것을 최고하고, 그 기간 내에 이행이 되지 않을 경우 계약을 해제할 수 있다.

제 14 조 (계약해제에 대한 조치)
(1) "제작사"의 귀책사유에 의하여 본 계약이 해제 또는 해지된 경우, "제작사"는 "투자사"가 지출한 총비용과 이에 대한 환급이자(계약해지일로부터 지급시점까지 연리 ○○%)를 "투자사"에게 손해배상 하여야 한다. 다만, 이 경우 미완성된 영화에 대한 모든 권리는 "제작사"에게 귀속한다.

(2) "투자사"의 귀책사유에 의하여 본 계약이 해제 또는 해지된 경우, "제작사"는 "투자사"가 지출한 총비용을 반환할 책임이 없으며 이 경우 미완성된 영화에 대한 모든 권리는 "제작사"에게 귀속된다. 단, 투자사 귀책사유로 발생한 손해를 "투자사"가 배상할 경우 기투자한 금액은 투자 지분으로 인정한다.

제 15 조 (보험 등)
(1) "제작사"는 촬영시작 전까지 "투자사"에게 보험대상명단을 제공하여 합의된 출연배우, 스태프 등에 대한 상해보험 또는 산재보험과 고용보험 등 법에 정한 보험에 가입하여야 하며 이와 관련된 비용은 총제작비에 모두 포함된다.

(2) "본건 영화"의 제작과정 중 발생한 모든 사고(인명 포함)의 책임은 "제작사"가 진다.

제 16 조 (권리의무 양도금지)
(1) "투자사", "제작사"는 원칙적으로 상대방의 사전 서면 동의 없이 계약서상의 권리와 의무를 제3자에게 양도할 수 없으며, 이 계약에 관한 채권을 양도하거나 담보로 제공할 수 없다.

(2) "투자사" 혹은 "제작사"가 다른 법인과 합병하는 경우에는 존속되는 법인에게, "투자사" 혹은 "제작사"가 둘 이상의 법인으로 분리되는 경우에는 본 계약에 관한 업무를 주관하는 분할 법인에게 본 계약상의 제반 권리, 의무 및 계약상 지위를 승계한다.

제 17 조 (비밀유지의무)
양 당사자는 공유, 교환 또는 상대방으로부터 제공받은 자료, 정보, 본 계약서 내용, 기타
관련 내용 및 자료들을 쌍방의 합의 없이 본 계약과 다른 목적으로 사용하거나 타인에게
공개 또는 누설하여서는 안되며, "투자사", "제작사"는 이를 위해 적절한 보안조치를 강구
하여 시행한다.

제 18 조 (신의성실 및 상호협조)
양 당사자는 신의를 가지고 본 계약의 각 조항을 성실하게 이행하여야 하며, 본 작품의
기획, 완성, 배급, 기타 전 과정을 상호 협조하여야 한다.

제 19 조 (재판관할)
본 계약과 관련하여 발생하는 일체의 분쟁에 대한 소송은 민사소송법의 일반원칙에 따른다.

제 20 조 (유효기간)
본 계약은 계약체결일로부터 효력을 발생한다.

제 21 조 (기 타)
본 계약에 명시되지 아니한 사항은 민법, 상법, 저작권법 및 기타 상관례에 따라 양 당사
자가 상호 협의하여 결정한다.

양 당사자는 위 사실을 증명하기 위해 계약서를 2통 작성하여 날인 후, 각기 1 통씩 보관한다.

년   월   일

"투자사"   "제작사"

영화등급분류기준(출처 : 영상물등급위원회)

등급 기준	분류기준
전체관람가	1. 주제 : 모든 연령에 해당하는 사람이 수용 가능한 것으로 정서적 안정과 건전한 가치관 형성을 저해하지 않는 것 　가. 긍정적인 사회적 가치를 알려주는 내용인 것 　나. 아동에게 위협이나 위험을 느끼게 하는 유해한 내용이 없는 것 2. 선정성 : 성적 내용이나 신체 노출에 있어 선정성의 요소가 없거나 매우 약하게 표현된 것 　가. 성적 내용과 무관한 자연스러운 신체 노출만이 표현된 것 　나. 성적 접촉은 일상생활에서 흔히 접할 수 있는 자연스러운 애정 표현의 수위를 넘지 않은 것 　다. 성적 내용의 언급이 표현되지 않은 것 3. 폭력성 : 폭력성의 요소가 없거나 매우 약하게 표현된 것 　가. 물리적 폭력 및 학대행위가 없거나 거의 표현되지 않은 것 　나. 상해, 선혈 등 신체 손괴의 묘사가 없는 것 　다. 성적 폭력이 표현되지 않은 것 　라. 폭력적인 느낌을 주는 음향 효과가 거의 없는 것 4. 대사 : 저속한 언어, 비속어 등이 없거나 매우 약하게 표현된 것 　가. 욕설·은어·비속어(성적인 언어 포함)등이 없거나 매우 약하게 표현되어 언어 폭력적 요소가 없는 것 　나. 아동의 바른 언어 습관에 부정적인 영향을 미치지 않는 것 5. 공포 : 공포의 요소가 없거나 매우 약하게 표현된 것 　가. 심리적 불안과 긴장감을 주는 장면이 사실적으로 표현되지 않거나 약하게 표현된 것 　나. 공포 분위기의 음향 효과가 거의 없는 것 6. 약물 : 약물 사용이 없거나 매우 약하게 표현된 것 　가. 음주·흡연 등의 장면이 없거나 전체 맥락상 매우 낮은 빈도로 표현된 것 　나. 약물, 향정신성 의약품, 기타 유해물질 등의 오남용, 마약 등 불법약물의 제조·이용방법이 표현되지 않은 것 7. 모방위험 : 모방 위험의 요소가 없거나 매우 약하게 표현된 것 　가. 아동이 모방할 수 있는 위험한 행위가 없는 것 　나. 무기류, 흉기류 이용 방법이 단순히 표현되거나 암시적으로 묘사된 것 　다. 아동·청소년 대상 학교 내 폭력, 따돌림, 비행 등이 거의 표현되지 않은 것 8. 그 밖에 특정한 사상·종교·풍속·인종·민족 등과 관련하여 모든 연령에 해당하는 사람에게 부정적 영향을 미치는 표현이 없는 것
12세 관람가	1. 주제 : 부적절한 부분이 약하게 표현되어 있으나 건전한 인격 형성과 교육적 근간을 저해하지 않는 것 　가. 범죄, 폭력, 청소년 비행, 성적 문란 등을 미화하거나 권장하지 않는 것 　나. 12세 미만에 해당하는 사람에게 위협이나 위험을 느끼게 하는 유해한 내용이 있는 것(단, 부모 등 보호자 동반/지도 시 12세 미만에 해당하는 사람도 수용할 수 있는 것) 2. 선정성 : 성적 내용이나 신체 노출에 있어 선정성의 요소가 경미하고 간결하게 표현된 것 　가. 성적 내용과 관련된 신체 노출은 가벼운 수준에서 간결하게 표현된 것 　나. 성적 접촉은 자극적이지 않고 간결하게 표현된 것 　다. 성적 내용의 언급은 내용 전개상 필요한 경우 경미하고 간결하게 표현된 것 3. 폭력성 : 폭력성의 요소가 경미하고 간결하게 표현된 것 　가. 물리적 폭력 및 학대행위가 경미하고 낮은 빈도로 표현된 것 　나. 상해, 선혈 등 신체 손괴가 간접적, 암시적으로 묘사된 것 　다. 성적 폭력이 표현되지 않은 것 　라. 폭력적인 느낌을 주는 음향효과가 경미하고 간결한 것

등급 기준	분류기준
	4. 대사 : 저속한 언어, 비속어, 욕설 등이 경미하고 가족, 대인관계 및 교육과정 등을 통하여 접할 수 있는 수준에서 사용된 것 　가. 가벼운 욕설, 은어, 비속어(성적인 언어 포함)등이 낮은 빈도로 표현되어 언어 폭력적 요소가 경미한 것 　나. 청소년의 바른 언어 습관에 부정적인 영향을 미치지 않는 것 5. 공포 : 공포의 요소가 경미하고 간결하게 표현된 것 　가. 심리적 불안과 긴장감을 주는 장면이 경미하고 간결하게 표현된 것 　나. 공포 분위기의 음향 효과가 경미하고 간결한 것 6. 약물 : 약물 사용이 경미하고 간결하게 표현된 것 　가. 음주·흡연 장면이 전체 맥락상 간결하게 표현된 것(청소년의 음주·흡연은 표현되지 않은 것) 　나. 약물, 향정신성 의약품, 기타 유해물질 등의 오남용, 마약 등 불법약물의 제조.이용방법이 표현되지 않은 것 7. 모방위험 : 모방 위험의 요소가 경미하고 간결하게 표현된 것 　가. 자살이나 자해 행위 등의 장면이 암시적이거나 간결하게 묘사된 것 　나. 무기류, 흉기류의 이용 방법이 구체적.사실적으로 묘사되지 않은 것 　다. 청소년 대상 학교 내 폭력, 따돌림, 비행 등이 미화되거나 구체적이지 않고 경미하게 표현된 것 　라. 불법 범죄행위가 간결하게 표현된 것 8. 그 밖에 특정한 사상·종교·풍속·인종·민족 등과 관련하여 12세 미만에 해당하는 사람에게 부정적 영향을 미치는 표현이 있는 것
15세이상 관람가	1. 주제 : 부적절한 부분이 일부 표현되어 있으나 사회, 가족, 학교 등에서 습득한 지식과 경험을 통하여 충분히 소화할 수 있는 것 　가. 범죄, 폭력, 청소년 비행, 성적 문란 등을 미화하거나 권장하지 않는 것 　나. 15세 미만에 해당하는 사람에게 위협이나 위험을 느끼게 하는 유해한 내용이 있는 것(단, 부모 등 보호자 동반/지도 시 15세 미만에 해당하는 사람도 수용할 수 있는 것) 2. 선정성 : 성적 내용이나 신체 노출에 있어 선정성의 요소가 있으나 지속적이고 구체적이지 않은 것 　가. 성적 내용과 관련된 신체 노출이 있으나 특정 부위가 선정적으로 강조되지 않은 것 　나. 성적 행위는 구체적, 지속적, 직접적으로 표현되지 않은 것 　다. 일반적인 사회윤리에 어긋나는 성관련 행위 내용(예, 성매매, 근친상간, 혼음 등)이 없으며, 청소년으로 하여금 잘못된 성적 관념을 갖게 하지 않는 것 3. 폭력성 : 폭력성의 요소가 있으나 지속적이고 구체적이지 않은 것 　가. 물리적 폭력 및 학대행위가 구체적·지속적으로 표현되지 않은 것 　나. 흉기나 폭력으로 인한 상해, 선혈 등 경미한 신체손괴가 있으나 지속적, 직접적으로 묘사되지 않은 것 　다. 성적 폭력이 전체 맥락상 암시적으로 표현된 것 　라. 폭력적인 느낌을 주는 음향효과가 사실적·자극적·지속적이지 않은 것 4. 대사 : 저속한 언어, 비속어, 욕설 등의 표현이 있으나 사회 통념상 용인되는 수준에서 사용된 것 　가. 거친 욕설·은어·비속어(성적인 언어 포함)등이 있으나 반복적, 지속적으로 표현되지 않아 언어 폭력적 요소가 과도하지 않은 것 　나. 청소년의 바른 언어 습관에 부정적인 영향을 미치지 않는 것 5. 공포 : 공포의 요소가 있으나 지속적이고 구체적이지 않은 것 　가. 심리적 불안과 긴장감을 주는 장면이 구체적·지속적으로 표현되지 않은 것 　나. 공포 분위기의 음향 효과가 사실적·자극적·지속적이지 않은 것 6. 약물 : 약물 사용을 조장하거나 정당화하는 내용이 아닌 것 　가. 음주·흡연 등의 장면이 반복적.지속적으로 표현되지 않은 것(청소년의 음주·흡연은 전체 맥락상 불가피한 경우 간결하게 표현된 것) 　나. 약물, 향정신성 의약품, 기타 유해물질 등의 오남용, 마약 등 불법약물의 제조·이용방법이 구체적·사실적으로 표현되지 않은 것 7. 모방위험 : 모방을 조장하거나 정당화하는 내용이 아닌 것

등급 기준	분류기준
	가. 자살이나 자해 행위 등의 장면이 구체적·지속적으로 묘사되지 않은 것 나. 무기류, 흉기류의 이용 방법이 구체적·사실적으로 묘사되지 않은 것 다. 청소년 대상 학교 내 폭력, 따돌림, 비행 등이 미화되거나 구체적, 지속적으로 표현되지 않은 것 라. 불법, 범죄행위의 수단과 방법이 상세히 묘사되지 않은 것 8. 그 밖에 특정한 사상·종교·풍속·인종·민족 등과 관련하여 15세 미만에 해당하는 사람에게 부정적 영향을 미치는 표현이 있는 것
청소년 관람불가	1. 주제 : 청소년의 일반적인 지식과 경험으로는 수용하기 어려워 건전한 인격체로 성장하는 것을 저해하는 것 　가. 청소년에게 유해한 영향을 끼칠 수 있는 자극적인 주제와 내용을 다룬 것 　나. 일반적인 성인이 이해하고 수용할 수 있는 수준으로 사회적 질서를 지나치게 문란하게 하지 않는 것 2. 선정성 : 성적 내용이나 신체 노출에 있어 선정성의 요소가 지나치게 구체적이고 직접적이며 노골적인 것 　가. 성적 내용과 관련된 신체 노출이 직접적으로 표현되어 있으나 성기 등을 강조하여 지속적으로 노출하지 않은 것 　나. 성적 행위가 구체적·지속적·직접적으로 표현되어 있으나 일반 성인의 성적 수치심을 유발하지 않는 것 　다. 일반적인 사회윤리에 어긋나는 성관련 행위 내용(예, 성매매, 근친상간, 혼음 등)이 있으나 지나치지 않은 것 3. 폭력성 : 폭력성의 요소가 지나치게 구체적이고 직접적이며 노골적인 것 　가. 물리적 폭력 및 학대 행위가 구체적·지속적으로 표현된 것 　나. 흉기나 폭력으로 인한 상해, 선혈 등 신체 손괴가 지속적, 직접적으로 묘사된 것 　다. 성적 폭력이 구체적으로 표현된 것 　라. 폭력적인 느낌을 주는 음향효과가 사실적·자극적·지속적인 것 4. 대사 : 자극적이고 혐오스러운 성적 표현과 정서적·인격적인 모욕감이나 수치심을 유발하는 수준의 저속한 언어, 비속어, 욕설 등이 반복적, 지속적으로 사용된 것 5. 공포 : 공포의 요소가 지나치게 구체적이고 직접적이며 노골적인 것 　가. 심리적 불안과 긴장감을 주는 장면이 구체적으로 표현되어 공포감을 줄 수 있는 것 　나. 공포 분위기의 음향 효과가 사실적·자극적·지속적인 것 6. 약물 : 약물 사용이 지나치게 구체적이고 직접적이며 노골적인 것 　가. 음주, 흡연 등의 장면이 반복적·지속적으로 표현된 것 　나. 약물, 향정신성 의약품, 기타 유해물질 등의 오남용, 마약 등 불법약물의 제조, 이용방법이 구체적, 사실적으로 표현된 것 7. 모방위험 : 모방위험이 지나치게 구체적이고 직접적이며 노골적인 것 　가. 자살이나 자해 행위 등의 장면이 구체적·지속적으로 묘사된 것 　나. 무기류, 흉기류의 이용 방법이 구체적.사실적으로 묘사된 것 　다. 불법, 범죄행위의 수단과 방법이 구체적.사실적으로 묘사된 것 8. 그 밖에 특정한 사상·종교·풍속·인종·민족 등에 대한 묘사가 청소년이 관람하기에 부적절한 것
제한상영가	1. 주제 및 내용이 민주적 기본질서를 부정하여 국가 정체성을 현저히 훼손하거나 범죄 등 반인간적·반사회적 행위를 미화·조장하여 사회질서를 심각하게 문란하게 하는 것 2. 선정성·폭력성·공포·약물사용·모방위험 등의 요소가 과도하여 인간의 존엄과 가치를 훼손.왜곡하거나 성욕만을 자극하여 사회의 선량한 풍속 또는 국민의 정서를 현저히 손상하는 것 　가. 혐오스러운 성적 행위(예, 수간, 시간, 소아성애, 배설물, 도구를 이용한 페티쉬 등)가 구체적으로 묘사된 것 　나. 성기 등을 구체적·지속적으로 노출하거나 실제 성행위 장면이 있는 것 　다. 아동·청소년이 성적 대상으로 자극적으로 묘사된 것 　라. 일반적인 사회윤리에 어긋나는 성관련 행위 내용(예, 성매매, 근친상간, 혼음 등)이 과도하게

등급 기준	분류기준
	묘사된 것 마. 인간 등 생명체에 대한 극도의 폭력 및 신체손괴가 사실적·직접적으로 표현되어 생명의 존엄성을 훼손하는 것 바. 불법약물 제조·이용 방법 등이 자세하게 묘사되고 미화되며, 약물 중독, 환각 상태에서의 폭력, 강간 등 반인간적, 반사회적 행위가 잔혹하게 표현된 것 3. 대사의 표현이 장애인 등 특정계층에 대한 경멸적·모욕적 언어를 과도하게 사용하여 인간의 보편적 존엄과 가치를 현저하게 손상하는 것 4. 그 밖에 특정한 사상·종교·풍속·인종·민족 등에 관한 묘사의 반사회성 정도가 극히 심하여 예술적·문학적·교육적, 과학적, 사회적, 인간적 가치 등이 현저히 훼손된다고 인정되는 것

명칭	장르	개최국가	개최도시	특징	중요도
베를린 국제 영화제	일반 (종합)	독일	베를린	세계 3대 국제 영화제 중 하나로 매년 400여 편의 영화를 선정. 경쟁/파노라마/포럼/아동 영화제/단편/회고전/독일 영화 섹션으로 이뤄짐 61년 강대진 감독 〈마부〉 특별은곰상, 94년 장선우 감독 〈화엄경〉 '알프레드 바우어상', 2004년 김기덕 감독 〈사마리아〉 감독상(은곰상) 수상. 경쟁 섹션은 월드 프리미엄 조건.	5
두바이 국제 영화제	일반 (종합)	아랍에미리트연합국정부	두바이	아랍, 아시아, 아프리카 영화를 중점적으로 소개하는 영화제로, 중동 지역에 갑자기 생겨난 국제영화제들의 선두주자 격인 영화제. 아랍 지역 영화에 대한 경쟁 섹션은 물론이고 프로젝트 마켓, 영화 제작지원 프로그램 등을 다양하게 갖추고 있다.	3
카이로 국제 영화제	일반 (종합)	이집트	카이로	아랍의 첫 번째 국제 영화제로 아랍의 영화제로는 FIAPF로부터 유일하게 인정받은 국제 경쟁 영화제이다. 작년은 예산과 2011 이집트 혁명으로 영화제가 무산됨	3
마델플라타 국제 영화제	일반 (종합)	아르헨티나	마델플라타	FIAPF에서 인정하는 라틴 아메리카 유일의 장편 경쟁 영화제. 2012년에는 영진위와 합동으로 한국 영화 특별전을 선보였다.	3
암스테르담 국제 다큐멘터리영화제	다큐멘터리	네덜란드	암스테르담	야마가타 국제 다큐멘터리 영화제와 더불어 가장 영향력 있는 다큐멘터리 영화제로 꼽힌다. 다양한 실험 정신과 도전 정신이 돋보이는 다큐멘터리 작품을 대상으로 함.	4
스톡홀름 국제영화제	일반 (종합)	스웨덴	스톡홀름	1990년 시작해 매년 규모가 커지고 있는 영화제. 잘 알려지지 않은 감독을 발굴하는 영화제로 경쟁은 3편 이하의 영화를 만든 신인 감독의 작품이 선정된다.	3
로마 영화제	일반 (종합)	이탈리아	로마	2006년 처음으로 개최된 영화제로 역사가 길진 않지만 로마 도시 자체의 매력과 과감한 투자로 세계적인 영화제로 발돋움하고 있는 영화제이다.	4
대만금마장영화제	일반 (종합)	중국	대만	홍콩 영화 금상장과 중국의 금계백화장과 함께 중국어권에서 열리는 3대 주요 영화제 중 하나로 중국어권에서는 가장 오랜 역사를 지닌 영화제이다. 지금까지 대부분의 수상작은 홍콩 프로덕션의 작품이었다.	3
AFI 영화제	일반 (종합)	미국	로스엔젤레스	American Film Market 과 함께 열리는 영화제이다. 미국을 제외한 지역의 작품에게는 처음 영화를 해외에 소개하는 장이라기보다는, 이미 한 해동안 해외 무대에 어느 정도 알려진 작품들을 상영하는 경향이 있다.	3
리즈 국제 영화제	일반 (종합)	영국	리즈	런던 이외의 영국 지역에서 가장 큰 규모를 자랑하는 영화제. 독립영화, 상업 영화를 가리지 않고 고유의 색이 있는 영화제들을 선정하고 있다.	3

명칭	장르	개최국가	개최 도시	특징	중요도
도쿄국제영화제	일반 (종합)	일본	도쿄	부산, 상해 국제 영화제와 함께 아시아 대표 영화제이다. 독특한 장르를 구축하거나 새로운 비전을 제시하는 젊은 감독들의 영화를 선정하는 경쟁 영화제로 경쟁 부문, 특별 상영, 아시아의 창, 일본 고전 영화 등의 부문을 가지고 있다.	4
모로디스트 키에프 국제영화제	청소년	그리스	우크라이나 /키에프	세계 12대 국제영화제 중 하나. "Molodist"가 우크라이나 말로 "젊음"을 의미하는 만큼 전세계의 신진감독 발굴 및 지원을 목표로 하고 있다. 이에 따라 경쟁 섹션은 학생작품 및 단편 데뷔작, 장편 데뷔작을 대상으로 한다.	3
바르샤바 국제영화제	일반 (종합)	폴란드	바르샤바	폴란드 최대 규모의 국제 영화제이자, 카를로비 바리 영화제 및 모스크바 영화제와 더불어 동구 유럽의 대표적인 영화제이다. 영화 문화가 발달해 있는 나라에서 개최되는 만큼 다양한 자국 신작을 소개하는 한편 전통적인 기준에서의 세계 영화계 수작들을 선정해 현지 관객에게 선보이고 있다.	3
시카고 국제 영화제	일반 (종합)	미국	시카고	북미에서 가장 오래된 경쟁 영화제로 새로운 감독들을 발견하고 미국에서 접하기 힘든 영화를 소개하는 것으로 유명하다.	4
BFI 런던 국제 영화제	일반 (종합)	영국	런던	런던 영화제는 1년 동안 해외 영화제에서 호평을 받은 영화들을 선택하고 그것을 중심으로 그 밖의 우수작들을 추가해 영화를 초청한다. 영화제에서 검증된 영화들을 다수 초청하는 행사의 성격 때문에 '영화제의 영화제'라고도 불린다. 세계 영화계에 등장한 주요 영화, 새로운 흐름을 이끄는 감독의 영화를 집중적으로 상영하므로 이 영화제를 참관하면 세계 영화의 지형도를 한눈에 파악할 수 있다.	3
시체스 판타스틱 국제 영화제	판타지	스페인	시체스	SF, 공포, 스릴러, 애니메이션 등 판타스틱 장르에 초점을 맞춘 영화제이다. 브뤼셀 국제 판타스틱 영화제, 포르투갈의 판타스포르토 국제 영화제와 함께 세계 3대 판타스틱 영화제 중 하나로 꼽힌다.	4
부산 국제영화제	일반 (종합)	한국	부산	한국의 대표적인 국제 영화제. 1996년 창설되었고 아시아의 신인 감독과 영화를 소개하고 지원한다는 목표로 부분 경쟁 섹션 및 다양한 프로그램들을 운영하고 있다. 프로젝트 마켓인 아시안프로젝트 마켓(APM), 본격필름마켓인 아시안필름마켓(Asian Film Market), 아시아 젊은 영화인들을 위한 교육 프로그램인 아시아영화아카데미(AFA), 아시아 및 한국의 독립 영화 개발 및 후반작업을 지원하는 아시아영화펀드(ACF) 등을 함께 운영하고 있다.	4
뉴욕 영화제	일반 (종합)	미국	뉴욕	링컨센터의 뉴욕현대미술박물관이 개최해 그해 세계적으로 주목을 받았던 화제작을 엄선해 선보이는 영화제이다. 미국에서 열리는 영화제 중 영화 예술의 지위를 가장 왕성하게 옹호하는 것으로 알려져 있으며 상업화의 유혹을 무릅쓰고 30편 이하의 작품들만 선정해 충분한 기간 동안 공개하는 원칙을 지키고 있다.	3

명칭	장르	개최국가	개최 도시	특징	중요도
밴쿠버 국제 영화제	일반 (종합)	캐나다	밴쿠버	토론토 국제 영화제, 몬트리올 국제 영화제와 함께 캐나다 내에서 열리는 가장 큰 영화 행사로 꼽힌다. 영화제 프로그램은 비할리우드 영화에 초점을 맞추는 몬트리올 국제 영화제와 유사한 패턴을 보인다.	4
산세바스찬 국제 영화제	일반 (종합)	스페인	산세바스찬	스페인 최고의 권위를 지닌 국제 영화제. 3대 영화제를 제외하고 경쟁 섹션이 있는 유럽의 영화제 중에서 카를로비 바리 영화제와 함께 역사와 권위를 자랑하는 영화제로, 오랫동안 드라마가 강하고 전통적인 내러티브 중심의 극영화를 선호해 왔다.	4
판타스틱 페스트	일반 (종합)	미국	텍사스	미국 내 최고의 장르 영화제이다. 짧은 역사에도 불구하고 차별되는 성격과 특성으로 단기간에 장르 영화들에게는 주요 영화제 중 하나로 부상함. 영화 산업지인 버라이어티가 '장르 영화의 텔루라이드 영화제'라고 평했을 만큼 취향과 색깔이 분명한 영화제이다.	3
토론토 국제 영화제	일반 (종합)	미국	토론토	자그마한 예술영화 전용 영화제로 시작해 이제 북미에서 가장 영향력 있는 국제영화제로 성장했다. 비경쟁 영화제로 최근 할리우드 스튜디오들이 신작을 공개하는 무대로 토론토 영화제를 선정.	4
베니스국제영화제	일반 (종합)	이탈리아	베니스	세계 3대 영화제 중 가장 오랜 역사를 자랑하는 영화제이다. 일본, 인도 등 아시아 영화를 발굴한 영화제답게 제3세계 영화, 화려한 치장보다는 정치적으로 의미 있는 영화들을 옹호하고 지지하는 영화제로 정체성을 확립했다. 여느 국제 영화제와 마찬가지로 초창기부터 예술 영화를 중시하는 전통을 이어가고 있다. 2012년 처음으로 마켓이 열렸다.	5
몬트리올 세계 영화제	일반 (종합)	캐나다	몬트리올	유럽 영화, 미국 영화, 아시아 영화, 아프리카 영화 등 대륙별로 경쟁 부문을 따로 두는 것이 특색이다. 경쟁 부문 외에도 비경쟁, 회고전, 월드 다큐멘터리 부문 등 다채로운 섹션으로 진행된다.	3
멜버른국제영화제	일반 (종합)	호주	멜버른	1952년 처음 개최된 이래 50년이 넘는 유구한 역사를 가진 호주 최대 규모의 영화제이다. 호주뿐 아니라 남반구에서 가장 역사가 오래된 영화제이기도 하다. 전 세계에서 온 많은 영화와 유명 감독, 프로듀서, 배우 등 많은 영화인들이 참여하는 것으로 명성이 높다. 전 세계 영화계의 흐름을 일별할 수 있는 행사로 특별한 색깔을 내세우기보다 영화 관객들에게 세계 영화의 다양한 흐름을 알리는 것이 주목적이다.	3
로카르노 국제 영화제	일반 (종합)	스위스	로카르노	세계 6대 영화제 중 하나로 주류 영화들과 생동감 넘치는 작가 영화를 균형 있게 소개해 국제적으로 명성을 얻은 영화제이다. 실험, 발견, 작가 영화에 대한 열정의 전통을 유지하는 동시에 우호적이고 흥겨운 이벤트라는 영화제 성격을 확고히 하고 있다.	4

명칭	장르	개최국가	개최 도시	특징	중요도
부천국제판타스틱 영화제	판타지	한국	부천	상상력, 대중성, 미래지향성을 중심으로 주류 상업영화에 대한 대안으로서의 비주류 영화제를 지향하는 국제영화제이다. 부천국제판타스틱영화제는 비경쟁으로 진행함을 원칙으로 하며, 부천초이스(장/단편)는 예외적으로 총 9개 부문(장편 6개 부문과 단편 3개 부문) 수상자를 결정한다.	3
파리시네마	일반 (종합)	프랑스	파리	파리 시민들을 위한 영화 축제라는 설명이 딱 들어맞는 영화제. 6월 말 7월 초의 초여름 기간 동안 파리 전역에 고르게 분포된 극장들에서 다양한 영화들이 상영됨. 산업적인 파급 효과는 크지 않지만, 현재 파리에서 개최되는 영화제 중 가장 규모가 큰 영화제이며, 파리 프로젝트 Paris Project라는 프로젝트 마켓을 함께 개최하고 있다.	3
뮌헨 국제 영화제	일반 (종합)	독일	뮌헨	보통 150여 편의 영화가 출품되어 상영된다. 영화는 크게 세계 영화와 젊은 아시아 영화, 비전 있는 라틴아메리카 영화, 미국 독립영화, 참신하고 기발한 영화, 독일 영화 및 텔레비전 영화 등 다양한 유형의 영화들이 6개 부문으로 나뉘어 진행된다.	3
카를로비 바리 국제 영화제	일반 (종합)	체코	카를로비 바리	이전부터 제3세계 영화들을 소개해 수많은 중남미, 아시아, 아프리카 영화들이 세계 영화계에 알려지는 계기를 마련했다. 현재는 동구의 칸 영화제로 불릴 만한 명성을 얻어 이념성이 강하면서도 세계의 영화 예술가들의 진정한 모임의 마당으로 평가받고 있다.	4
뉴욕 아시안 영화제	일반 (종합)	미국	뉴욕	뉴욕의 Subway Cinema가 조직하고 운영하는 아시아 영화이다. 대중 친화적이면서도 색깔이 분명한 프로그래밍으로 아시아 영화의 새로운 면을 알린 것으로 평가받고 있으며 관객 호응도 또한 매년 높아지고 있다.	3
에딘버러 국제 영화제	일반 (종합)	영국	에딘버러	유럽에서 가장 지속적으로 오래 개최된 영화제 중 하나이며, 영국 내에서 산업적인 영향으로나, 영화제를 찾는 관객의 규모로 보나 수위를 다투는 영화제이다	3
로스엔젤레스 영화제	일반 (종합)	미국	로스 엔젤레스	미국 및 전세계의 독립 영화, 작가 영화를 소개하고 있는 영화제로 미국 최대의 독립영화 협회이자 기구인 Film Independent가 주관하고 있다.	3
샌프란시스코 LGBT 영화제	퀴어	미국	샌프란 시스코	전세계 게이/레즈비언 영화제 중 가장 크고 가장 오래된 영화제로, 레즈비언/게이/바이섹슈얼/트랜스젠더를 테마로 한 다큐멘터리, 극영화, 애니메이션, 실험영화를 상영한다.	3
안시 국제 애니메이션 영화제	애니메이션	프랑스	안시	세계 최대 규모의 애니메이션 영화제이다. 애니메이션과 관련된 모든 상영 매체_장/단편 영화, TV영화, TV 시리즈, 교육 프로그램의 신작을 선정하고 상영하는 영화제로 영화 상영에 더해 애니메이션 프로젝트 마켓, 애니메이션 필름 마켓을 함께 운영하고 있으며, 관련 행사나 컨퍼런스 역시 다양하게 개최된다.	4

명칭	장르	개최국가	개최 도시	특징	중요도
칸 국제영화제 – 감독주간	일반 (종합)	프랑스	칸	프랑스 감독협회가 주관하고 있는 칸 영화제의 사이드바 섹션. 칸 영화제 공식 섹션에 상영되는 작품들에 비해 독립영화, 진보, 혁신적인 영화들을 발굴하는데 중점을 두고 있으며 비평가들과 관객에게 동시에 참신한 평가를 받을 수 있는 영화들을 소개하고자 하는 선정 경향을 보인다.	5
칸 국제영화제 – 비평가 주간	일반 (종합)	프랑스	칸	감독주간(Quinzaine des Realisateurs)과 더불어 칸영화제의 대표적인 사이드바 섹션. 프랑스 비평가 협회가 주최하고 있으며, 신인 감독의 첫번째, 두번째 작품만이 상영 대상이 된다.	5
칸 국제영화제	일반 (종합)	프랑스	칸	국제 영화제 중 최고의 권위를 인정받는 영화제이다. 칸은 예술로서 영화의 지위를 옹호하는 기능과 상품으로서의 가치를 평가하는 시장의 기능이 공존하는 영화제이다. 이에 따라 영화를 선별하는 기준도 까다로운 것으로 정평이 나 있다.	5
핫독 국제 다큐멘터리 영화제	다큐멘 터리	캐나다	토론토	북미 지역 최대 규모의 다큐멘터리 영화제이자 마켓이면서 세계 3대 다큐멘터리 영화제 중 하나이다. 대규모의 신작 다큐멘터리 상영은 물론이고 다큐멘터리를 주제로 하는 다양한 세미나와 컨퍼런스, 다큐멘터리 프로젝트 마켓, 세일즈 오피스 그리고 다큐멘터리 제작 지원 펀드 운영에 이르기까지 다큐멘터리 영화와 관련된 모든 것을 운영하고 있는 영화제이다	4
우디네 극동영화제	일반 (종합)	이탈리아	우디네	극동 지역의 영화를 소개하고 있는 영화제로 이탈리아의 소도시인 우디네의 영화진흥센터가 해마다 개최하고 있다. 1999년 설립된 이래 극동 지역 각 국가들의 영화 흐름을 반영하는 작품들을 상영하고 있다.	3
트라이베카 영화제	일반 (종합)	미국	뉴욕	9·11 테러로 초토화된 뉴욕 트라이베카 지역에 희망을 불어넣자는 목적으로 로버트 드 니로와 프로듀서 제인 로젠탈에 의해 2002년부터 시작되었으며 빠른 시간 안에 뉴욕 시의 주요 영화제로 자리잡았다.	3
CPH:PIX	일반 (종합)	덴마크	코펜하겐	덴마크 최대 규모의 장편 영화 국제영화제이다. Copenhagen Film Festivals 이라는 이름의 단체에서 운영하고 있으며, 다큐멘터리 영화제인 CPH:DOX와 어린이영화제인 버스터 영화제도 같은 단체에서 개최하고 있다.	3
홍콩국제영화제	일반 (종합)	중국	홍콩	아시아의 대표적인 영화제 중 하나로 아시아 영화상 시상식, 필름마트, 홍콩 아시아 영화 파이낸싱 포럼 HAF 등의 영화 관련 행사들이 기간 중에 개최돼 영화 산업 전체를 아우르는 시너지 효과를 내기 위해 노력하고 있다.	4
도빌 아시안 영화제	일반 (종합)	프랑스	도빌	1999년 시작돼 역사는 그리 길지 않지만 유럽에서 유일하게 아시아 영화를 대상으로 하는 국제 영화제로 자리매김하고 있다.	3

명칭	장르	개최국가	개최 도시	특징	중요도
판타스포르토 – 오포르토 국제 영화제	일반 (종합)	포르투갈	포르토	출범 초기에는 SF나 공포 영화 등 접하기 힘든 판타지 장르가 중심이 됐으나 그 후 스릴러와 다른 장르로 범위를 넓혔고 제7회 영화제부터는 '새로운 감독들'(New Directors)이라는 경쟁 부문이 생겼다. 여전히 판타지 영화를 중심으로 프로그램을 구성하며 포르투갈에서는 가장 큰 영화제이고 또한 유럽에서도 중요한 위치를 차지하고 있는 영화제이다.	3
유바리 국제판타스틱 영화제	판타지	일본	홋카이도	도쿄 국제 판타스틱 영화제를 기반으로 출발한 영화제로 현재는 일본을 대표하는 판타스틱 영화제로 명성이 높아졌다.	3
예테보리 국제영화제	일반 (종합)	스웨덴	예테보리	스칸디나비아에서 열리는 가장 큰 규모의 영화제로 1978년 설립됐다. 매년 500편 이상의 영화를 상영하며 스칸디나비아 영화 시장에 세계 영화를 소개하는 장의 역할을 하고 있다. 영화제에 참석한 제작자, 배급 관계자, 그해 주목을 받은 영화들로 구성한 프로그램들을 보고 세계 영화에 대한 이해력을 높인다.	3
선댄스 영화제	일반 (종합)	미국	솔트레이 크시티	세계 최고의 독립 영화제로 1985년 미국의 감독 겸 명배우 로버트 레드포드가 헐리우드의 상업주의에 반발, 독립영화 제작에 활기를 불어넣기 위해 설립했다. 국제적으로 미국 독립 영화를 위한 최대 견본시이자 신인 감독들의 중요한 등용문으로 평가받고 있다. 최근에는 선댄스 영화제의 상업성을 비판한 여러 댄스영화제들이 나오고 있다.	4
로테르담 국제 영화제	일반 (종합)	네덜란드	로테르담	로테르담국제영화제집행위원회에서 개최하며 종래의 관습에 물들지 않은 독립적이고 혁신적인 영화에 초점을 맞추는 것으로 알려져 있다. 초기에 영화, 비디오 장르를 중심으로 하던 것에서 멀티미디어를 비롯한 각종 시각 예술 장르로 범위를 끊임없이 확장해 왔으며 형식 또한 장편과 단편을 가리지 않는다.	4
동경 필맥스	일반 (종합)	일본	동경	일본의 영화 감독 기타노 다케시의 영화사인 Office Kitano가 2000년 창설한 영화제. 창설 초기부터 꾸준하게 새롭고 창의적인 아시아 신인 감독들을 발굴하는데 주력하고 있다.	3
야마가타 국제다큐멘터리 영화제	일반 (종합)	일본	야마가타	세계적 권위를 인정받고 있는 다큐멘터리 영화제. 아시아 감독의 작품을 발굴하고 소개하는 데 힘을 기울인다. 영화제 프로그램은 국제 경쟁부문(주로 오랫동안 다큐를 찍은 노장 감독의 작품을초청)과 New asian currents (젊은 아시아 감독의 작품 초청) 로 나뉜다.	4